"十三五"国家重点出版物出版规划项目
华东政法大学法律史国家重点学科项目
上海高水平地方高校创新团队"世界法治文明演进与中国法治文明发展"项目

比较法文丛
何勤华 主编
45

瑞士法律史

（第二版）

［瑞士］彭瑞宁（René Pahud de Mortanges）著
李婧嵘　冯引如 译

法律出版社
LAW PRESS·CHINA

著作权合同登记
图字：01–2021–0174

译者简介

李婧嵘　女，德国博士，湖南大学法学院副教授。研究方向：法律史。翻译章节：中文版序、第四章、第八章至第十一章。

冯引如　女，华东政法大学法学博士，《犯罪研究》杂志编辑。翻译章节：第一章至第三章、第五章至第七章。

总　序

1978年改革开放以来,我国在外国法的研究方面取得了重大成就。这方面的系列丛书可谓琳琅满目,其中,影响较大的有:商务印书馆的“汉译世界学术名著丛书”(法学部分,1981年)及“法学译丛”(2004年)、中国大百科全书出版社的“外国法律文库”(1991年)、中国政法大学出版社的“当代法学名著译丛”(1990年)及“美国法律文库”(2001年)、北京大学出版社的“比较法学丛书”(1998年)、中国法制出版社的“西方法哲学文库”(2001年)、清华大学出版社的“比较法学丛书”(2001年)、上海人民出版社的“世界法学名著译丛”(2001年)、北京大学出版社的“外国法与比较法文库”(2008年),等等。

然而,在上述众多的系列丛书中,真正冠以“比较法”字样的丛书还不是很多。20世纪80年代到90年代,我国先后出版了诸如茨威格特和克茨的《比较法总论》(贵州人民出版社1992年版)、勒内·达维德的《当代主要法律体系》(上海译文出版社1984年版)、梅利曼的《大陆法系》(知识出版社1984年版)、大木雅夫的《比较法》(法律出版社1999年版)等比较法方面的经典。但是,出版这些著作大多是一种零星的出版行为,并非系统策划的比较法系列丛书。

众所周知,21世纪的中国已步入法制建设的攻坚阶段。今后,对于外国法的介绍、研究、借鉴将是我国法学研究的一项任务。要顺利完成这一任务,离不开发达的比较法研究。而当下我国比较法著作缺乏出版途径的现状已制约了比较法研究的繁荣和发展。因此,加强比较法方面的研究和出版,成为我国学界和出版界一项重要工作。

鉴于此,法律出版社高瞻远瞩,勇挑重担,与华东政法大学共同策划、出版"比较法文丛",以期为我国比较法的研究和出版开辟一个新的途径。本文丛以扶植中青年学者,尤其是法学博士、博士后,为这些法学新秀提供一个出版的平台为目的。为此,特选择一批国内最新且富有特色的比较法著作出版,同时,亦可容纳部分纯粹的外国法方面的译著、专著。

本文丛的主要原则和特色是:在"百花齐放、百家争鸣"的方针指引下,坚持质量第一、宁缺毋滥、不定期出版的原则。具体将体现为以下三点特色:第一,本文丛的著作,应属国内学术界没有涉及的课题,具有填补法学研究空白的特色;第二,本文丛的著作,应是国内学术界都很感兴趣,但还没有系统研究或未及时挖掘的课题;第三,本文丛的著作,应具有比较高的文献史料价值,能为学术界进一步研究提供基础性的资料。我相信,"比较法文丛"的出版,一定会为我国比较法研究的进步与发展做出新的贡献。

本文丛的出版,得到了法律出版社沈小英分社长的全力支持和帮助,也得到了华东政法大学外国法与比较法研究院的建设经费资助。在此,特表示诚挚的谢意。

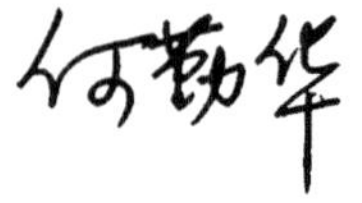

于华政人可居

2010 年 9 月 19 日

中文版序

《瑞士法律史》是一本瑞士法律史教科书，最初为我给瑞士本科生上课所著。《瑞士法律史》第一版于2007年出版，第二版于2017年出版。现在的瑞士为26个自治州组成的联邦制国家，其联邦体制始于1848年。在这之前，瑞士由大约50个具有不同宪法地位的区域所构成。这本书的重点在于研究瑞士的宪法历史、法源发展以及法庭程序。当然，书中也介绍了瑞士法律史发展过程中的政治、经济以及社会背景。通过介绍，可以清楚地了解到，为何瑞士的国家发展与其他国家有所不同。当然，这本书也论述了国外法律（尤其是邻国如德国、法国、奥地利和意大利的法律）在某些历史时期对瑞士法律所产生的影响。因此，希望研究欧洲法律史的中国学者，可以通过这本书的中译本了解瑞士不同于其他国家的法律发展过程，并为他们的研究提供资料。我也希望，在不久的将来，中国与欧洲的法律史学者可以一起进行法律史的比较研究，因为对欧洲学者来说，中国法律史也有许多具有价值的研究内容。

《瑞士法律史》（第二版）的中译本得以顺利出版，我想对中国朋友与同事表达感谢。何勤华教授在访问瑞士弗里堡大学后，提出将这本书翻译为中文的想法。在回到中国后，时任华东政法大学校长的他尽管工作繁忙，仍然一直关心与支持这本书的中文翻译工作。李秀清教授热心地联系法律出版社并沟通中译本的出版事宜，而且她还多次邀请我访问华东政法大学,并且介绍中国的法律史研究现状。我非常感谢李婧嵘博士和冯引如博士投入时间与精力来翻译《瑞士法律史》(第二版),因为她们翻译的字斟句酌,得以准确表达书中法律术语的意思。法律出版社的编辑陈妮、闫春晓、毛镜澄、刘霁萱也一直积极协调翻译及出版等各项事宜。另外,我还想感谢我的瑞士朋友孔安得(Andreas Kunz),他在中国工作与生活多年,一直鼓励我将这本书译为中文带给中国读者。得益于朋友与同事的帮助,这本书的中译本最终得以出版。这本书的翻译也让我对地大物博的中国加深了理解。如果中国读者可以通过本书了解瑞士,我想之前的努力都是值得的。

彭瑞宁(René Pahud de Mortanges)

2019 年 12 月定稿　2020 年 10 月修改

序

中国学界对瑞士法的关注,最早可追溯到百多年前的清末法律改革,当时就是否应分别起草民律、商律草案曾出现分歧,瑞士的经验即作为论据之一而被提及。20世纪二三十年代构建六法体系时,起源于瑞士的民商合一模式被大加宣扬,并被运用于中国的立法实践中。

目下,瑞士法在学界得到了比清末、民国时期更广、更多的关注。不仅其债务法及民法典有数个中文译本问世,而且在民法各个具体制度的比较研究中,瑞士的规定几乎是不能不参考的资料。同时,不再囿于民法,瑞士其他的特色制度,如联邦委员会制、全民公投制也引起较多兴趣。此外,其基于立宪主义的宪治理念、刑法、国际私法、银行法、环境资源法等领域,也有若干法典被译介,有一些研究论著出版。当然,相比而言,这种关注与同为欧陆国家的法国、德国、意大利等相比,其广度、深度和系统性均显得逊色,甚至在有些引用资料中,还曾读到过将瑞士与瑞典相混淆的行文。

确实,无论是在历史上还是在现实中,瑞士法的地位都不能与法国、德国、意大利等大陆法系主要国家相提并论。但是,同样不可否认的是,其开创性的模式和特色制度,则有与其4万余平方公里的国土面积不甚相称的影响力。瑞士法有特色,它们其来有自,孕育于自身的演变史之中,“小国”也有法律传统,其法律史同样值得被了解。

迄今,关于瑞士法律史的中文资料,就我阅读所及,最专门、系统的当是译著《欧陆法律史概览:事件,渊源,人物及运动(修订本)》([英]梅特兰等著,屈文生等译,上海人民出版社 2015 年版)中的“第六编 瑞士法”。英文著作出版于 1912 年,系美国法学院协会“大陆法史系列丛书”之第一卷,由著名比较法学家约翰·H. 威格摩尔(John H. Wigmore, 1863 ~ 1943 年)主编。该书共九编,除第一编“罗马法与日耳曼法”、第九编“教会法”外,其他七编,依次是意大利法、法国法、德国法、荷兰法、瑞士法、斯堪的纳维亚法、西班牙法。从篇章顺序来看,瑞士法居于意大利、法国、德国、荷兰四国法之后,共 49 页,篇幅多于荷兰法的 27 页、斯堪的纳维亚法的 45 页、西班牙法的 25 页,远少于意大利、法国、德国各自所占的 100 多页。如此安排篇章、篇幅,体现了编委会委员眼中欧陆这些国家的法律在大陆法系形成和发展中的先后和轻重,诚如威格摩尔在前言中所说,“比较适当”。各编作者都为享有盛誉的各国权威学者,他们各自用本国语言完成撰写之后,再由编委会译成英文。其中,受邀撰写瑞士法的,正是大名鼎鼎的“《瑞士民法典》之父”、时任巴塞尔大学法律史教授欧根·胡贝尔(Eugen Huber,1849 ~ 1923 年)。在此编中,胡贝尔分了四个专题,前三个专题按演变顺序分别介绍 1300 年之前、1300 ~ 1800 年、1800 ~ 1912 年的法律史,主要着墨于各州的历史及其加入联盟的过程,有关法律渊源的内容较单薄,最后一个专题即是“法学家及法律思想运动”,也只是提要性的介绍。

现在读者看到的这部《瑞士法律史》,据瑞士弗莱堡大学法学院彭瑞宁(René Pahud de Mortanges)教授的德语版同名教科书所译。全书分为十一章,前两章是罗马时代和法兰克时代的制度、法律和习俗;第三章至第七章是关于旧瑞士联邦时期,即约 13 世纪至 18 世纪的法律和法学,具体涉及旧联邦的形成及其内部结构、法律演化、司法审判、法学教育的展开、主要法学思潮;第八章至第十一章是现代时期各主要法律部门的形成、重要法典及其修改、当前立法的新动态。作为本译稿的第一位读者,读后收获良多,不仅对瑞士从古至今的法律演变脉络、主要制度特色等有了系统了解,而且对其多元多变的特性也有了新的体认。

现今,瑞士这方土地,曾经是凯撒征服过的地区,公元之后最初的 3 个世纪,是罗马帝国的行省,适用的主要是罗马法。继此之后,属于日尔曼王国,先是分属勃艮弟、阿勒曼尼、伦巴第王国,部族法的属人性也奠定了影响至今的“三部分构成的语言—文化圈”,后被纳入法兰克王国,成为查理曼治下的属地。而早在 381 年,基督教成为罗马国教,教会与世俗之间时而紧张、时而缓和的关系也得以演绎。罗马法、日尔曼法、教会法,近代欧洲法律文明的这三大渊源,从此就一直交杂存于此地的法律变迁史之中。《凡尔登条约》三分帝国,这方土地又一次分裂,部分属于中王国,部分属于东王国;从 10 世纪直至近代,今天的瑞士地区又属于神圣罗马帝国。神圣罗马帝国的法律、皇帝的统治权力及帝国改革,在理论上在此都曾有过效力,但因偏于一隅、远离帝国中心,更多见证的是中央与地方的权力冲突,1291 年老三州联盟及后来的十三州联盟才可能形成,各州的地域特色,同一州内乡村与城市的差异,都体现于立法、司法、法学教育之中。

现在的瑞士联邦成立于 1848 年,但其发端却可回溯至受法国大革命及其 1795 年宪法直接影响之下的 1798 年赫尔维蒂革命和《赫尔维蒂宪法》。虽然这场革命很快衰退,这部宪法也并未实施,但其受法国的控制及欧洲国家之间或战或和的关系之影响却越来越直接。《赫尔维蒂宪法》的主要规定,如公民主权、分权体制、两院制、集体行政,在 1848 年宪法中得以保留。而作为第一次在没有外部势力干涉下顺利完成的这部联邦宪法及瑞士联邦的成立,本身就得益于 1948 年席卷欧洲各地的革命,在客观上造成了对其事务的无暇问津。此后,瑞士法律史的演变进入新的时期,国家的法律统一不断推进,虽然其不同区域所受到的法国、德国、奥地利等国法律的影响仍然延续,但仍以别具一格的 1883 年债务法、1912 年民法典、1942 年刑法典等为代表的当代法律体系,不仅丰富了在形成和发展之中的大陆法系,而且也在世界法律体系中获得了应有地位。作为法律史的组成部分,其法律教育和法学理论,也走过了从神圣罗马帝国初期大批学生到博洛尼亚大学求读,15 世纪巴塞尔大学创建复兴罗马法,到 19 世纪中期瑞士联邦成立前后在新建的大学中展开和深入的过程。瑞士近代以来的法学人才和法学研究,与德国、法国等主要大学及著名法学家密不可分,但其独特的历史和区域环境、多种语言并存等因素,也成就了瑞士在此方面的当代特色。

法律史的贡献不仅在于回顾和解释以往法律的演变,还有助于我们理解当下的社会文化。于我而言,也只是在读了这部译著之后,才进一步理解了瑞士的国土面积并不大但为什么划分为 26 个州(Canton),它们都还有各自的宪法,有各自的官方语言,有的是德语,有的是法语,有的还是意大利语,国家的官方语言除上述 3 种外,还有罗曼什语。也理解了无论在联邦层面还是各个州为什么动不动就进行公投,个别州还有州民大会,瑞士何以成为新教“高地”并持续影响当代人的信仰,今日梵蒂冈教廷的卫队又为何清一色由瑞士人组成,瑞士为何既不是北约成员国也并未加入欧盟,甚至对流传的那句戏言——“瑞士之所以成为瑞士,是因为有些德意志人不愿做德国人,有些法兰西人不愿做法国人,有些意大利人不愿做意大利人”,有了新的感触。

弗莱堡大学,是瑞士乃至欧洲唯一一所坚持同时使用德语、法语进行教学、管理的大学,彭瑞宁教授在法学院讲授德语的瑞士法律史、罗马法、宗教与法律等课程。应何勤华校长的邀请,2013 年 6 月彭瑞宁教授到访华东政法大学法律史研究中心,并作了关于瑞士法律史的讲座。从主持他的这次讲座开始,我们一直保持联系。2013 年 11 月底,乘在法兰克福访学之便,我也去了趟弗莱堡,受到他及夫人 Elke 的热情款待,他还请我走进他的瑞士法律史课堂,驱车带我去位于莱蒙湖畔的瑞士比较法研究所交流,拜访胜雅律教授(Harro von Senger)、Christina Schmid 所长和 Lukas Heckendorn 副所长。此后,彭瑞宁教授又数次来到华东政法大学讲学,并受邀担任我们法律史研究中心的客座教授。这些年来,我们交流坦诚、顺畅,不仅探讨学术议题、交流学术信息,也分享趣闻八卦。当然,我们也经常就本书的翻译进展及时沟通。自何勤华教授 2013 年策划安排翻译本书起,已经 7 年多了,其间有些周折,现在经过李婧嵘博士、冯引如博士的努力和合作,终于顺利完成。从彭瑞宁教授最近的一封邮件中得知,该书英文版也即将出版。为他高兴。

是为序。

李秀清

2018 年 4 月 18 日初稿　2020 年 5 月 21 日修改

于沪上寓所

目　录

第一部分　罗马时代与法兰克时代

第二部分　旧瑞士联邦

第三部分 现 代

第一部分　罗马时代与法兰克时代

第一章　凯尔特人与罗马人

第一节　不同的部族

§1　凯尔特人、瑞特人与勒庞蒂人

公元纪年前不久，现今瑞士地区就已归入罗马帝国的势力范围。从那时起，各个不同的部族就居住于此：凯尔特人、瑞特人与勒庞蒂人。勒庞蒂人主要居住在阿尔卑斯山以南的提契诺地区，瑞特人居住于格劳宾登的山谷中。而其他地方则分散着凯尔特的不同部落：乌伯里人、塞杜尼人、维拉格里人与南图阿特人在瓦莱地区；日内瓦湖的最西端居住着阿洛布罗基人；巴塞尔附近则汇集了劳拉契人；瑞士高原则聚居着最大的凯尔特部落——赫尔维蒂人。这些凯尔特部落并没有共同的政治组织，他们继续保持团体自治。

在相关历史研究中，关于这些不同部族的零星介绍几乎可以忽略不计，这与文献的极度缺乏有关。凯尔特人的文化可追溯到公元前5世纪，他们不仅不是文盲，而且有自己的文字。但他们只留下了极少的文字资料，本民族的历史记录尤为缺乏。了解他们的材料主要来自那些并不总是忠实于历史的罗马和希腊作家，此外还有些碑铭以及考古学和语言学的研究成果。关于凯尔特各部族的法律状态，后人几乎一无所知。目前我们只对赫尔维蒂部族的情况略有了解，在此稍加介绍。

第二节 赫尔维蒂人

§2 《高卢战记》

对赫尔维蒂人的了解主要出自尤利乌斯·恺撒的《高卢战记》(*Commentarii de bello gallico*),这是一份呈送罗马元老院的书面汇报。在这份报告里,恺撒记录了他于公元前58年到前52年担任总督期间,征服凯尔特人的有关情况。一如其他罗马作家,恺撒也将凯尔特人称为高卢人。在第一卷中,他记下了一场与凯尔特人的战役,对他们的居住范围恺撒作了这样的描述:一边是莱茵河,另一边是汝拉高地,还有一边是莱蒙湖(如今的日内瓦湖)和罗讷河。恺撒并未提及南部边界——阿尔卑斯山脉,显然他觉得这是不言自明的。恺撒在此提及的自然边界,在很长时间后又成了政治边界。如果把现代瑞士的概念追溯至古代,这个地区的地理边界仍保持了某种延续性。

§3 氏族

赫尔维蒂人的生活以氏族——也就是大型的家族联合——为单位。氏族的首领是贵族和德鲁依教士。贵族们的政治影响力来自他们的社会声望,即他们所拥有的随从和奴隶的数量。与其他凯尔特部族一样,赫尔维蒂人的社会内部是不平等的,他们实行一种扈从制度的贵族统治。教士们主要负责宗教事务,但也参与处理公共事务、调解私人纠纷,譬如裁定边界、处理遗产纠纷、宣布对罪犯的判决。作为宗教首领的声望也赋予他们解答法律问题的权威。这种现象,我们在其他早期文明中也能找到。

§4 防卫据点

在恺撒的著作中,他提到了赫尔维蒂人的12个防卫据点和400个村庄。防卫据点是比较大型的、有防护墙的固定定居点,他们是氏族的政治、经济和宗教中心。防卫据点的内部只有很小一部分用于长期居住,其真正的作用在于,让居住在郊外的人在需要时可以在围墙后得到保护。现今考古发掘可以明确的防卫据点只有少数几个,这些防卫据点遗址坐落于伯尔尼附近的恩格哈尔宾塞尔、阿尔滕堡—莱茵瑙的莱茵河流域以及穆尔藤与纳夏泰尔湖之间的维利山上(见图1-1)。

图1－1　位于维利山上的赫尔维蒂人防御据点

§5　比布拉克特战役

公元前58年,大部分赫尔维蒂人决定放弃他们的定居地,往西去寻找他们新的生存空间。随着日耳曼部族的到来,他们世代在汝拉高地与阿尔卑斯山之间的居住点显然太小了。在他们迁移前,他们毁掉了定居点和一部分储备。恺撒本想阻止这次迁徙,但谈判失败了。于是在比布拉克特(现今法国的索恩—卢瓦尔省)进行了一场战役,罗马军队大胜。恺撒强令赫尔维蒂人返回原定居地,现今的瑞士高原落入罗马人的势力范围,随后并入罗马帝国的高卢行省。

第三节　政治融合与罗马化进程

§6　高卢省

现今的瑞士地区融入罗马帝国版图的进程,其实早在比布拉克特战役前就开始了。公元前2世纪,南提契诺和日内瓦湖地区就已经并入高卢省。而两个殖民区的建立和奥古斯都对阿尔卑斯地区的征服则标志着领土融合的完成。公元纪年前后,现今瑞士的这片土地已完全纳入罗马帝国的统治版图。

§7　殖民化

在公元的最初3个世纪里,罗马人的殖民化过程不仅通过军事占领,还通过政治和文化来完成。尽管与罗马人相比,凯尔特人是占当地人口多数的民族,却逐渐被“高卢罗马化”了。越来越多的人依据罗马法生活,融入罗马的国家和行政组织结构中,侍奉罗马神灵、与罗马进行商贸活动、使用拉丁数字系统,在学习凯尔特语言外,还学习使用和书写拉丁文。在农村,效仿罗马的大型农庄成为新的生产模式。在这些农庄里,还引进了当地原本没有的农作物和牲畜。而作为新的定居方式,特别在今天的瑞士西部,城市显得越发重要。在某些研究中,罗马化也被描述为城市化的进程。当然,罗马化的程度各不相同:城市居住者的罗马化程度高于在乡野的村民。而在一些地区的宗教、艺术、建筑以及人名和地名中,凯尔特的文化保留得更为长久。与此同时,凯尔特文化也在不同程度上影响了罗马文化。

§8 行政统一

公元前22年,奥古斯都重新调整了罗马高卢行省(如今的瑞士)的行政区划。重返家园的赫尔维蒂人定居的瑞士高原,转而归属于比利时高卢,而格劳宾登的北部山谷与雷蒂亚行省的提契诺以及意大利南部则受到打压。在罗马人眼里,现今瑞士的这片地区作为边境和缓冲地带,可以起到防范日耳曼人的作用。因此,罗马人在此处修建了军事防御工事,驻扎了雇佣兵,这进一步加速了凯尔特各部族的政治和文化融合。凯尔特贵族们获得了某些特权、被委以行政职务,甚至取得了罗马市民权。为了保持该地区的行政统一,罗马人把古老的部族地区划分为不同的城邦(civitates)。赫尔维蒂人的城邦就包括了瑞士高原的广大地区。在罗马殖民地和军事基地外,城邦的主要居住地阿凡提库母城(阿旺什)也起到了维系罗马与当地行政联系的作用。在阿凡提库母城附近,形成了一些小的城市中心,如艾伯都度鲁姆(伊韦尔东)和"瑞士之水"(巴登)。瓦莱部族城邦(civitas Vallensium)的主要居住地是奥克都度鲁姆(马提尼)。以前的罗马雇佣军,当然还有凯尔特贵族,如今完全掌握了当地的生产经营,修建了庞大的别墅和庄园。

第四节 行政结构与法律

§9 城邦组织

今天的意大利地区,当时处于罗马的直接行政管理之下。与之相反,在意大利以外的行省,鉴于距离遥远,则实行总督制度。比利时高卢行省的总督驻地在特里尔,离赫尔维蒂人的城邦也很远。这就削弱了罗马在该地的统治及军事防卫力量,给这个孤立的城邦留下了更多自主管理的空间。

在城邦的主要居住地,同时也是罗马殖民区的城市,建立起了类似罗马城的政治组织机构。这一组织机构虽因地区略有差异,但大致相同:像罗马一样,这些城市设有一个元老院，由元老院选出高级行政官：两名执政官（die duoviri）以及市政官（die Ädilen ）和财务官（die Quästoren）。两名执政官是城市的行政长官和法官，同时拥有行政和司法权；他们的管辖权不仅涵盖了城市居民，也涵盖了乡村居民。市政官的职责是维护公共秩序、财务官则负责财政。这一政治组织形式在瑞士西部、瑞士高原和瓦莱都能找到证实。但是，在现今瑞士东部地区的个别地区，情况则不甚明了。

§10　市民法

罗马各行省居民的法律地位如何？根据罗马法，市民权分为三个等级：外邦人（非市民）、拉丁市民和罗马市民。罗马市民除享有政治参与权外，还有完全的通婚权、订立遗嘱的权能、诉讼权以及完全的行为能力等。拉丁市民的权利被称为拉丁权，与罗马市民权（ius civile）相对应。随着时间的推移，拉丁权逐渐扩大，拉丁市民拥有了与罗马市民相同的通商权（commercium）和通婚权（connubium），可以依据罗马法订立重要的法律行为和合法婚姻。也就是说，在民事权利方面（不包括政治方面），拉丁市民已经拥有了与罗马市民相同的权利。

被征服的凯尔特人的身份，既不是外邦人也不是拉丁市民，而是完全的罗马市民。这一罗马市民地位是逐渐取得的，最开始只限于城市的行政官员，接着是凯尔特贵族，再后来是整个部族成员。罗马市民权被当作嘉奖和酬劳授予了凯尔特人，让越来越多的凯尔特人在政治和文化上与罗马帝国联系在一起。公元212年卡拉卡拉皇帝颁布敕令，将罗马公民权授予帝国全体自由民。这与其说是出自仁慈，倒不如说是出于经济考虑，因为帝国只有从罗马市民那里才能征收遗产税。

§11　罗马法

如前所述，划分罗马市民权和拉丁市民权的依据是罗马法。根据罗马法律史通常的分期，公元1世纪中叶至公元3世纪中叶是罗马法的古典时期，其后进入后古典时期。古典罗马法的形成经历了很长的过程，它所建立的一系列民事法律概念至今仍然非常重要：权利能力、行为能力、法律能力，婚姻、父权和亲属关系，所有权、占有、役权、质权，法定继承、遗嘱和遗赠，债和不法行为——这里仅仅列举了一些最重要的。作为文化高度发达、贸易活动频繁的民族，罗马人以其人法、家庭法、债法、物法创造出那个时代独一无二的民法体系。

古典罗马法相对于国家强力形成的制定法，也被称为法学家法。它是由裁判官的判决和法学家的解答发展起来的。主持案件审判的裁判官决定案件的诉讼程式和审判该案的承审官。最早的诉讼程式有限，诉讼当事人大多得在获到专家意见的帮助后，请求裁判官给予相关的程式书状。一旦他取得该书状，就等于成功了一半,因为如果被告不能作出让人信服的反证,承审官就会在随后的证据证明阶段支持其权利诉求。对承审官来说,比“事情是怎样的”更重要的问题是“我怎么样来实现这样的请求”。实体法和程序法的区分在当时还不像今日这般清晰。因为诉讼程式数量有限,随着时间的流逝,适用既有的诉讼程式往往无法令人满意。裁判官不得不创制和批准新的程式书状,法律的创新由此得到进一步展开。

法学家们对罗马法发展的影响和贡献,并不仅依靠他们的私人解答。从奥古斯都皇帝开始,一些最有威望的法学家被授予了“法律解答权”,他们的解答所具有的权威效力,被视为由皇帝本人亲自赋予。因为法官们大多没有受过系统的法学教育,拥有法律解答权的法学家们的意见,在法官那里往往能够得到很好的贯彻和执行。于是法学家的法律解答成为一种国家授权的创制法规的形式。另外,法学家们还能以枢密院(consilium)成员和罗马国家机构官员的身份影响立法和司法。

罗马法的后古典时期,一向被研究者视为法学衰退的时期。经济危机、军事反叛和日耳曼人的第一次入侵导致了罗马宪政体系的变革。公元前27年由奥古斯都建立的元首制,至此变成了帝制专政(dominat)。罗马皇帝不再以罗马第一公民自居,而是像独裁者一样进行统治。具体的案件裁决不再给由法学家的解答而形成的法律创制留下空间,而这本就是罗马法学繁荣的基础。罗马私法建立在最高权力对国家法的宽容政策的基础上,而现在,这一政策和整个法律体系都已改变。人们开始还研究乌尔比安、帕比尼安、保罗等法学家古老的解答集和教程,但随着国家政治前提的变更,这样的研究逐渐不合时宜。保留下来的经典法学著作和皇帝敕令经过简化后得以重新修订。人们在教学和司法实践中使用从经典法律材料中编辑而成的节选本。一些法律概念在这一“走样”的形式中继续发展。在罗马帝国西部,法学水平迅速下降。罗马法,如一些研究所言,如今以一种粗俗的形式存在。

§12 罗马统治的末期

公元三四世纪对罗马帝国及其行省来说是一个危机动荡的时期。公元260年加里恩努斯皇帝(Gallienus),即被波斯俘虏的瓦勒良皇帝(Valerian)的儿子,因日耳曼人的进攻,被迫把罗马军队从莱茵河的帝国边境撤回。城市、村庄和庄园遭到洗劫、生产遭到破坏。在赫尔维蒂城邦,主要居住地阿凡提库母城损失惨重。混乱的局面迫使戴克里先皇帝在公元300年作出深刻改革。靠近日耳曼的北部边境收缩至多瑙河—伊勒河—莱茵河一线。这里如今仍然是瑞士的北部边境。沿线又修筑了新的要塞和防御工事,被摧毁的城市在重建时缩小了规模,更看重其防御功能,人们的生活方式变得较为俭朴。在对这个地区新的行政区域划分中,现今瑞士的大部分地区与大塞夸诺伦行省(Maxima Sequanorum)合并,其他地区则归入其他省份。虽然罗马军队没有取得很大的军事胜利,但赫尔维蒂重回相对稳定的和平状态,城市的重要地位受到削弱。那些拥有罗马公民权和巨额财产的人们移民去了意大利,其他人则躲到乡村以保安全。在公元 410 年西哥特国王阿拉力克攻占罗马后,罗马军队从赫尔维蒂撤离。但这并不意味着罗马的行政管理体系和罗马文化的瞬间终结,即使在罗马帝国西部,当时的人们也很难预感到帝国的灭亡。公元 476 年进攻意大利的日耳曼赫鲁利部族首领奥多亚塞(Odoaker),废黜了西罗马最后一位合法皇帝罗慕路斯·奥古斯都(Romulus Augustus),并把皇帝的王冠送回东罗马的首都君士坦丁堡,声称整个帝国有一位皇帝就已足够。从公元 6 世纪以后,日耳曼新移民在如今瑞士的主要地区定居了下来。

第五节　基督教化的第一波

§13　基督教化的第一波浪潮

基督教在经过罗马帝国最早的镇压后,由君士坦丁一世(大帝)于公元 313 年承认为合法且自由的宗教;公元 381 年狄奥多西大帝将基督教定为国教。基督教最早的忍辱负重以及后期人们对信仰的需求在现在的瑞士地区掀起了基督教化的第一波浪潮。当城市居民最先被基督教所吸引时,农村居民大多还侍奉他们传统的凯尔特众神。有关基督教早期的活动,有流传于图恩湖的贝亚图斯、瓦莱的特班军团和苏黎世的圣腓力斯与雷古拉等使徒传说,但这些传说几乎都没有历史佐证。经现代考古证实的基督教的最早遗迹可追溯至公元 4 世纪上半叶。从公元 4 世纪下半叶开始出现洗礼教堂和葬礼教堂,他们大多按当地以往的凯尔特或罗马神庙的样式修建。还有部分主教名册,按年代顺序将历任主教的名录保留了下来。

教会的组织形式效仿罗马晚期的行政结构:在城邦的主要居住地(阿旺什、马提尼)和其他罗马时期形成的城市,如锡永、日内瓦、奥古斯塔劳里卡城和库尔设立了主教教区座堂。主教管区的边界部分与戴克里先皇帝早先在行省中设立的行政区域相重合。罗马晚期的行政划分构成了基督教主教教区划分的基础,在西罗马帝国灭亡后延续了下来。在日耳曼人入侵的大潮中,并不是所有的主教教区都因城市人口的减少而消亡,基督教在城市中找到了避难所,熬过了民族大迁徙的艰难时期。

第二章　日耳曼人、法兰克人与他们的法律

第一节　日耳曼部族

§14　相互的吸收

公元2世纪，匈奴人从亚洲内陆入侵欧洲，引发了欧洲当地部落的迁徙浪潮。大部分部落行进的方向都是向西或向南。随着这股民族大迁徙，在中世纪早期，现今瑞士地区形成了新的居民人口结构。但与其把这看作罗马—凯尔特文化的中断，不如说是文化相互趋同的过程。因为这个时期的政治管理结构，很大程度上是在原有基础上建立起来的。同样，那个时候的法律通常也只是古老法律习俗的汇集。

到公元5世纪，罗马皇帝和军事统领们开始试图与日耳曼部族结盟，允许他们在帝国境内定居，借以达到防卫罗马帝国北部防线的目的。已定居归顺的部落，有责任把后来入侵的蛮族挡在帝国境外。他们不仅为罗马军团输送士兵，甚至他们的军事首领还跻身于罗马帝国的行政管理层。其实绥靖政策并不是创新，罗马帝国从来就是一个“多民族国家”，为了满足罗马城邦之需要，它对平民和精英同样敞开大门。

§15　勃艮第、阿勒曼、伦巴第

公元443年源于北德地区的勃艮第人移居到现今瑞

士的西部地区。勃艮第人的数量并不是特别多，在新的家园，他们的人口少于总人口的1/3。很快，勃艮第人的文化就被融合进了罗马文化。

到公元6世纪，阿勒曼人终于在现今瑞士的德语区定居下来。而在此前的300年中，他们曾做过很多次的尝试。阿勒曼人和勃艮第人不同，不是一个独立的古老部落，而是在民族大迁徙中拼凑结盟而成的一个共同体。希腊和罗马的历史学家轻蔑地把他们描述成"一堆被切得七零八落的乌合之众"。他们在西部受到法兰克人的排挤、在东部受到巴伐利亚人的排挤，最后不得不在比较偏远的南部安家。最开始在南部德国，晚些时候在如今瑞士的德语地区。

第三个日耳曼部族是伦巴第部族。他们在公元568年占领意大利北部，公元588年占领泰辛和南塔勒的瑞特地区，而现今格劳宾登的其他地区则继续保持独立。

无论是勃艮第人还是伦巴第人，他们都需要迅速适应早已罗马化了的当地居民的社会文化，而这些社会文化全然不同于他们原有的日耳曼传统。当日耳曼人来到这块早先被罗马人征服和影响的地区时，为时已晚，错过了与古典时期亲密接触的机会。相互之间的同化缓慢地进行着；在很长的时间内，受基督教—罗马影响的城市在与城市文化相左的环境中成为"文化孤岛"。这种情况下，在今天瑞士地区形成了一个由三部分构成的语言—文化圈：受勃艮第影响的西部、受阿勒曼人影响的中部以及受瑞特人和伦巴第人影响的东部和南部，这构成了今天为人们所知的瑞士语言区的基础，并将在此后很长时间内继续以混合的形象存在。例如，今天存在于瑞士西部、中部地区的德语和威尔士语的语言边境线直到公元800～900年才得以最终确定。

第二节　政治帝国

到中世纪早期，在西罗马帝国的废墟上渐渐形成了新的政治势力。为了巩固和加强他们统治的合法性，他们的首领们试图通过某些统治上的象征仪式和政治理念来强调其对西罗马帝国的延续。

在中世纪早期，勃艮第人首先在今天的勃艮第地区和瑞士西部地区建立了一个短暂的政权，他们最著名的国王就是贡多巴德（Gundobad，480～516年）。这个政权的中心最早在日内瓦，后来搬到里昂；从那里他们向南、向北扩张，其势力范围向西直到瓦莱和赫尔维蒂城邦。

§16　法兰克帝国

公元534年勃艮第人被另一个日耳曼部族——法兰克人——征服了。法兰克部族在公元3世纪中期由各个小部落聚合而成,在西罗马帝国灭亡后势力日益强大。瑞士西部此时也成为法兰克帝国的一部分。后来,阿勒曼人的命运也如勃艮第人一样,他们在公元749年被法兰克人打败,并入了法兰克帝国。虽然他们在法兰克官员的统治之下,但仍被容许保留部族自己的名称、法律和土地。

到公元9世纪,法兰克帝国的版图扩张至整个西欧。在查理曼大帝(公元768～814年)统治时期,法兰克帝国达到它的巅峰,拥有大概现今的法国、德国、奥地利、瑞士、荷兰和意大利北部。公元843年,根据《凡尔登条约》,法兰克帝国由查理曼大帝的3个孙子一分为三:西法兰克(后来的法国)、东法兰克和中部帝国。后者从北海海岸到意大利中部构成一条狭长地带。现在的瑞士地区以阿勒河为界,河西归属中部帝国,河东归属东部帝国。

法兰克帝国的各个部分继续分裂,形成各个独立的公国领地和伯爵领地。公元10世纪,瑞士地区一部分是勃艮第王国的势力范围,另一部分则属于施瓦本公国。

热衷于中部帝国事务的东法兰克帝国国王们,十分擅长在与公爵和伯爵的斡旋中维护其政治体制的统一。这种统一恰恰是形成于公元10世纪的神圣罗马帝国的基础(参见下文§34)。法兰克帝国的中央权力消亡后形成了各个相互独立的政治势力,正是在这样一个框架里得以整合。这些政治势力包括原先法兰克帝国行政体系(参见下文§20)中的公爵领地、伯爵领地、修道院和主教领地,以及各个城市。这些数量众多、或大或小、重要程度不一的领主们对即将到来的中世纪中后期影响重大。在今天的瑞士地区,有一长串统治过的王朝名单,有些只持续了很短的时间。

第三节　社会各阶层、行政结构与贵族统治

§17　国王和民众

日耳曼部族的首领,是那些对敌作战中最勇敢的人,首领由此拥有一种实在的或自然的权威。从中可以看出,人们之间的关系在法律上最早是平等的。法兰克国王的权力主要来自他个人的军事或政治上的成就。国王和他的臣民互负忠实义务。国王的统治建立在他与他的人民之间的这种相互的结盟关系之上。他称自己为法兰克人的国王(rex Francorum),而不是法兰克的国王(rex Franciae),以示他是一个特定人群的统治者,而不是一个地区的统治者。

在法兰克社会中，存在不同的社会和法律等级——这从墓葬的考古研究以及那个时期遗存的法律中得以证明。除自由人外，还有非自由人，他们之间存在很大的法律和社会差别。社会的最底层是奴隶，他们往往是战争中被俘虏的敌方士兵。奴隶的法律地位根据不同的部族法律不尽相同。处于社会等级顶层的是贵族。他们原本是自由人，后因占有大量的土地，家族荣誉不断提升，以及在法兰克帝国的行政体系中担任官职从而跻身为贵族。

§18　基督教化的第二波浪潮

这一时期的教会，扮演了一个很重要的文化和政治角色。在法兰克人的影响下，大量的日耳曼人开始皈依基督教。到了公元6世纪，除那些躲过民族大迁徙的动荡而保留下来的主教府外，又出现了受爱尔兰行脚修道士的影响而修建起来的修道院。这些修道院最早出现在瑞士西部（如圣莫里斯、保尔美斯和罗曼莫捷），到公元8世纪初，阿勒曼人和瑞特地区（赖兴瑙、圣加仑、迪森蒂斯和米施泰尔）也出现了这些修道院。为了进一步加强本地区人民的宗教信仰，主教（有时候甚至是富有的领主）还会建立教区礼拜堂。这些教堂的创办者不仅要出资建造教堂、负责教堂的日常维护，还要承担教堂教士的生活。作为回报，他们有权对教区的神甫任免施加影响。同时，信众也要供养教士，他们需要拿出其收入的1/10资助教士。

§19　行政

由法兰克国王们聚合起来的这个帝国行政管理系统，并非我们现在这种结构紧密、发展完备的部门组织机构。那个年代的统治松散而脆弱，更多的是对某些特定的人而非对特定的地区施行的统治。行政管理的中心是国王的宫廷，但宫廷的驻地并不确定，总是从一个行宫到另一个行宫不断变换。行宫是属于国王的城堡。国王需要持续不断地在他的帝国内巡查，以管理他的帝国，从而确保帝国之下的当地臣民对他的忠诚。这恰恰表明其统治的不稳定性。他们必须不断通过个人影响力来稳固统治。属下的忠诚需要依靠馈赠来获得，到后来则是土地的分封。从此土地成为人们的物质生活基础，谁拥有的土地多，谁就富有，有权有势。从这一关系中，采邑和领主制度诞生了。

§20　郡县和公国

法兰克帝国各省的行政单位，部分与罗马晚期的行政结构一致［特别是城邦（civitates）］，其余是郡（伯爵领地），由一个郡守（伯爵）管理，或是公爵领地或公国，由公爵掌管。瑞士西部属于阿尔卑斯山北部的公国，其界限大概与古老的赫尔维蒂城邦相吻合，这种持续性让我们仍然感到印象深刻。阿勒河以西地区，从公元7世纪起,就属于阿勒曼公国领地。

作为行政单位的伯爵领地以及地位高于它的公国,都是因王国统治需要而形成的制度化了的行政单位。公爵最初是一个军事头衔。公爵在部族联盟内组织军事力量并指挥战斗。特别是在东法兰克帝国,公爵对他们的部族有一种特别的权威。他在当地拥有类似于过去国王的统治权,其地位在某种程度上等同于国王。一般来说,国王的势力和公爵的势力互相牵制;国王的势力越弱,公爵的势力就越强。在国王的中央权力与公爵的地方权力之间总是存在冲突;有些公国到中世纪中期以后逐渐成为独立的政治力量。

伯爵制度可追溯到罗马晚期。在罗马帝国后期,伯爵是一个职位很高的宫廷官员,是皇帝在各行省的代理人。在法兰克王国时期,他受国王委派负责指定地区的和平,根据现代说法,即行使警察和法官的职能。他主持法庭审理案件,宣布法律。此外,他还以国王之名征收税赋、保证兵源,并确保国王赐予的领地的边界不受侵犯,在其领地内设置各种权限。

如公国一样,在中世纪中期某些伯爵领地实际上也享有政治上的独立地位,伯爵成为独立的统治者。在此基础上又形成了一些贵族统治势力,中世纪中期在今天瑞士地区具有影响力的大贵族家族主要有:萨伏伊家族、基伯格家族、策林格家族和哈布斯堡家族等,他们在法律意义上属于神圣罗马帝国的政治版图,而实际上处于相当独立的地位。

第四节 封建制度

§21 附庸和分封

法兰克国王们是如何进行统治的?一开始是对某个地区和当地居民的军事占领。由此国王获得了他最重要的财产——土地。接下来,国王设置官员,即前面介绍的公爵和伯爵们,由他们以国王的名义在当地代替国王行使行政权,进行统治。而官员们则通过封建制向国王承担义务并确保忠诚。

封建制度形成于公元六七世纪,其雏形可追溯到罗马帝国晚期和日耳曼部落时代,主要由两大要素构成,即人的依附与物的分封。

附庸关系(Vasallitat)是国王和他的直接属臣之间的一种相互忠诚关系。这种关系是完全建立在个人之间的。国王的直接属臣既包括公爵和伯爵,也包括教会的统治者,如主教和修道院院长。忠诚关系确保封臣向封君终身服役并效忠,而封君则要保护和照顾封臣。附庸最初只是一种军事性质的服役,后来慢慢与行政管理职务联系起来。国王的行政人员通过附庸关系与王室紧密相连。查理曼大帝有大约 2000 个直属封臣和 30,000 个间接封臣。

分封制度(Beneficium)是国王将其王室财产中的地产(包括土地的自然收益以及金钱收益)封赐给附庸的行为,这种封赏一开始只是一种租借,后来慢慢变成赠与。封君通过分封来“购买”封臣的忠诚和服役。土地是国王从征服中获得的;在后期,国王还通过对教会财产的世俗化来满足他的封臣。

由这两个因素构成的封建关系是非常个人化的,原则上因其中任何一方的死亡而终止。国王亡故时,属臣应在一年内向新王提出更新封建关系的请求。如果属臣亡故,其继承人应向国王寻求更新封建关系。继承人一般是属臣的儿子或孙子。如果没有男性继承人,女性也可以提出请求。后来封建关系可以继承,与封建关系相联系的职务也可以在家族内部世袭,只有在封臣犯下违背忠诚的重罪(Felonie)时,国王才能解除封建关系。

§22 封建等级

封建制把最高等级的贵族与王室统治联系起来,而贵族又与他的附庸建立起次级封建关系,由此形成一个封建“金字塔”。在这个“金字塔”里,国王位于“塔尖”,还能确保其政治统治层层深入。在今天瑞士地区,从公元 12 世纪开始,就有大量这方面的历史例证。当地的统治者如萨伏伊家族和哈布斯堡家族在封建契约(Lehensbüchern)中明确了其附庸的权利和义务。随着国王势力的衰败,个人之间的权利义务联系渐渐松散,这种统治方式也就慢慢失去了重要性。公爵领地现在成为一块纯粹的地域性的封建侯国领土。这是中世纪晚期地方领主制产生的前提(见下文 §124 及以下)。

第五节 封建领主土地所有制

与封建制度相对应的就是封建领主土地所有制。这是一个规范农村土地经济的法律概念。附庸凭借他对封建领主的服役获得土地和财产,但并不亲自从事经济劳动,而是转租给不自由的农奴。农奴因此成为封建“金字塔”的最底层。与我们现在的租约不同,这不是一种单纯的民事法律关系。封建领主对在其封地劳作的人们拥有某些统治权。领主不仅可以从农奴那里征收贡赋,还对他们行使警察权和司法权。封建领主不仅对土地和不动产具有统治权,还对在土地上劳作和租赁土地的人们施行统治。用现代的概念来说,封建领主拥有私法和公法两个方面的管辖权(见图 2-1)。

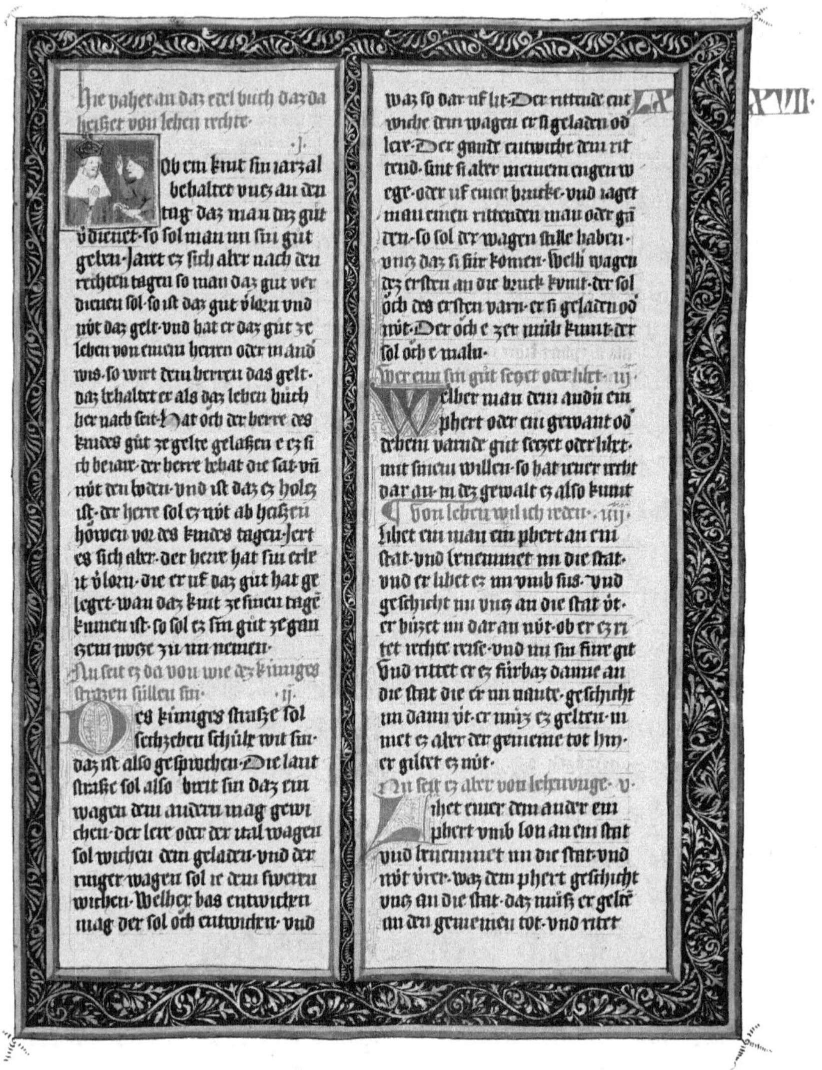

图2-1 施瓦本史比格(Schwabenspiegel)封建采邑法律的第1页

§23 义务和权利

在采邑上劳作的农民,被称为自耕农(Eigenleute)或隶农(Hoerige)。他们不是没有任何权利的奴隶,领主土地所有制规定了双方的权利和义务。这些权利义务简单来说,包括:

——土地收益属于农民。但他有义务每年交纳税赋。这是封建领主的稳定收入，给他们提供了根本物质基础。

——领地上的农民死亡，他所拥有的土地和不动产的使用权以及房子和村庄的使用权由其继承人继承。但封建领主有权要求继承人交出其价值最高的动产，如一头最好的牲畜或一件最好的衣服，通过这种仪式，继承人对此后的劳作收益的享有就有了保证。如果农民死亡而无儿女，通常情况下他所有的动产归领主所有。

——封建农民们组成公社，受由领主颁布的庄园法的管辖。公社内部的纠纷由领主设立的庄园法庭处理。根据教会年历的固定日期，法庭一年开庭数次，由领主或领主指派的执法官、管家、地方长官主持，由领地中德高望重之人陪审。

——封建农民在选择配偶方面并不自由，配偶的选择被限制在公社成员之内。明文规定“禁止非公社内部的婚姻”。领主通过这种方式确保在其属民死亡的情况下对其财产的继承权。违反这一禁令者，领主有权没收其所有遗产。

——属民对领主土地的使用权通常是可继承的，这种使用常常传续好几代人。通过这种方式，领主的财产权也受到了严格的限制。只要属民遵守义务，领主几乎没有可能重新收回产业。

——领主对他的属民负有保护义务。他应保护他们免遭强盗和战争的侵害，在上一级法庭替他出庭，以及在非常时期免除税赋。

§24 宗教和世俗领主

从公元8世纪开始，在现今的瑞士地区，就有大大小小有据可查的各种领主领地。最重要的领主领地除贵族领地外就是各种修道院了，这些修道院有圣加仑、穆里、圣母圣堂、艾因西德伦或恩格尔贝格。到中世纪中期，圣加仑修道院获取了大量的领主庄园和地产。根据《穆伦西亚纪事录》(Acta Murensia)的记载，1160年穆里本笃修道院的地产从埃尔萨斯一直绵延到瑞士中部(Innerschweiz)。这些修道院，与一些世俗领主相比，享有温和与慷慨之名。对属民来说，“在修道院的生活更好”！

差异极大的领主们经常比邻而居。在今天的楚格州地区，中世纪中期就有很多大大小小的领主庄园。宗教领主通常只有几个庄园，比如，苏黎世的弗劳恩大礼拜堂、艾因西德伦修道院、穆里修道院、黑森林的圣布莱辛修道院、恩格尔贝格修道院、贝罗大礼拜堂的教会机构、卡佩尔修道院、弗劳恩塔修道院和布比孔的耶路撒冷圣约翰骑士团首领领地(Johanniterkomturei)。世俗领主则有基堡(Kyburger)、伦茨伯格(Lenzburger)，晚一些的哈布斯堡(Habsburger)、吕塞格男爵(die Freiherren von Rüssegg)、许嫩贝格显贵(die Edlen von Hünenberg，地位略高于无头衔的贵族)、沃尔胡森男爵(die Edlen von Wolhusen)、冯·夏姆显贵(die Edlen von von Cham)、冯·埃布纳特骑士(die Ritter von Ebnat)以及冯·赫滕施泰因显贵(die Edlen von Hertenstein)。

§25　自耕农

在封建领主制度外还存在自耕农。封建领主制在瑞士中央的阿尔卑斯地区渗透得不深,今天瑞士地区封建属民的数量相比欧洲其他地区要低一些。14 世纪时,整个阿尔卑斯和前阿尔卑斯谷地地区再度掀起赎买的救助运动。在这之后,瑞士在国外就留下了"自由的瑞士人"形象。但其实这一印象并不是完全正确,因为直到 19 世纪,封建领地劳役地租的赎买还是一些地方政治谈判的"筹码"。

第六节　部　落　法

§26　法律习俗的成文化

公元 5 世纪下半叶,除法兰克国王们颁布的法律法规外,还存在各种历史遗留下来的部族法。从前那些存在于各部落的、口传人授的法律习俗以拉丁文的形式得以书面化,成为原始的、缺乏文字的日耳曼人在法兰克时期与拉丁文明接触的产物。作为部族内部遵循的法律习俗的记录,部族法又被称为"民众法"或"蛮族法"。其实它并不是纯粹的日耳曼人的法律。那些法律撰写者们——"智者"(prudentes)通常是通识法律的教职人员或学养深厚的世俗贵族,他们在记录时并没有完全遵循部族习俗的原样。这些部族法在编辑时常常掺杂进了国王的法令法规、教会法以及罗马法。除了日耳曼法律,晚期罗马法也经历了同样方式的演化,法学家们根据当时的时代需求更新了法规。部族法显现出中世纪早期法律规范的多面性,它不仅融合了各种不同的文化,还有不同的法律传统。

§27　属人法原则

部族法最开始不在特定地区生效,而是对特定的人群产生效力。以现代概念来解释,可理解为属人法原则。勃良第和法兰克的统治者们不仅给各日耳曼部族颁布法律,而且还为在其统治地区的罗马民众的后裔颁布法律。在这些法典中,晚期罗马法占了很大比例。只有在各民族之间的融合程度提高后,一个地区所有民众共同适用的法律才有可能得以颁布。这就是向属地原则的过渡——从民众法发展为地域法。

§28　生效的法律还是被希望的法律?

稳定的法律能加强部族首领的统治,也有利于部族的内部和平。但部族法的所有规定是否确能发生效力,却是另一个问题。有时候它们只是些统治者一厢情愿的规定。法典化的部族法也不是说都是完全凭空创制出来的;但它经常只涵盖了一个部族所有法律渊源的一部分。以现代的眼光来看,那些不成体系的法律条文中包含了公法、私法、程序法以及刑法等方面的法律法规。

§29　西哥特罗马法典

一系列这样的部族法都已经得到研究。老一代法律史学家通过对现存手稿细致的比对,对这些部族法的形成、内容和影响进行了毫不倦怠的学术钻研。作为从古典晚期到中世纪过渡的重要的法律渊源,《西哥特罗马法典》(Lex Romana Visigothorum)是不能不提及的。该法典是西哥特国王阿拉力克二世(公元484～507年在位)为罗马人颁布的法律。这些罗马人生活在现今法国南部和西班牙,当时这些地区属于西哥特王国。依据属人法原则,在这些地区发生效力的是晚期罗马法,而不是日耳曼法。这部制定于公元506年的《西哥特罗马法典》在很长一段时间还是被征服的西罗马帝国境内的其他罗马人的法律渊源;它对后来的法兰克帝国的影响也是不能被忽略的。这部法典大约有70部手稿流传下来,对研究晚期罗马法非常有帮助。

§30　在当今瑞士地区有很重要意义的4部法律

——《勃艮第法典》(Lex Burgundionum)是勃艮第国王贡多巴德(Gundobad,公元480～516年在位)和他的继任者西吉斯孟德(Sigismund,公元523年逝世)编订的。与《西哥特罗马法典》一样,该法典也是从古典晚期向中世纪早期过渡的一部重要的法律渊源。而且不同于其他没有自己的历史记载流传的日耳曼部族,该法典还记录了勃艮第的历史。这部法典包含了夫妻财产、继承权、赔偿、刑法以及如何对待奴隶等方面的法律规定,适用于勃艮第人。勃艮第王国后又为与勃艮第人共同居住的罗马人和赫尔维蒂人的后裔,专门颁布了《勃艮第罗马法典》,该法典主要是晚期罗马法条款的汇编。

——《居里安西斯罗马法典》(Lex Romana Curiensis)产生于公元8世纪上半叶。与我们前面提及的其他法典不同,它不具备官方效力,只是一部私人作品。它形成于丘尔哈提恩(Churrhatien),即今天的格劳宾登。在法兰克帝国的这个省,罗马法的影响比较大。法典作者为教会公证人,他的作品是对《西哥特罗马法典》在他那个时代的翻新,内容以晚期罗马法为主。长期以来,那种认为该法典是关于中世纪早期格劳宾登地区施行的法律的观点,其实并不正确。该汇编应该是用于法律教育和培训;后来,在格劳宾登地区的法律实务中常常使用这本书。从格劳宾登乃至前阿尔卑斯地区的文化史角度来看,这本书都意义深远。

——公元643年的《罗退尔敕令》(Edictum Rothari)。和前述法典一样,敕令是由不够规范的("粗俗化了的")拉丁文撰写的;拉丁文是当时唯一的书写语言。伦巴第的首领罗退尔让有关法律人员向部族中的年长者请教,把当时口头传授的传统法律规范记录下来。在帕维亚召开的民众大会上,该部落具有战斗力的男性成员们认可了该法律。后来,该法律在意大利北部、瑞士南部适用。虽然该部族法仍然受到罗马法的影响,但这种影响要小于前述其他法典;日耳曼法的因素更明显。在"皇帝和帝国财产"章中,规定了赔偿金。为了限制复仇,以判例的形式确定了各种具体伤害对应的处罚。在其他章节中,还有关于家庭、大家庭共同体和血亲氏族的规定。关于法庭审判程序的规定,与当时的其他法典不同,该法规定由主持审判仪式的法官与陪审的实际判案者之间决定。

——《阿勒曼法典》产生于公元712~725年。它的前身是《阿勒曼民众公约》(Pactus Alamannorum)。两者都在德国西北部和德国瑞士地区的阿勒曼人中适用。和《罗退尔敕令》一样,它也包括了一份罚金目录。部族首领试图以此来控制因氏族之间的矛盾而造成的不可收拾的仇杀局面。因为氏族为满足报复要求而进行的司法自助——血亲复仇——会导致长期的持续仇杀。首领们为了疏导矛盾,想到的方法就是,明确规定各种不同的、可以想象得到的伤害所应支付的赔偿损害金;赔偿损害金的支付避免了双方敌对状态的延续。阿勒曼人的部族法制定了长长的目录,为每一个受伤的肢体或每一个受到侵害的物体规定了相应的赔偿金数目。该法将罚金数目规定得不可思议的高,这应该是为了限制可能的不法侵害,也借此避免受到侵害的氏族可能的后续报复。

在早期的《阿勒曼民众公约》中创建的赔偿金目录,在《阿勒曼法典》中分三部分。第一部分是"教会财物",保护教会财产和教会人员;第二部分是"公爵财物";第三部分是对阿勒曼公爵的保护并赋予公爵特权。

两部民众法的赔偿金目录让我们得以对阿勒曼人社会的等级阶层有些许了解。根据被侵害对象社会等级的高低不同,即自由人、半自由人和非自由人的差别,赔偿金数额也分为几个等级。在自由人这个阶层内,还分为高贵的自由人(贵族)、中间阶层的自由人和受限制的自由人。非自由人在社会结构的最底层,不享有权利;主人杀死他们并不会受到处罚。但是,从不同的自由等级的法律地位并不能推导出这些人的实际经济状况。

保留下来的公元8~12世纪《阿勒曼法典》的手抄件不少于50份。《阿勒曼法典》的广泛传播正好可以说明，为什么这一法律文本的有些条款和原则在瑞士中世纪晚期的城市法和地方法中再度出现。（参见下文 § 149 以下和 § 152 以下）中世纪晚期瑞士德语地区的民法和刑法也显现出这样一种阿勒曼特征，正是因为当时瑞士西部的法律规范的源头可追溯到《勃艮第法典》。

第七节　氏族、家庭社团、婚姻

上述部族法让我们对中世纪早期的家庭亲属关系和他们的法律规则有了一些了解。因为这些法律涉及各个不同的民族，他们各自有些具体情况会与以下那些概括出来的普遍结论有不尽一致之处。这里所讨论的主要是中世纪早期最初始的状况。在中世纪中期和晚期，教会的影响力不仅体现在家庭亲属结构的法律规定中，还涉及采邑制度、城市的建立以及主权的形成（参见下文 § 124 以下）。

§ 31　血亲氏族

血亲氏族是指部族中那些相互之间有血缘关系的人们。亲属关系不仅限于父系亲属，还包括母系亲属。人们同属父母双方的血亲氏族。在前国家时期，氏族赋予单个的人以法律保护：保护他不受外来暴力的侵害并在他受到不公时进行报复。亲属互相之间担负的报复义务将会引发和加剧血亲氏族之间的仇恨，因为可能产生的伤害和牺牲会导致进一步的复仇。部族法对赔偿金目录的规定，就是试图阻止这种行为。亲属之间的协作义务还包括通过赔偿金的支付来避免复仇行为的发生。亲属们有义务按份额承担赔偿金。血亲氏族内部的纠纷由氏族自行解决，这应该是最早的仲裁裁决。在特定的情况下，一个氏族成员会被宣布逐出氏族，从而失去氏族的保护和其他任何权利。相反，一个成员也可以发誓放弃他的氏族，这样他就不再是其他氏族复仇的对象，也不用分担赔偿金。不同于以前的通识，血亲氏族并不是一个（政治意义上的）法律机构，而是一个真实存在的和平共同体。血亲氏族的这一功能就如公元 13 世纪的地区和平运动，领主们把维护和平作为他们的职责（参见下文 § 42 以下）。

§ 32　家庭共同体

小的社会单位是家庭共同体（Hausgemeinschaft），它由一位成年男性和在他监护下共同居住的成员组成。这些成员包括他的妻子、未成年子女、在家庭内居住的其他亲戚（如守寡的母亲或未结婚的姐妹）以及仆役及其家庭。家父监护权给予他保护、处分其家庭成员和他们财产的权利。家父有权决定其子女的婚姻

(甚至在违背其子女意愿的情况下)。家父代替其子女和妻子出庭,管理和使用他们的财产,也用自己的财产为子女和妻子造成的不当行为承担责任。家父对家庭成员有处罚权;直到公元8世纪,家父还有权把家庭成员卖身为奴。因为养育义务与处分权是相对应的。子女呆在家庭共同体中直到家父监护权的结束,这种监护从人身到财产无所不包。对儿子来说,到他成年组成另一个家庭时,可以得到父亲财产的一部分;对女儿来说,结婚意味着家父监护权的结束。监护(Munt)的意思是"手"或"保护";这个日耳曼法律概念对应的罗马法概念就是家长权(patria potestas)。(监护制度不仅有同样的词源学,在内容上也有父亲照顾子女的含义。)

在法兰克时期,继承权也与家庭共同体联系在一起。家父死后,动产、金钱,通常还有地产,都将传给在家父监护下的家庭成员。地产首先由儿子继承。根据《勃艮第法典》的规定,在没有儿子的情况下,女儿是第二顺位继承人。继承人的继承权是绝对的,家主不能自由处置他的财产,子女对父亲的继承份额有相应的代位继承资格,因此继承人的继承权是绝对的。遗嘱自由要到中世纪晚期在教会的影响下才出现。同样,并不存在平等的遗产继承权。女儿在继承上的劣势部分由嫁妆——父亲在她结婚时给她的财产——得到补偿。平等的继承权最早要到公元11世纪和公元12世纪的西瑞士城市法中才现出端倪(参见下文§469以下)。

§33 婚姻

婚姻的缔结意味着女性从父亲的监护下转到丈夫的监护下。婚姻的缔结首先要举行公开的订婚仪式,新郎支付一定数额的金钱以获取对新娘的监护权,并承诺在未来照顾她。同时,新娘的父亲作为监护人,负责把女儿交给新郎。订婚仪式是新娘父亲和新郎之间签订契约的第一步。新娘不是契约的当事人,其只处于被合法支配的地位。在部族法中规定的监护转让费的数额相当可观;这是根据习俗规定的,一般不能讨价还价。监护转让费还是妻子在丈夫去世后的物质保障。订婚仪式后的结婚仪式,才是一出真正的尘世间的演出。现在,在一系列具有象征意义的仪式下,新娘和对她的监护权一起被隆重地交给了新郎。在把新娘交给新郎的同时,新娘的父亲还交出象征保护权力的剑、矛或帽子。另外,新郎通过抓着新娘的手迈开脚步,或把新娘放在膝盖上来确定他丈夫的地位。这一交接仪式后,新娘就被隆重地带进男方的家。在那里,在亲属到场见证下,进行"婚床"仪式,即通过性交,新娘成为新郎法律上的配偶。最后是交付妻子一部分财产——晨礼。这让妻子正式成为妻子和家庭的主妇,同时,也是在妻子如果不幸成为寡妇的情况下的物质保证。

在监护婚姻外，还存在一种恋爱婚姻（Friedelehe）。在这一婚姻形式中，妻子的监护权并不转移给丈夫，仍然在父亲那里。没有订婚和婚礼，仪式只有新娘跑婚（Brautlauf）、同房和晨礼。这些仪式让新娘正式成为妻子和家庭主妇，与妾区分。这种情况一般是妻子的社会地位高于丈夫，或丈夫无法支付监护转让费。妻子仍然保持她娘家的社会地位以及她的继承权。

教会对婚姻的祝福和圣礼在法兰克时期日益成长起来。起初，教会对婚姻的祝福和圣礼并不是婚姻确立的必要条件，而只是稳固婚姻的宗教形式。直到中世纪中期，从晚期罗马法中发展而来的、被教会强化的婚姻观——结婚双方的认可才是婚姻有效缔结的基础的观念——才获得普遍认同。

第二部分　旧瑞士联邦

第三章　瑞士联邦的形成与巩固

从宪政结构上看,一直到近代之前,今天的瑞士地区还属于神圣罗马帝国的疆域。到中世纪晚期,各个独立地区之间持续不断的结盟活动形成了瑞士联盟这一种新的政治力量,它逐渐从帝国中独立和分离出来。为了更好地理解瑞士联邦的形成和独立过程,我们需要先对神圣罗马帝国本身以及发展有个简单的了解。

§34　格局

法兰克王国衰败后,德意志王权作为一个有影响的政治势力在中世纪中期崛起。德意志帝国由法兰克、萨克森和巴伐利亚公国构成,施瓦本公国和古老的勃艮第王国也臣服于德意志皇帝。皇帝奥拓一世如早先的查理曼大帝一样,在公元962年由教皇加冕。查理曼大帝试图建立一个与东罗马和阿拉伯伊斯兰世界并立的第三个大帝国。这个帝国至少在理念上是古代罗马帝国的延续。法兰克和后来的德意志王国也希望成为罗马帝国的继承者。由于教会的重要影响力,皇帝们不仅要求其统治取得世俗的合法性,而且还要求得到宗教的合法性,即通过教皇的加冕成为皇帝;帝国也由此成为一个“神圣帝国”(sacrum imperium),皇帝在理论上成为教会的保护者。基督教成为西方世界统一的象征。由教皇在罗马加冕既是罗马帝国延续的象征,也是帝国与教会结合的象征。

§35　形式和统治

皇帝形式上的统治区域包括德意志王国、勃艮第王国和意大利王国,以及其他公国、伯国、宗教领地和城市。和古代罗马帝国一样,神圣罗马帝国是一个多民族和多语言的国家。但与其说帝国是一个由强有力的中央权力统治的统一国家,不如说是一个由各个不断分化的统治力量构成的松散联邦。皇帝与其他统治力量之间的关系经常都很紧张、矛盾冲突不断。他与教会的关系同样如此,因为到中世纪中期,教会也和帝国一样成为一种政治的"世俗力量"。皇帝摇摆不定的力量和政治意义,到了中世纪晚期已经进一步削弱。一方面,帝国诸侯与皇帝相抗衡;另一方面,帝国的偏远地区,如瑞士联盟和荷兰,实际上已脱离帝国。在瑞士地区,15 世纪初就已出现了一些事实上的统治势力,如哈布斯堡家族、萨伏伊家族等贵族世家以及其他的贵族,如图根堡伯爵和格雷耶斯;城市和领地的各帝国组织,特别如瑞士联邦。到 15 世纪末,帝国的政治影响力就只限于现今德国的主要地区;这一时期出现的"德意志神圣罗马帝国"这个称谓就能说明问题。

§ 36 皇帝选举

帝国皇帝由最重要的世俗和宗教领主,即 100 ~ 200 个帝国贵族按各自等级选举出来,再由教皇加冕。他首先得是帝国贵族中的佼佼者。1356 年的《黄金诏书》把选帝侯的数量减少到 7 位,并把必须在罗马加冕的仪式取消了。皇帝选举现在局限在了一个小小的诸侯圈里;帝国宪政类似一种寡头政治。虽然选举委员会会做做样子,决定皇帝是谁,但皇位实际上在某几个贵族家族之间流转。在萨克森、萨利克和斯陶芬家族后,皇位从 1438 年开始就一直由哈布斯堡家族世袭,除中间的短暂中断外,哈布斯堡家族统治一直持续到帝国结束。

§ 37 皇帝的法律

皇帝被看作所有统治权力的渊源,对帝国内部拥有一系列的职责和权力。但直到中世纪晚期,部分职责和权力还只是形式上的。皇帝首先是最高军事首脑,负有保护帝国领土的职责。同样他也要保障帝国内部的安定。为达到这一目的,1103 年在美因茨颁布了第一部作为框架法的《帝国和平法令》。因为皇帝缺少一种警察的强制力,各封建领主们就不得不对该法实际执行担负起责任。皇帝还对皇室财产——担任皇帝的家族分散在帝国各地的地产——拥有支配权。这些皇室财产到 1500 年左右就不再用于赠予和抵押。皇帝还有一系列的皇权"Rgalien"(皇室特权),给他带来收益。这些特权包括铸币权、关税权、狩猎权、矿山开采权、食盐专卖权、开市权和司法权。这些权力到了 13 世纪也因为分封而更多地转移到了各封建领主手中。最终,皇帝成为最高封建领主、最高的司法官、世俗法的最高渊源,他可以自己制定法律。更通常的情况则是,他将立法权授予各封建领主行使。由于帝国皇帝被视为古代罗马皇帝的继承人,古代罗马法在帝国中占有特殊的地位。古代罗马法被当作帝国皇帝的法律,在帝国内适用(参见下文§209)。

§38 统治权力的合法性

皇帝的实权在中世纪中期后迅速减弱,权力转移到了宪政体制内的各级领主。尽管如此,帝国作为宪政机构仍然继续存在了几个世纪。解释这一现象,需要从教会和帝国的统治合法性的作用说起。在中世纪,政治统治需要取得宗教上的合法性。对中世纪的人们来说,世俗权力来自上帝的确认:所有统治者必须来自上界,即能够得到上帝的支持。由民众授予的统治合法性对中世纪的人们来说是陌生的。皇帝需要通过教皇的加冕来获得宗教上的合法性认可。而当皇帝把这些王权再转移给臣服于他的领主时,这种统治权也同时生效。近代早期以前,地方统治权限的合法性都只能来自皇帝的特许。直到法国法学家让·博丹(Jean Bodin,1529~1596年)第一次提出了主权说,一个全新的、独立于教会的国家统治的合法性模式才在此基础上得以形成。但是,起决定作用是事实上的真实权力,在帝国皇帝和帝国等级之间复杂的权力划分面前,博丹关于帝国主权不可分割的国家权力学说只能是一种形式上的反应(有关瑞士联盟参见§90及以下)。

§39 帝国改革

从15世纪开始到16世纪中期左右,皇帝一直试图改革帝国统治。地区力量持续增长的政治影响力要求帝国重新划分各种力量关系。在改革的高潮期,沃尔姆斯帝国议会于1495年通过了《永久国内和平条例》,禁止帝国内的私人仇杀。为了贯彻该项规定,帝国开始划分为6个(后来分成10个)区域,帝国的军队和税收都以此为单位进行征派。根据《帝国最高法院章程》,帝国最高法院成立,成为帝国内最高等级的法院;现在根据建制,它从王廷(应该是指皇帝的御前会议,含糊一些用王廷可能更好)中独立出来,由国王和帝国各等级一起主持。另外,还设立一个常设的帝国执政府,代替以前的帝国等级会议,即帝国议会。为解决对土耳其作战的财政问题,最终还规定帝国捐税——"普遍的芬尼"。16世纪初,帝国颁布了各种帝国警察条例,但这些条例的部分立法权转移到了地区统治者的手中。为了阻止帝国境内刑事审判的进一步恶化,1532年皇帝卡尔五世颁布了《刑事审判令》(《加洛林纳法典》),它对帝国的刑法和刑事诉讼法产生了长久的影响。

§40 地区性国家的形成

从中世纪晚期到近代早期，一些由皇帝直接封赐采邑的封建领主，强化了他们在其领地上享有的权力，把它们进一步发展为一个相对封闭的统治区域。随着他们自身权力的日益增长，他们与皇帝、帝国的联系也日益松散。在这此消彼长的过程中，形成了现代的领地邦国，如德意志皇室领地、伯国、城市共和国以及瑞士联邦的城邦式国家。帝国与领地邦国的关系，就如一棵古老的大树与幼小的树林一样。年轻的领地邦国需要古老帝国的保护，直到它足够强大，能够自己独自生存。

§41 终结

后期，帝国仅仅成了一种象征，皇帝已没有实权。1803 年的《帝国代表重要决议》撤销了很多世俗和宗教的侯爵领地，并把它们归并到其他邦国。1806 年德国的一些邦国在拿破仑的推动下组成莱茵同盟，并从帝国分离出去。1806 年皇帝弗兰茨二世退位，所有帝国等级在宪政上的权利和义务一并取消，德意志帝国寿终正寝。

第一节 1291 年的山民社团永久联盟及对该联盟的解释

§42 地方和平联盟

今天瑞士地区地处帝国的偏远地区。维护安定和秩序的任务就落在了当地统治者们身上，即国王或皇帝委派的行政官员和地方家族势力。为了完成这一任务，从 13 世纪后半叶开始，他们结成联盟，靠誓言的效力来保证其协议的履行。联盟各成员承诺共同惩治严重的暴力伤害行为，如谋杀、抢劫、纵火和未经同意获得的抵押，在与外界开战时互相支援，发生纷争则交仲裁法庭处理。由于公共权力对不法行为的处罚会与私法自助冲突，他们有必要设立一个专门的司法机构。

§43 普遍存在的私法自助

地方和平联盟规定，禁止贵族以及血亲氏族之间的私自复仇。联盟可以被看作一个可以武力解决问题的最大半径的社会单元。在中世纪，强力无处不在。男人们总是用刀剑作武器，炫耀他们强壮的体力。半大的男孩就是在这种公众生活中长大并深受其影响。只要他们觉得权利受到侵犯，他们的首要举动就是武力自卫；如果不即刻诉诸武力自卫，则名誉将受到损害，让人耻笑。武力自卫不仅是可接受的，而且还是权利诉求得以满足的合法途径。在满足一定的形式下，使用武力来对付不公的复仇，对贵族来说也是一种可以允许的自助方法。而且私法自助行为不仅限于纷争方。如那些通常会导致纠纷的杀人行为，被害亲属也有报仇的义务，这样纠纷就会周而复始延续下去，严重扰乱地区治安。

§44 上帝和平

地方和平联盟产生于12世纪的意大利北部和法国南部。在那里，各城市纷纷效仿教会在11世纪的俗人宗教会议上发起的旨在保卫安宁的上帝和平运动。在露天召开的民众集会上，到场者宣誓捍卫和平，将手无寸铁的人群(农民、妇女、儿童、神职人员)置于特别保护之下。现今的瑞士地区在这一时期也出现了这样的上帝和平运动，它们与大游行、圣人遗骨崇拜和奇迹信仰一样，是中世纪中期宗教民众运动的一部分。

§45 其他地区和平联盟

帝国边境地区非宗教的和平联盟并不仅限于城市之间，诸侯、骑士、农民社团之间也相互结盟。这些联盟通常维持不了多久就破裂了，重新组成新的结盟。现今的瑞士地区在13世纪出现了多个联盟地区。在西部，1234年伯尔尼与弗莱堡签订的双边条约演变为勃艮第联盟，该联盟把伯尔尼、弗莱堡、索洛图恩、比尔、穆尔藤以及其他城市联合在一起，形成一个互有交集、相互影响的地区和平条约联盟。在东北部，1254年建立的莱茵地区联盟包括了巴塞尔和苏伊士；1327年建立的博登湖城市联盟又把苏黎世、沙夫豪森和圣加仑吸收进来。在阿尔卑斯山地区，则有塔尔地区的农民地区和平联盟。

§46 瑞士内地的血亲复仇

1291年山民社团永久联盟形式，可能就是早先联盟的延续，该联盟把瑞士内地山谷地区乌里、施维茨和下瓦尔登联合了起来。如同其他的联盟，该联盟也致力于消除山谷地区的内部暴力和司法自助。在13世纪，延绵不绝的家族复仇，对当地治安影响极大。1257~1258年发生在乌里地区的伊泽利(Izzeli)家族和戈胡欧巴(Gruoba)家族之间的仇杀最后不得不由哈布斯堡的鲁道夫出面调停。为了抑制家族间的报复行为，使之放弃仇杀，将处置肇事者的权力交由法庭掌控，联盟不得不以高额罚金与刑罚处罚为后盾。由于山谷地区地处重要的交通要道的出入口，又是重要的商道所在，该地区的很多人的经济来源依赖商道交通，因此，改善该地区的治安也不无经济方面的考虑。特别是圣哥达通道在公元12世纪、13世纪之交得以开通并迅速成为横穿阿尔卑斯山的便捷通道，对当地意义重大。

§47 政治影响

1291年联盟的初衷只是维持治安，并无其他政治诉求。联盟文件中明确表示，现有的统治权是神圣不可侵犯的；现有的统治权既指外来僧侣和贵族的领主权,也包括当地的家族势力。法官只能从品行端正的本地人中选出。这与当时司法权向地区领主转移的趋势是一致的。同样,当时的各大城市也试图取得独立的司法裁判权,从城市领主的权力之下独立出来。

§48 联盟成立神话的形成

与一直流传的说法相反,公元1291年并不是古代瑞士联邦的成立时间。关于瑞士联邦成立时间的这一解释在联邦的历史中找不到确凿的证据支持。结盟者未曾以反抗哈布斯堡家族的专制统治为目的进行过任何宣誓;联盟的文件中也找不到有关威廉·退尔、摧毁城堡事件以及鲁特利山谷宣誓的证据。这些历史故事究竟源自何处?这些历史故事有些是历史,有些纯粹是故事,大多出自上瓦尔登的作者汉斯·希瑞博之手。为了创造一个“产生神话”,希瑞博在1474年的《萨尔嫩白皮书》中把这些传说记录下了。在中世纪晚期的情境中,只有反抗专制才能为反叛合法统治者的行为辩护,所以希瑞博试图按照那个时代惯常的历史书写去证明,哈布斯堡的统治是专制残酷的。通过这样的描述,瑞士联盟取得统治权的合法性才能够成立。借助一个共同的、大无畏的历史故事,上瓦尔登的作者通过虚构内在矛盾的威胁来增强那个时代的瑞士联盟的同盟性质。

近代的编年史家,如格拉鲁斯的历史学家和政治家埃吉迪乌斯·楚迪《瑞士法律史》确认了这一历史神话,只是就鲁特利山谷宣誓的时间,楚迪把它定在1307年11月8日,而不是1291年8月1日。1804年弗里德里希·席勒的戏剧《威廉·退尔》的流行让这一观念在19世纪进一步强化。1848年年轻的(新建的)联邦国家则把这一具有民族象征的历史图画与新生的国家联系了起来。以至于到现在,这一天被想当然地与鲁特利山谷宣誓统一了起来。1891年8月1日第一次被定为瑞士联邦的国庆节。伯尔尼在很大程度上推动了这一事件,因为它希望将庆祝伯尔尼建城700周年与庆祝联邦诞生结合在一起。以后,在第二次世界大战爆发前和第二次世界大战期间,建国神话又成为反对纳粹威胁、捍卫国家独立的精神力量。

§49 萨克森历史(Compedium Saxonis)

19世纪中期的历史考据证明,这一独立解放的叙事传统与事实并不吻合。1291年的联盟契约和鲁特利山谷宣誓并非同时期的事件(联盟契约是1291年8月1日由3个较小的州共同签署的一份建立联盟的文献,该联盟是“瑞士”的雏形。联盟契约规定,瑞士的老三州——施维茨、乌里、下瓦尔登州在面临外部威胁时,应互相援助)。而威廉·退尔的故事并非瑞士内地出产,而是一个中世纪北欧流传很广的传说,只是名字不同罢了。12世纪,丹麦神学家和历史学者萨克索·

格拉玛提库斯(Saxo Grammaticus)把这个故事记录下来。在巴塞尔宗教会议(1431～1449年)期间,各种手抄本的传播交流非常活跃,萨克索·格拉玛提库斯所著《萨克森历史》的部分章节大概就在此时于瑞士中部地区流传开来。研究的同时发现,哈布斯堡家族的统治也不像建国传说中描述的那样负面,客观来讲,这些传说只是反映了瑞士中部地区在谋求政治独立的过程中与哈布斯堡家族的矛盾。

第二节　哈布斯堡的鲁道夫

§50　哈布斯堡伯爵领地

哈布斯堡伯爵领地家族最早发迹于埃尔萨斯,从10世纪起开始统治今天的瑞士德语地区。通过购买、建城、武力吞并和一系列政治联姻,在这片区域的自由领地、封建领地、郡县、行政区内,哈布斯堡家族的统治权威从司法权到主权的各个方面都得以增强。虽然哈布斯堡家族的统治还算不上是完全独立的地区主权统治,但显然具有绝对支配的政治权力。13世纪开始,哈布斯堡被任命为苏黎世大区和阿尔高大区的领主爵、乌里的帝国长官,以及各个修道院(如韦廷根,穆里,穆尔巴赫)的领主保护人,实际控制瑞士中部。

§51　哈布斯堡的鲁道夫的政治扩张

哈布斯堡的鲁道夫(Rudolf,1218～1291年)是家族中最杰出的一位。1264年他借着当地另一个家族克伊伯格的消亡,大肆扩张家族势力,获得了从阿尔萨斯到阿尔卑斯之间的地区控制权,还攫取了圣哥达隧道圣哥达通道的入口。拥有该地区的管辖权,就能通过税收权获得丰厚的关税收入。1264年后,鲁道夫的扩张势头不减,与当时瑞士西部的实际统治者萨伏伊家族爆发了武力冲突,还试图吞并巴塞尔主教的领地。但世事风云变幻,1273年围攻巴塞尔城时,鲁道夫得到他被美因茨选帝侯选为帝国皇帝的消息。由于新的使命在身,他逐渐放弃在今天瑞士地区的扩张,把眼光投向了整个帝国。在与波希米亚奥托卡的斗争中,他赢得了帝国东部的一大片地区,即今天的奥地利地区,把它们变为了哈布斯堡家族的家产。从1281年开始,鲁道夫在瑞士主要地区奉行整合既有领地政策。就在1291年去世前不久,他还从穆尔巴赫修道院清偿债务中获得了卢塞恩城的统治权。

§52　与瑞士中部的关系

鲁道夫对其他事务的关注使瑞士中部的山谷地区获得了相对宽松的环境。

作为帝国皇帝,鲁道夫在1274年确认了乌纳的自由,虽然他们早在1231年就已经向帝国赎买了特权。1282年他向施维茨人承诺,只有山谷地区的法官或皇帝本人可以在该地作出法律判决。他还赋予了行政官员们在行政管理活动中更大的权力。这些他任命的行政官员不仅出自哈布斯堡家族,也有从那些当地的较低等级的家庭中选任的,甚至还有些来自在山谷占有大量土地的、殷实的农民家庭。

1291年山民社团永久联盟的成员实际上享有较大的活动空间。为确保皇帝去世后山谷地区的和平,它们在皇帝去世后数日内就结成了联盟。联盟契约中所要求的自治权利如法官人选的确定等并不是什么新主张,而是早已享有的特权。另外,对固有的领主自治权的不得侵犯的确认,不仅是为了保护外来领主,同样也有利于当地有产业的家族。如果考虑到这些事实,那么1291年的联盟契约应理解为对当时法律权利的真实状态的确认。由于在新皇帝选举出来以前帝国统治势必动荡不安,该联盟契约同时又是当时维护地区和平的有效手段。

第三节 8州瑞士联盟的形成

§53 1315年的联邦

到了1315年,由老三州于1291年创建的联盟有了一些明显的变化。山谷地区反感的宗主国的领主权,随着盟约的缔结被架空了。另外,盟约还进一步规定,不经三州的任何一方商议同意,联盟成员不得承认宗主国或与其签订协议。这样就避免宗主国对谷地地区整体或局部地区的影响,也抑制了宗主国的领主权向绝对统治权的发展。盟约中的一些规定显然旨在针对哈布斯堡家族,这一变化只能说是历史发展的自然结果。哈布斯堡的鲁道夫的继任者——阿尔伯特国王,从1303年起,开始编制哈布斯堡家族的各项权利和财产收入清单,试图最大限度地形成一个封闭、独立的势力范围。这份清单还主张了对修道院修士的权利。而在施维茨地区,哈布斯堡的这些固有权利早已被当地人侵蚀殆尽了。年复一年,施维茨渐渐吞噬了本在哈布斯堡保护下的修道院的地盘,把它们纳入自己的势力范围。这最终导致了哈布斯堡的惩罚行动,只是这场行动以失败告终。皇帝的弟弟利奥波德公爵率领的哈布斯堡军队于1315年在阿格利湖的湖口遭到施维茨山民武装的袭击并被击败(莫尔加尔滕战役)。这场胜利激发了山谷地区当地势力在政治领域的自我意识与统治欲求。借助于更新1291年的联盟,它们希望形成一个对抗外来势力的共同的政治基础。因此，原本一个内部的和平协议没过多长时间就成了反对哈布斯堡统治的抵抗联盟。

§54　联盟的进一步发展

1315 年的联盟继续维持与其他地区结合的势头，直到 1353 年。现在的盟约，既禁止了复仇行为，又规定了各方在面临战争威胁时相互援助的义务。各方力量的统一让哈布斯堡进一步扩张和巩固其势力范围的企图无法实现。1332 年卢塞恩与 3 个山地州结盟，1351 年苏黎世与 4 个森林州结盟。两个联盟的交往因为各自与哈布斯堡的紧张关系而密切起来。其他城市也在遇到战事威胁时向这 3 个山地州寻求庇护和军事援助。在短时间内，新的联盟不断形成，包括 1352 年格拉鲁斯与苏黎世和 3 个山地州的结成联盟、1352 年苏黎世城与 4 个森林州的结成联盟、1353 年伯尔尼和 3 个山地州结成联盟。这些盟约都有相似的内容：

1. 每个盟约中都区分了中部地区和平区与前阿尔卑斯地区和平区。
2. 战争状况下的共同防御与军事部署。
3. 成立仲裁法院，以便处理联盟地区之间发生的争端。

§55　为确保帝国直辖而进行的战斗

在最终缔结的联盟中，第一次出现了“瑞士联盟”（Eidgenossenschaft）的名称。这是地位平等的成员们通过以上帝之名的誓言而共同缔结的联盟。14 世纪的 8 州联盟还不是严格意义上的封闭的政治组织，在联盟的基础上，各个地区独立发展。值得注意的是，虽然联盟内各地区与城市地位平等，但实际上联盟成员的法律和社会结构的差别仍然非常大。联盟成员都力求进一步削弱哈布斯堡在当地的势力，避免被宣布失去帝国直辖地位，抵抗哈布斯堡统治的全面整合。尽管皇帝的政治力量在下降，但哈布斯堡家族的势力却进一步上升，哈布斯堡家族的这一整合也波及了帝国的其他地区。这一家族试图建立一个自己的地区性统治，将低级贵族直至城市的权利都合并在这一统治区域内。这些下级贵族和各城市在中世纪晚期都力争获得帝国自由地位，也就是成为皇帝的直属封地，从而享有他们从皇帝那里赎买到的权利和政治自由。但大多数地区并不都像帝国城市卢塞恩、苏黎世或伯尔尼那么幸运。现在，与瑞士内部谷地地区的联盟体系帮助它们更有效地保卫了它们的帝国直属封地地位。在以后的日子里，这一目的也是联盟体系得以巩固和扩大的主要原因。

第四节　进一步发展为13州的瑞士联盟

§56　盟友地区

14世纪中叶后,8州联盟继续扩张。一方面,他们与联盟区域内那些尚未加入的地区结盟,如伯尔尼和卢塞恩(1406年)或苏黎世和格拉鲁斯之间的联盟(1408年);另一方面,联盟进一步加强与其他城市和地区的联系,虽然这种联系有时不是以全体联盟成员的名义缔结盟约,而只是联盟中的几个甚至一个地区与之缔结。那些个别地区的联盟成员——也就是所谓的“盟友”地区(zugewandte Orte)——包括比尔、今天格劳宾登地区的上方州与下方州地区、伯爵城市纳沙泰尔、主教区锡永、瓦利斯的岑登、侯爵国城市圣加仑、沙夫豪森,罗特维尔、米尔豪森和日内瓦。与“盟友”的结盟通常也会带来一些负面影响,人们并不将建立“盟友”关系的法律文件称为“联盟”(Bündnis),而称为“城镇和地区权利”(Burg-und Landrechte)。通过建立“盟友”关系,整个区域形成了一种共同防御关系。

促使地区结盟的原因,是“盟友”地区在捍卫帝国自由地位时常常处于独自应战的状态。如在瑞士联邦的南部和西部,萨伏伊家族早在12世纪就统治着沃州和下瓦尔登地区,如今他们又寻求吞并机会。为了对抗这一企图,锡永和上瓦利斯7个区并入瑞士联盟(1416～1417年,1475年)。日内瓦同样也为了反抗这一最古老的地方势力加入联盟(1536～1584年)。在东北,哈布斯堡家族于1363年获得了蒂罗尔的伯国权利,为了对抗可能的威胁,库尔主教区、库尔城市与和其他乡镇于1367年加入哥达豪斯联盟,该联盟在1498年与瑞士联盟合并。

§57　瑞士联盟的扩张

到16世纪,几个“盟友”地区要求并入瑞士联盟,如1481年的弗莱堡和索洛图恩、1501年的巴塞尔和沙夫豪森、1513年的阿彭策尔。作为联盟属地,如今已发展成为13州的瑞士联盟中的这5个新州必须受到各种限制。如在没有获得原8州的多数同意下,5个新州不得与其他地区结盟,它们也无权享有联盟在15世纪取得的共管地区的统治权,即瑞士联盟通过武力或是清偿抵押而获得的地区的统治权,包括1415年战胜阿尔高后取得的巴登地区保护权以及1460年获得的图尔高、1483年获得的萨尔甘斯、1490年获得的莱茵河谷的统治权。而对1512年后联盟取得的卢加诺、门德里西奥、洛迦诺和马基亚山谷的地区,5个新州与原8州共享统治权。

到16世纪初,瑞士联盟的基本结构已经成形,并一直维持到了18世纪末:

——13 州的瑞士联盟由 8 个老州和 5 个新州构成。

——盟友地区。

——共管地区。

第五节 宪政结构的巩固

§58 瑞士联盟的地区主权

下文所述的瑞士联盟结构,并非由一个明确的目标直线发展而来,它的形成和运行方式不是有意设计的产物,而是内外冲突的结果。在解决纷争的历程中,瑞士联盟的地域性统治以及一种内在的共同归属感日渐形成。外界也渐渐把联盟视为一个地域边界相对固定的政治统一体。瑞士联盟在中世纪末的政治发展史,无法在此一一道来。这里只能简要地简要介绍一下古老的瑞士联盟基本宪政制度形成过程中的几个重要阶段。

一、牧师宪章

§59 布鲁诺·布鲁尼纠纷

1370 年哈布斯堡任命的苏黎世市长——势力强大的鲁道夫·布鲁尼的儿子、苏黎世大教堂的神父布鲁诺·布鲁尼,无正当理由拘捕了卢塞恩的乡长彼得·冯·衮多尔丁根(Peter von Gundoldingen)。当布鲁尼被要求澄清此事时,他却以教职人员不受世俗法院管辖为名予以拒绝。当时,教职人员以及精神领域的事务都在教会的管辖下。(参见下文 § 172)为解决这一矛盾,苏黎世、卢塞恩、乌里、施维茨、下森林和楚格共同签订了一个条约(牧师宪章):

——除宗教事务外,非本地区的神职人员(牧师)与联盟地区当地居民的诉讼,不得在非本地法庭里进行。

——世俗人士涉及世俗事务的诉讼,必须在其居住地进行。

——哈布斯堡的封建属民和侍从必须遵守当地法律。

——签约各地区有责任维护从苏黎世到哥特哈德的交通线路的安全。

§60 对非本地司法权的限制

1370 年的牧师宪章不仅限制了教会的司法权,事实上还限制了哈布斯堡法庭对联邦地区的影响。由此,教会法的适用在很大程度上被取消了,外来法律也以这种方式被隔绝。在联邦地区,地区和城市的当地法成为适用的法律。

牧师宪章对司法权和刑罚权的诉求,是迈向统一的联邦地区统治权的第一步。第一次,法律不再是从单个的地区出发,而是从整体出发;在联盟之外,第一次形成了共同的法律。属人法原则第一次转变为属地法原则。在联盟条约中那些双边的和平安宁条款外,如今要求一个联盟地区的共同和平。第一次,在牧师条约中,联盟不只是人的联盟,而是一个地理上的空间认同。

二、曾帕赫战役和曾帕赫宪章

§61 漫长的军事纷争

中世纪晚期,瑞士联盟的形成伴随一系列大大小小的军事冲突。在不断变换的结盟下,联盟与不同的对手作战。在这些战斗中,联盟尽管不是全胜,但也赢得了大多数战役的胜利。除其他因素外,联盟的形成也依赖赤裸裸的武力。联盟日益强大的原因还在于动力——为本地区的自由和独立而战。这些半装备的联盟战士拿着长矛闯入敌人的骑士阵营。与以往的爱国主义的历史解释不同,今天的研究认为,这些年轻人中,嗜血如命、掠夺成性之徒也非鲜见,当然也很难说他们的对手有更崇高的动机。中世纪晚期的社会是非常血腥的。

§62 曾帕赫战役

曾帕赫战役(1386 年)之所以出名,是因为联盟军队战胜了占优势兵力的哈布斯堡一方。战斗的双方都有其理由。哈布斯堡的利奥波德三世公爵试图通过分派封地和抵押扩大在联盟地区的影响。而联盟地区的各城市,一方面加强了哈布斯堡保护下的城市与联盟的结盟,另一方面通过授予城市市民权扩大其政治力量,从而削弱了哈布斯堡当局对当地的统治权。城市市民权的授予甚至扩大到居住在城外本属哈布斯堡当局管辖的人们,这些人被称为“城外市民”。

史书记载,1386 年一个异常炎热的 7 月的一天,在一系列小冲突后,曾帕赫湖边的小山丘上爆发了战争。战争的一方是由卢塞恩、乌里、施维茨、下瓦尔登的青年农民和城市居民组成,另一方是哈布斯堡公爵带领的一支数目庞大的军队,由南德伯爵、男爵、骑士们以及他们的士兵组成。传说中领导联盟取得决定性胜利的阿诺尔德·冯·温克尔里德(Arnold von Winkelried)的英雄事迹,在历史中并没有记载,更接近事实的情形可能是,穿着铁甲皮的哈布斯堡骑兵们的战斗力,在夏日的酷热中被削弱了。公爵的亲自参战也无法改变战事的走向。

这场战役失败,震惊了整个欧洲,对哈布斯堡家族的势力是一个沉重的打击,终结了其在瑞士联盟地区的统治。对瑞士联盟来说,这场战役掀起了地方政治势力的扩张活动的序幕;它取代了失去防御力量的哈布斯堡家族的统治。曾帕赫战役的胜利还意味着市民和农民阶层对老迈衰朽的骑士阶层的胜利。曾帕赫战役是中世纪晚期贵族阶级危机全景图中的浓重一笔。战场上的死亡、鼠疫和较高的儿童死亡率，使独立贵族的人口减少了许多。贵族作为政治上的统治阶层的地位和作用已经削弱。这也影响了以后的瑞士联邦的性质；此后，在这个国家发挥社会和政治作用的主要阶层是市民和农民，不再是贵族。

§63　与战争中的不法行为作斗争

曾帕赫战役后，联盟中的8州于1393年签署《曾帕赫宪章》，就不法迫害和战争中的相关行为制定了共同的联盟条款，条款规定：联盟范围内严禁私人复仇；保护商人及其商业活动的安全；战争中掠夺的战利品只能在取得胜利后由首领分赏；逃离战场和叛变行为将受到追究；教会、僧侣和妇女应受到保护。这些规定反映了当时战争的真实面貌。《曾帕赫宪章》开启了联盟在其境内与不法战争行为长期斗争的序幕。继《牧师宪章》之后，《曾帕赫宪章》是联盟成长为独立的政治势力进程中的第二步。

三、议会章程

§64　第一次共同统治权

1415年联盟并没有冒什么大风险就取得了其势力范围中心地带那些不属于联盟的地区，联盟在地域上得以成为一个完整的空间。奥地利弗里德里希四世公爵被他的对手——帝国皇帝卢森堡波西米亚的西吉斯孟处以帝国禁令，理由是他曾支持在1414～1418年的康斯坦茨宗教会议上被废黜的约翰二十三世教皇。弗里德里希公爵由此失去了他在阿尔高的统治权。经过为数不多的几次相对较大的武装行动，联盟军队迅速占领了无人统治的阿尔高地区的乡村城市。然后从皇帝那里，他们最终取得了对巴登伯爵领地和福莱阿姆特的抵押权。在历史上，联盟首次赢得了对一个地区的共同的地域统治权。

在首次形成的共同管辖中，商讨行政问题、作出决策的必要性促成了一个共同的常设会议机构——联盟代表会议——的诞生。直到古老的联盟衰亡之时，该机构一直是唯一的中央机构；1848年的联邦宪法最终告别了联盟代表会议。

§65　权限

除了共同管辖的行政权，联盟代表会议还有少数的立法权以及相对更少的执行权。这些权力实质上是地区间盟约的产物。联盟代表会议有权调停地区间的冲突并决定外交问题。会议代表们共同商讨与帝国皇帝和其他欧洲势力的关系、整军备战以及由雇佣军制度产生的其他很多相关问题。根据会议文件记载，代表们偶尔还讨论有关教会、关税、铸币和贸易等问题。用现代术语来说，联盟代表会议的权限被限制在安全、外交和经济政策方面,各地区则保留对其他事务的管理权。

§66 构成和运行

联盟代表会议根据习惯法构成和运行,并无具体的书面规定。联盟代表大会一年召开好几次,每个地区各派一到两位代表参加。这些代表一般是地方议会议长、乡村长官或权力高层中的一位。在盟友地区中,比尔、修道院院长伯爵和圣加仑的城市经常收到与会邀请,其他盟友地区则通常不被邀请或只在某个时期收到邀请。参加会议者按照严格遵循的正式官方座次坐在一个宽敞的四方形大厅,主席台上坐着苏黎世郊区的代表——他通常是会议的召集人,他旁边的高椅上坐在老8州的代表(特使),然后是其他人员。在各州特使身后,一般会有等级差役穿着该州的标志颜色的服装侍立(见图3-1)。表决的时候,代表们根据带来的书面指示行事。除共同管理的行政事务根据多数通过原则决定外,其他决议均需一致通过。因此,决议的通过往往需要漫长的过程。联盟代表大会上的决议必须再由特使带回各州,呈交各州政府批准通过。对各州来说,因联盟代表大会决议不具有约束力,有些时候也就没有被真正执行。

图3-1 1537年在巴登举行的瑞士联邦会议

宗教改革前,联盟代表会议轮流在卢塞恩、苏黎世和其他城市召开,后来巴登成为大会召开地,1715 年以后则是弗劳恩菲尔德。

§67　政治意义

联盟代表大会在其漫长的存续期间经受了各种考验。一方面是各州实力增长以及相应地区扩张的诉求,另一方面是各州之间普遍存在的利益差别,让州与州之间的统一始终受到威胁。(参见下文§124 及以下)宗教改革以后,地区间宗教信仰的对立引起了明显的紧张局势和各种武装冲突。从 16 世纪开始,除了普通的联盟大会,还召开了宗教特别会议。大量的问题归根结底源自山地州和城市州之间政治体制、社会结构以及经济繁荣程度的差异。鉴于联盟面临的这些难题,新的研究不再过分强调联盟大会显而易见的缺陷和效率低下的问题,而更多地注重这样一个事实,即在联盟的形成过程中,它起到了一个重要的协调作用:在这里,政治上各自负责的联盟各州达成共识并作出决策;在这里,发展出了一个共同联盟的国家观念并成为 1848 年新的联邦国家的基础。

四、施坦斯协议

§68　一致通过原则

联盟大会决议的一致通过原则虽然加大了很多大型计划与方案通过的难度,但同时也避免了单个地区的独特化倾向,有利于分散的各州之间趋于统一。

一致通过原则在早期虽非成文规定,但 1481 年《施坦斯协议》将之确立为强制性规则。《施坦斯协议》是老 8 州为了解决存在于城市州和乡村州之间的矛盾而签订的。

§69　城市协议争端的解决

危机的产生,源于伯尔尼在赢得了对勃艮第的战争(1474～1477 年)后日益增长的政治力量。这一时期,弗莱堡和索洛图恩正积极争取加入联盟,政治中心面临从最早的 5 州向瑞士西部转移的可能。1477 年年初一些瑞士内地的年轻人武装起来,组成一支志愿军队,向西行进。虽然日内瓦通过向每个志愿者单独给予经济补偿的方式结束了这次行军,但此后,伯尔尼城、弗莱堡城、索洛图恩城与苏黎世城和卢塞恩城签订了一项城市权利协议,就此后针对类似的情况进行武装防御达成共识。联盟中的山地州将该协议的签署等同于脱离联盟的举动,试图制止这一城市联盟。城市州和山地州之间的这场城市权利协议之争越来越严重,战争一触即发。在隐居士(隐士或者隐修士)尼古拉斯·冯·弗流(Nikolaus von Flüe,1417～1487 年)的调停下,联盟各州于 1481 年在施坦斯召开大会,达成了解决前述矛盾的协议。该协议,一方面,批准弗莱堡和索洛图恩加入联盟;另一方面,各州承诺不对联盟其他成员发动攻击,并承诺对类似不法行为进行追究,同时规定在没有取得大多数州同意的情况下联盟各州不得对外国势力开战,各州外交政策的制定和执行应以整体边境的利益为出发点。

§70　基本的联盟权

《施坦斯协议》是继《牧师宪章》和《曾帕赫宪章》后,形成联盟权力的基本文件;类似的还有来自联盟大会的决议。这些法律条款加强了联盟作为一个政治单位的统一性。但除前述安全和外交外,联盟作为一个整体还缺乏法定的权限。这些只是认可了城市州、山地州和由它们所控制地方的领土权(参见§96、§106以及§108)。直到古老联盟的终结,人们基本上都在其城市或地方的法律管辖下生活。与专制主义在欧洲近代早期一样,中央集权化的趋势在立法活动中主要表现在各州层面上,而不是在联盟整体范围。旧的联盟体制直到18世纪还保持着中世纪晚期“共同—结盟”的性质。

第六节　瑞士联邦的宗教派别

宗教改革的结果造成了信仰的分裂。这给瑞士联盟的联邦体系带来了空前的挑战。有些问题,具体如在共管地区的臣民应信奉何种宗教信仰,在两个宗教阵营之间引起了众多的纷争和市民战争。较早确定的宗教信仰属地原则虽然避免了联邦体系的分崩离析,但并没有彻底解决这一问题。

在各州内部,改革强化了世俗当局在中世纪晚期取得的对教会事务的统治权:这间接加强了其领土权的完整性。宗教改革在近代早期国家的形成过程中占有重要的地位。

一、改革前夕的发展

§71　教会的弊病

中世纪晚期的教会不仅是宗教组织,而且还是一个经济和政治单位。主教和大修道院院长们,譬如巴塞尔的主教伯爵、圣加仑的修道院长伯爵或者艾恩西德尔恩的修道院长,在他们的宗教职能以外还行使领土统治权;教堂、教会学校和修道院都是重要的封建领主。修士们的生活主要依靠封建土地的收入和教区教民的什一税。另外一个主要的收入来源则是各种数目众多的教会行政行为,如赎罪券出售。通过购买赎罪券这种赎罪形式,上帝宽恕了其所犯罪孽,但对罪的处罚只是暂时被延缓了,而不是永久地免除和减轻。到中世纪后期,赎罪券的出售增多，神学色彩减少，仅仅被当作赦免罪孽的手段。各色各样的教会收入很多都没有被用于慈善目的，譬如出售赎罪券的收入，为了彰显教会的荣耀而用于城市大教堂的修建。有些俸禄丰厚的受俸神甫只做弥撒，把牧区内的其他事务都指派给世俗神甫来办。教士们的同居现象也非常普遍，而且该行为被主教们最大限度地容忍；康斯坦茨和库尔的主教们让神职人员为其同居者和其所生的孩子付税。

§72　城市的改革努力

针对诸多的教会弊病，世俗统治者们早在宗教改革时期前就已有所行动。作为基督教的政府，城市议会和乡村领主们行使某些教会统治权既是其权力，也是其职责。在有的地方，他们对牧区教会行使保护人的权力，任命牧师，负责教会神职人员的薪俸和捐赠的使用情况。在其他一些地方，当局作为长官负责修道院和福利院的财产管理。城市议会任命议员为代表为监护人，监管教产的使用。伯尔尼市就在 1484 年把 12 个修道院和教会福利院合并为文岑茨基金会。这些早在宗教改革前就已存在的对其自我地位的认识可以很好地解释，为什么宗教改革者们的行动在瑞士联盟的一些城市即刻得到了响应和支持。

§73　共同原则

改革前夕，市民作为一种新生的社会阶层在城市中的地位日益重要。他们在文艺复兴和人文主义思潮的影响下，向往精神生活。在中世纪，教育由教会垄断，如今，市民也希望取得话语权。他们主要希望得到宗教和哲学方面的知识。这就导致在教会学校的俗人学生中，成年人越来越多。在中世纪晚期，发展起来的世俗因素后来在宗教改革的乡镇社区共同原则中得以反映。不仅由牧师们为教会事务负责，而且整个社会都共同参与其中。

二、苏黎世改革概况

§74　茨温利和苏黎世议会

1518 年胡尔德莱斯·茨温利（Ulrich Zwingli，1484 ~ 1531 年）因为其出色的政治领导魅力，被任命为苏黎世大教堂教会的神父。茨温利深受居住在巴塞尔的人文思想家鹿特丹的伊拉斯谟（Erasmus，1469 ~ 1536 年）的改革思想的影响，视圣经为基督教信仰的最高权威。茨温利的教会改革努力顺应了当时的经济和政治需求。他主张减少对教会的缴纳，也反对雇佣兵和神父俸禄制。这些主张让他得到了城市手工业从业者们的支持，因为雇佣兵生意抢走了当地劳动力。运用他们的影响力，手工业行会安排茨温利在苏黎世议会进行了一场教义辩论。这次辩论的结果就是，市议会允许茨温利继续以他的方式，即只根据圣经的文本，独立于教会的教义来讲解福音书。此外,市议会还规定,在苏黎世城和由苏黎世城管理的所有辖区内的布道都要遵守书面程序。这些改革行为不仅反对教会法律,而且还是对教会教义的颠覆。世俗当局挑战的不仅是一个组织形式上的相关事务,而是涉及教会领导地位的核心教会基本问题。原来由康茨坦茨主教管辖之处,如今由市议会负责。如此一来,市议会不得不面对一大堆纷至沓来的问题,数量众多的教会习惯、规定和任命如今都受到质疑,涉及教会的画像和弥撒、宗教大游行、朝圣之旅、神职人员独身不娶妻的规定以及由教会确定的婚姻法等方面。市议会不得不尽快就相关问题制定新的规则。在接下来的宗教改革运动中,他们的某些解决办法作为典范被瑞士联盟的其他地方所借鉴。

§75　教产纠纷

除对教会的产业和其他资产(教产)的处理具有重要的政治和经济影响外,在苏黎世管辖区内的慈善机构和修道院的命运也同样意义重大。在教会领地生活居住的农民们敏锐地意识到这是个对他们十分有利的时机。在宗教改革者的布道中,他们听到了有关基督徒自由的说法。在他们来看,这个自由是与他们不得不为贵族和僧侣们履行的义务不相符合的。他们试图摆脱封建土地的负累,如什一税,以及当局对打猎、捕鱼和树林使用等方面的统治权。一夜之间,中世纪晚期封建制的财产秩序受到了质疑。和德国南部很多地方一样,苏黎世在1525年经历了一场农民和城市下层人民的起义(农民起义)。群情激奋的农民们闯入鲁蒂修道院和布比孔骑士院(Johanniterkommende)。事件影响了瑞士东部的其他地方;数量众多的封建领地陷入动荡和灾难之中。受市议会委托,一个由改革宗教者们组成的委员会,以茨温利为首,就劳役地租问题提交了一份意见书。委员会否决了最根本的废除什一税的要求,理由是既有的协议应该遵守。但封建农民的负担得到了部分的减轻;一部分什一税和非同社区不能结婚的规定被取消了。其他的封建权利则被保留了下来。除教会用途外,教产被移作俗用,如用于学校教育和社会福利救助,还有部分被用于城市财政的重新分配。

三、宗教派别的形成

§76　天主教地区

在通过其宗教改革决议后,苏黎世市大议会独自站在了宗教改革的前沿。1522年的联盟大会宣布,联盟不支持新教,而保持旧的信仰。卢塞恩、乌里、施维茨、下瓦尔登在1524年宣称,如果苏黎世不回归旧教,他们将不再与苏黎世一起参与大会。因为这5个地区相互之间在精神气质、地域空间、宪政权力和政治方面都联系紧密,他们在宗教改革之初就在联盟内部结成了一个封闭的群体。同样,茨温利对雇佣军和神父俸禄制的反对也遭到否定。对那些瑞士内地缺乏其他就业机会的年轻人来说,在战争中为外国势力服役是一种经济上的必需。而那些乡绅和战争经理人们也因兴旺的雇佣军生意从海外赚取了大把的金钱,过着舒适的生活。

这5个地区组成了瑞士联邦内部天主教阵营的核心,弗莱堡和索洛图恩后来也加入进来。在这两个地区,和在卢塞恩一样,手工业行会的政治影响力比较小,宗教改革在那儿引起的震动不大。

§77 改革地区

在1525年的国民大会上,5个地区提交了一份信仰令状。在这份文件中,他们确认其对旧教的信仰,同时提出了一系列改善教会状况的措施。当然这份令状是无法取得一致通过的。不通过的州除了苏黎世,还有伯尔尼、巴塞尔、沙夫豪森。

这些地方的宗教诉求主要集中反映在1528年的伯尔尼论辩大会上。伯尔尼就在这一年改为信奉新教;巴塞尔和沙夫豪森则在1529年。与苏黎世一起,他们组成了瑞士联盟改革宗教地区的核心堡垒。而在13州中其余的地区,格拉鲁斯和阿彭泽尔,没有一种宗教派别能够持续得以承认。这就导致1597年阿彭泽尔分裂为信奉天主教的内阿彭策尔和信仰新教的外阿彭策尔。格拉鲁斯没有分裂,在1683年成立了一个宗教特别结构。

各个城市所作出的对改革宗教是否接受的决定,通常是出于经济和政治的考虑。因为宗教改革后,本来属于教会势力的地方形成"政治真空",城市的权力正好乘虚而入。伯尔尼和沙夫豪森可以和苏黎世一样,通过占有以前属于教会领主的统治权而大大扩大他们的领土权。巴塞尔城取得了巴塞尔主教区的布里斯塔尔以及其在汝拉南部的盟友地区比尔;圣加仑城得到了诸侯领地的大修道院;三大联盟和库尔市取得库尔主教区的其他地方。

宗教改革的影响波及瑞士联邦的每个城市,涉及瑞士联邦2/3的人口,对经济生活产生了重要作用。另外,还影响了瑞士联盟的盟友地区,如圣加仑、比尔、纽伦堡、日内瓦,以及1536年被伯尔尼占领的沃特。

§78 相互漂移

宗教改革后,瑞士联邦分为两个宗教阵营,在与国外势力的结盟中,来回变动。改宗地区在1527/1529年与康茨坦茨和米尔豪森结盟,天主教地区在1529年与哈布斯堡结盟。通过这样的防御结盟,两个阵营都希望以此避免被对方在地理上形成包围势态,并与邻近的国外同宗联盟连接起来;外国势力则出于他们的利益考虑,以保证在该地区的雇佣军来源。

四、地方和平协议

§79　第一次地区和平

在联邦公管地区的民众的信仰问题,成为最容易产生纷争的领域。由于国民议会任命了新的轮值地方行政长官,该区域从天主教统治区域变为新宗统治区域。来自天主教的下瓦尔登的行政长官可以镇压福莱阿姆特的新教活动吗?在1528年的国民大会上,与会者对这个问题争论不休。后来,因为既没有这方面的法律法规,也没有实践经验,这个问题只好被暂时搁置。直至1529年,双方阵营在卡珀尔(Kappel)武装对峙。为了避免流血事件的发生,在艰难的谈判后,最终签订了一个和平协议,即关于宗派别问题的第一部规定。在公管地区,每个地区都应该根据多数同意原则来决定其宗教信仰的选择。福音基督教地区,有权在其统治范围内进行宗教改革;而5个天主教地区则有权捍卫其旧的信仰。第一次地区和平条约是对中世纪晚期联盟宪章的宪政方面的补充,确定了宗教的属地原则。宗教各派别和公管地区的各个地区一样,其平等独立的地位在宪法上得以承认。

§80　第二次地区和平

地区和平协议并没有消除关于宗教派别之间的争执,特别是宗教改革地区切断了瑞士内部的粮食供给,茨温利继续与国外势力推行其联盟政策。1531年的卡帕尔之战中,茨温利战死,天主教军队打败了苏黎世。由此签订的第二部地区和平协议比第一次地区和平协议又前进了一步。战胜方规定,在公管地区的天主教少数派,可以皈返他们的旧教。这就让两种宗教派别在同一个地区的共存成为可能,那些具有重要战略意义的地区,如加斯特、乌茨纳赫、拉伯斯维尔和福莱阿姆特又重新回到天主教势力下。但在天主教地区的新教少数派,则没有这种同样的回归自己信仰的权利。

§81　第三次地区和平

但个体的信仰自由是不存在的。1655年施维茨当局对阿尔特的一个地下洗礼派采取行动(Artherhandel),进而引发冲突。一部分受洗礼派信徒逃往苏黎世,还有不少被处死或是被押往罗马接受审判。这成为1656年菲尔墨根战役的"导火索",最终以第三次地区和平协议的签订结束。这次协议规定,从此以后,地区之间的宗教矛盾应以和平的和解方式来解决。

§82 第四次地区和平

公管地区所有教派之间完全的宪政意义上的平等(Paritat)直到1712年的第四次地方和平协议才得以实现。如在图尔高,成立了两个相互独立的教会团体,教会财产由两个教会团体平均使用,地方政治职位的担任严格按宗教比例分配,并各自规定教育和婚姻事务。实行类似平等规定的地方还有格拉鲁斯和格劳宾登。联邦希望通过这种方式,避免不同宗教派别在共同相处中的摩擦和纷争,通过政治来消除宗教派别之间的矛盾起到一定的作用。

除了上述特别情况,到旧的瑞士联盟终结,大部分地区继续向宗教派别的排他性方向发展。不愿意信仰官方宗教的人,可以迁离该地区,但必须放弃其财产。只有几个宗教改革地区从仁慈的角度出发执行迁移。直到新生的联邦国家的建立,宗教自由才逐渐被认可和接受(参见下文§280和§287)。

4个地区和平协议形成于中世纪晚期的联盟宪章传统。就是在这种传统下,联盟形成了自己的宪政权利,并捍卫了联盟内部的和平。只是这一次,面临的是宗派分裂这个新的挑战。

第七节 瑞士联邦与神圣罗马帝国的关系

一、15世纪末的情况

§83 帝国自由地位的取得

瑞士联盟地区,如开篇所述,属于神圣罗马帝国。在帝国内,皇帝是权力的最高所有者。他把他的权利再出让给下一级的统治者,这些人利用特许权建立起自己独立的领地统治。乌里、施维茨、下瓦尔登都取得了这样的特许权,而城市中的伯尔尼、索洛图恩和苏黎世也在13世纪得到了这样的权利。他们可以建立自己的法庭、作出死刑判决(Blutbann)、支付领地的抵押金并有权继续抵押合同。特别是卢森堡家族的皇帝文策尔(1378~1400年)和西格斯蒙德(1411~1437年)颁发了大量的帝国自由地位,因此,1415年所有的老8州都取得了帝国自由。同那些大的诸侯领相比,某些小小的城市和谷地社团竟然拥有同等的宪政地位。如此一来,他们现在可以利用取得的法律手段,来建立一种领地统治权,而这正是联盟内的各个城市所梦寐以求的。

帝国自由城市和州需要向每一任新皇帝重新确认其统治的合法化。1356年卡尔四世皇帝(1346~1378年)确认乌里、施维茨、下瓦尔登、卢塞恩、伯尔尼和苏黎世组成的联盟作为一个固定的帝国权利整体。作为一个城市和地区的联盟,瑞士联盟与帝国其他类似的联盟一起并存于帝国的疆土内。

§84 帝国议会的参与

中世纪晚期,从皇帝的宫廷会议中发展演化出了帝国议会制度。这是皇帝的封地所有者们的集会。有权利有义务参加的,并不总是同样的成员;而且帝国议会也不总是按时召开。在15世纪,参加议会的人员确定下来;原则就是,除了诸侯,帝国城市也受到邀请。现在,帝国议会每年召开一次,所有重要的事务都要经帝国议会讨论。瑞士联盟地区中,出席大会的只有伯尔尼和苏黎世;有一段时间,苏黎世的政治影响力相较其他帝国城市还算比较大。其他城市则由于经费不足、缺乏合适的人员,或者对此缺乏兴趣而放弃出席大会。

二、1495~1648年

§85 事实上的独立

按19世纪约翰·卡斯帕尔·布伦奇利创建,威廉·欧斯里完善,并被很多法律史学家所认同的通说,1495年沃尔姆斯帝国改革的决议(见上文§39)是帝国和瑞士联盟关系的转折点,因为在沃尔姆斯决议中,瑞士联盟就已取得了事实上的独立,1648年的威斯特伐利亚条约只是在法律上对此最后确认。

但近来的研究发现,沃尔姆斯决议只是这两个政治力量实际分离过程中的众多事件之一。伯尔尼、弗莱堡、索洛图恩的特派公使虽然参加了沃尔姆斯的帝国议会,却因为缺乏足够的全权委托而提前离开了,他们无法对决议作出正式的抗议。皇帝马克西米利安一世(1459~1519年)向特使们提出,要求地区对决议作出反馈,并交纳统一芬尼。但联盟拒绝交纳,理由是皇帝很早就豁免了税赋。对其他决议他们现在则不发表意见。

同样,1499年的巴塞尔条约也不是以联盟与帝国的关系为主题。在与1488年由骑士和南德各帝国城市成立的施瓦本联盟(Schwabenkrieg)发生了一系列武装冲突后,签订了这个条约。马克西米利安虽然在该条约中宣布,所有的针对瑞士联盟及其属地的世仇和诉讼全部消除,但这种承诺只是为了解决瑞士东部的宗教纷争问题,也就是局限于施瓦本联盟和瑞士联盟之间的地带(Varnbuler-und Schwendinerhandel)。无论是瑞士联盟还是皇帝本人都没有考虑到帝国枢密法院管辖权的普遍赦免问题。

§86 合法性要求

此后的一段时间内,瑞士联盟作为帝国附属继续保留在帝国内,这可以从除伯尔尼、格拉鲁斯、阿彭策尔外，联盟其他各州仍然从卡尔五世（1506～1556 年）处确认其帝国自由地位得以证明。为了证明其存在的合法性，联盟既需要君权神授的理论，还需要统治王朝的支持。宪政上合法性的缺位，将造成高等法院管辖权和其他统治权，如市场交易权、铸币权、关税权都无法行使。直至 16 世纪中期，瑞士联盟还寻求对各州自由地位的总体确认；独立的盟友地区，主要是教会领主如圣加仑的修道院长，向帝国确认合法地位的时间还要长一些。与帝国之间的联系同样还通过权力象征符号表现出来，在城市的市政大厅、城门、官方公共文件、钱币上，某些地方直到 18 世纪还保留着 1433 年官方确定的帝国徽章、皇帝王冠和双头鹰图像。

因为没有收到邀请，联盟各州没有参加根据 1495 年沃尔姆斯决议而成立的新机构，即帝国议会和帝国城市会议。未被邀请的原因是因为大部分地区很久都没有参加以前的帝国议会，因此已不列入帝国等级名册中了。只有索洛图恩和巴塞尔是例外，因为他们分别于 1481 年和 1501 年才成为瑞士联盟的成员。1521 年制定的帝国等级名册，一直是神圣罗马帝国解体前使用的标准版本，瑞士地区只有巴塞尔、沙夫豪森、圣加仑，以及其享有帝国直辖地位的主教区和修道院名列其中。

§87　帝国枢密法院

1495 年新成立的帝国枢密法院，其管辖权包括瑞士联盟整个地区。联盟不能独立于该法院的管辖外，因为至今为止它取得的皇帝特许权只限于一审管辖的案件。而事实上，从 15 世纪开始，皇帝的审判权在联盟大部分地区都已经形同虚设，因为与帝国其他地方相比，地区和平联盟的体系能够提供更好的司法保障，实现有效的审判程序。帝国枢密法院的司法判决只在巴塞尔、沙夫豪森、圣加仑和帝国直辖的主教区和修道院生效。

§88　逐步地偏移

从 15 世纪开始，展现给我们的是一幅帝国和联盟之间的逐渐相互偏移的历史画面。1495 年这种疏离因为联盟不愿加入新设立的组织机构而进一步强化，联盟鉴于对其内部机构组织和法律保障的保护出发，不肯承认新组织机构的作用。联盟并没有参与在帝国层面上进行的机构强化过程，因为他们是在联盟自己的地区实现这一目的的。而宗教分离活动，特别是天主教皇帝卡尔五世对日内瓦、卢塞恩的宗教改革运动的干涉让联盟与帝国的疏离越加严重。由此进一步扩大了联盟宗教改革地区与帝国的距离。

§89　1648 年的赦免

“30 年战争”后期，帝国枢密法院的司法裁判在巴塞尔和沙夫豪森引起的问题越来越多。商人们与帝国地区之间的商贸活动非常密切,在战争的最后几年,与帝国枢密法院之间引人不快的矛盾冲突非常频繁,传唤和货物扣押时常发生。巴塞尔的市长约翰·鲁道夫·韦特施泰因(Johann Rudolf Wettstein,1594 ~ 1666年)在1648年于明斯特和奥斯纳布吕克举行的欧洲各方势力的和平谈判中,提出了豁免帝国司法管辖的要求。对此项要求,联盟其他各州并没有全力支持,最初还比较犹豫。但他的要求在和谈中得到了重视。尤其是巴塞尔直接与政局不稳的阿尔萨斯(Elsass)比邻,皇帝和法国特使都希望能够与该城保持良好的关系。在漫长的协商后,皇帝发表声明,巴塞尔城和其他地区从帝国中独立出去,享有完全的自由,无须服从帝国判决和任何方式的审判(皇帝和瑞典的《奥斯纳布吕克条约》第6条,皇帝和法国的《明斯特条约》第61条)。

三、1648年之后

§90 不同的解释

对由地方上的巴塞尔的自治兴趣产生的这一声明,在以后被给予不同的解释。如帝国法学家们所认为的那样,这只是司法审判的豁免;或者可以认为,现在整个瑞士联盟从帝国联盟中脱离出来了?在瑞士联盟的一些州,后一种扩大化解释被大家所接受。巴塞尔从1651年起,每年不再在市民面前公开宣读古老的皇帝特许状,苏黎世从1654年开始在其城市宪章与宣言文件中,不再以帝国之名。从1653年开始,联盟的国民大会在对其成员的官方称呼中,删去了具有帝国臣属的示意。同样在有些地方,涉及帝国的统治标志符号也消失了;而在另一些地方,在官方建筑物和钱币上的帝国之鹰沿袭传统被保留下来。

§91 主权说

17世纪中期,联盟地区得以正式脱离与帝国的从属关系而建立其统治的合法性,得力于国家主权说的发展。法国法学家让·博丹(Jean Bodin,1529 ~ 1596年)在《国家六论》(*Six livres de la Republique*)(1576年)中确立的主权说创建了另一种国家统治合法性的新方式。根据博丹的观点,国家是一个由法律规定的,对大多数行政管理行使主权的政府力量。主权表示国家自己的、绝对的、永恒的权力;统治者就是根据其自由意愿设立和废除法律,除了上帝谁也不臣服的人。立法权在博丹看来是主权的首要特征;从中衍生出宣战求和与结盟的权力、治理和设置职位的权力,以及作为最高机构任命官员和行使豁免的权力。博丹的著作在16世纪就产生了很大的影响,被广泛接受。最新的研究证明,这种新的统治合法性理论在瑞士联盟地区是从西部传播开来的。1609年日内瓦在官方立法会议上第一次称为日内瓦城市共和国;1636 年在一次法律纠纷中,该城就是根据这个称呼,作为拒不承认外来审判权效力的依据。1628 年瓦来的岑登自称为自由共和国,具有主权地位。瑞士联盟的德语区在与他们的法语邻居们的交往中接触到了这个概念。索洛图恩在 1681 年以其“直接主权地位”放弃对帝国做市民誓言。1682 年伯尔尼的地方议会议长和议会向全体市民宣布领地主权;同时制作了伯尔尼共和国的政府印章。而在此之前,伯尔尼无论是在与弗莱堡关于共管地区的行政管理纠纷,还是在面对新取得的附属地区时,早已吸取主权思想的观点。无论是作为法国还是德国的从属地区,在把法语世界中的国家法术语引入德语这一事情上,伯尔尼都起到了一个衔接作用。1693 年苏黎世在与法国和荷兰的武装冲突中声称其主权。1700 年主权和独立的现代理念已经深入整个瑞士联盟。

随着主权的要求,城市国家像那些帝国内外行使君主统治的领地诸侯一样,赢得了自己的身份和地位。不仅是在民间法中,还是在官方的法律收集中,“共和国”这个概念既被运用在各个单一的州,也被用于联盟整体。

§ 92 继续存在的联系

在 17 世纪,特别是在 1648 年之后,当联盟大部分地区都从帝国脱离出来时,个别地区则保持与帝国的联系直到帝国消亡。譬如,弗伊克塔尔(Fricktal)继续保持与哈布斯堡家族的关系,塔拉斯普由迪特里希斯泰因王子统治,图尔高小城市阿尔邦(Arbon)、比绍夫基采尔(Bischofszell)以及霍恩(Horn)归于侯爵主教康斯坦茨的统治。相反,教会领主只对帝国一些单个地区有封建领主权,包括巴塞尔的伯爵主教对施林根和布莱斯高的伊施泰因的统治,圣加仑修道院院长对莱茵河北部新拉文斯堡、艾布林根和罗新根 3 个地区的统治。锡永和洛桑的侯爵主教,穆里、普法费斯和艾因西德伦的侯爵修道院院长,以及斯沙尼斯的侯爵女修道院院长虽然已经不再享有封建领主权,但是仍然保有帝国侯爵封号。直到 1803 年,帝国代表联席会议决议的第 29 条第一次规定去除帝国等级在瑞士联盟地区所享有的所有采邑权、司法权和身份权。

第四章　联邦地区的内部结构

第三章已经提及，瑞士联邦的整体是如何逐渐形成的，它的法律基础以何为依据，以及瑞士联邦的机构如何设置。这一章将具体介绍联邦各地区的内部结构。瑞士联邦的历史情况错综复杂，当时的联邦由50个地区构成，包括了已经取得全部权利的地区、盟友地区，以及隶属地区。本章仅涉及已经取得全部权利的联邦地区，主要就这些地区宪政结构的一些基本特征展开讨论。但是，实际上每一个联邦地区都有自己独特的、非常复杂而有趣的宪政历史。

§93　划分

旧瑞士联邦获得全部权利的地区分为乡村地区和城市地区。乡村地区和城市地区形成了不同的宪政结构（公民大会与议会宪政），乡村地区和城市地区的商业和社会背景，包括思维和理念，也存在显著差异。乡村地区包括了乌里、施维茨、上瓦尔登、下瓦尔登、格拉鲁斯、阿彭策尔。城市地区一直是宪政发展的城市发源地，包括卢塞恩、苏黎世、伯尔尼、巴塞尔、弗莱堡、索洛图恩和沙夫豪森。还有一些中间地区，尽管它们的宪法与宪政特点与城市地区相同，但是因它们拥有公民大会，仍归于乡村地区。

在盟友地区中，如圣加仑、比尔、米卢斯和日内瓦归于城市地区，瓦莱地区以及3个瑞特人的联盟，都属于乡村地区。另有几个盟友地区如伯爵地纳沙泰尔、伯爵修道院圣加仑以及伯爵主管教区巴塞尔施行君主政体的宪政结构,不同于乡村地区和城市地区的宪政模式。

第一节　乡村地区

一、公民大会的形成

§94　以从帝国获得独立作为前提

瑞士中部的乡村地区早在13世纪便从帝国获得了独立权(参见§52),这是这些地区政治体系建立的前提。之前,哈布斯堡家族任命的地方长官(Vogt)可以在有民众出席的法庭上发表意见。获得帝国独立后,这一权力归由乡村地区独立所有。他们不仅可以作出法律判决,也拥有立法权。他们可以书面方式认可习惯法,也可以颁布新的法律。由乡村地区会议在议员中选出一位村长(Ammann),他既是会议主席也是审判长,用以代替原来地方长官的职位。

在历史文献中,这些乡村地区会议被描述为“乡镇会议”, 始于1231年的乌里会议,被称为“谷地居民的公所”;始于1294年的施维茨会议被叙述为“州议会”。直到中世纪晚期,乡村地区会议被统一称为“公民大会”。

§95　扩展

自1309年起,在下瓦尔登也召开了公民大会会议(14世纪中期以后分为上瓦尔登和下瓦尔登两个地区),自1387年起公民大会在格拉鲁斯召开,自1404年起阿彭策尔也定期举行公民大会会议。因教派分离的缘故,阿彭策尔于1597年形成了两个公民大会会议所在地。自1623年起,在普通的公民大会会议外,格拉鲁斯还设立了独立的新教公民大会会议和天主教公民大会会议。

发源于乡村地区的这种集体决策模式也逐步影响了联邦的保护地区和隶属地区,如提契诺(乌泽恩、拉文蒂纳以及贝林佐纳、布莱尼奥、里维埃拉总督府、马基亚山谷)、马希、爱恩希尔德恩、小共和国加斯特、上哈尔斯、奥伯西门塔尔、萨内河区域。在乡村地区如瓦利斯、格劳宾登、阿尔卑斯山以及阿尔卑斯山前部地区(一直到楚格)没有城市中心,由乡村委员会集体作出决定。在18世纪中期,仍然有9个独立自主的地区和17个不独立的地区,它们拥有公民大会宪法。在这些非自主地区,公民大会当然只享有有限的权能。

二、机构和职权范围

§96 职权范围

在获得全部权利的乡村地区,公民大会是最高机构。公民大会作出乡村地区内部重要的政治决策,处理与瑞士联邦的关系,决定是否与其他地区缔结联盟,以及是否参与战争。除这些职权外,公民大会还负责任命地区行政、立法与司法官员:

· 公民大会选举并任命乡村地区的高级官员,这包括区长、旗手、财务官、武器库主管,公民大会也选举并任命其他官员,如区书记官、法官以及公使,公所还任命隶属于乡村地区或由乡村地区共管地区的地方长官。

· 公民大会将施维茨的议会任命为"六十人议会",这是由村庄公民大会派出代表所组成的委员会。施维茨委员会有一位长官,在乡村公民大会会议中负责行政事务的有序进行,也经常代替公民大会颁布法律。

· 公民大会在全国通用的法律中整理和认可过去的法律,并宣布新的法律。这些新的法律涉及维护地区和平,追究罪犯刑事责任,属于集体财产之草地、森林和阿尔卑斯山的使用权,继承法,婚姻法,以及土地法等方面。

· 公民大会还作出外交方面的重要决策,包括在和平与战争时期与其他力量的外交关系、决定是否参与联盟以及对联盟盟友的军事援助。

· 在更早期,公民大会也作出法律判决。但是公民大会通常一年只举行一次会议,因此,它们最开始成立了法律委员会以审理小案件,后来还成立了法律小组负责审理性质严重的案件。再之后,公民大会只负责选举法官,并成为上诉法院。

§97 执行

公民大会每年春季在规定日期举行一次正式例会,有需要时也会增加会议次数。会议由村长负责召集和主持。会议地点保持不变,通常在之前的地方长官法庭所在地举行。有权参与会议的是年龄已达14岁或16岁、可服兵役和获得荣誉的乡村地区男性公民。会议的开幕与举行都伴有各种隆重而具有象征意义的仪式。

§98 延续

在中世纪末期,公民大会的规模、结构与职权范围都有一定的变化。到15世纪末期,公民大会的结构已经固定,并一直延续到旧的瑞士联邦解散。赫尔维蒂共和国时期(1798~1803年)联邦曾在短期内统一,之后在一些乡村地区,公民大会再次形成，其中一个公民大会延续到 1848 年，其他则延续到了 20 世纪末期。还有少数几个公民大会，一直延续到现在（如内阿彭策尔、格拉鲁斯），并且保持着中世纪末期联邦中部地区的某些宪政特色（见图 4 – 1）。

图 4 – 1　阿彭策尔公民大会

三、现代民主的根源？

§99　集体的意义

依据通常的观点，公民大会式的民主是现代瑞士民主体系的历史根源。事实上，公民大会只是阿尔卑斯山区从封建体系下获得自由后形成的乡村组织。与再次沦为附属邦地的欧洲其他地区不同，瑞士的乡村地区一直都保持了共同自由。这使它们与施瓦本、法兰克、阿尔高和阿尔萨斯地区形成的自由联合会有所区别。

现代的民主理念与中世纪公民大会式的民主，显然是不同的。现代民主理念源于近代早期的自然法权利（参见 §225），承认每个人因其为人之身份有权参与政治。瑞士的民主理念，是在 19 世纪时学习国外的民主典范时引入的（参见 §237 及以下）。瑞士中部的乡村地区居民并非因其为人之身份而有资格参与公民大会，而是因他们属于某个地区的集体，具体而言，属于某个村庄公民大会或者某个农业合作社。与之相应，决策起初在地区以集体形式（kollektiv）形成，之后公民大会采取“派别决策方式”。相较个人,他所代表的团体更重要;这种方式下形成了集体而非个人的民主理念,并且一部分居民是排除在集体决策之外的。妇女、无公民权的居民、佃农以及外地人没有资格参与政治决策,例如,因马希地区当时是施维茨的隶属地区,这个地区的居民无权参与公民大会。如阿德勒(Adler)所言,这些居民直到 19 世纪通过宪法斗争方才艰难地获得了政治权利。公民大会与城市地区的议会政府相似,更近于一种侯爵集体决策体制而非民主委员会。

在 1798 年之前,公民大会的这种政治权并没有被看作是贵族统治和君主统治的对立物。贵族和君主统治是法国大革命之前欧洲惯有的政权形式。更确切地说,13 世纪和 14 世纪,乡村地区从国王和帝国那儿获得了独立与特权,以及与专制独裁者合法抗争的抵抗权(参见 § 48),这些是公民大会政权的来源,这与当时的封建宪法理念相符合。一直到近代前期,乡村地区仍然遵守与神圣罗马帝国的联系(参见 § 86)。

§ 100 首领家族的统治

现代民主的平等主义观点实际上与乡村地区当时的情况形成强烈反差。在乡村地区,少数家族在法律上虽并没有政治特权,但是实际上他们取得了政治优势。起初,这些家族主要为上层贵族家族,但是在 14 世纪这些家族衰退后,富裕和颇具影响力的富农家族凭借他们的地产和兵役服务取代了上层贵族家族。在 15 世纪末期,富农家族成为实际上的首领家族,他们的家族成员担任重要的职位,并可继承这些职位,比较有名的如施维茨的雷丁和韦伯家族、乌里的贝罗尔丁亨家族、格拉鲁斯的楚迪家族、下瓦尔登的齐格勒和维尔士家族,以及上瓦尔登的威尔茨家族。首领家族之间的对抗对公民大会的决策产生了重要影响,如公民大会对政策的决定和选举的方式。首领家族凭借它们雄厚的经济实力来取得追随者,支持他们的决策,并且选举有利可图的职位。

在近代早期,乡村地区的寡头政治倾向不断增强,这与当时整个欧洲的贵族化趋势相一致。担任重要职位的家族圈子在不断变小、例如,在乌里,18 世纪时有 18 个家族的成员担任高级职务,其中 77% 的官员来自 7 个最重要的家族。相比乡村地区,城市地区的政治并不如此封闭与集中。首领家族虽然竭力维持其在公民大会上的权势,普通的居民也可以在公民大会会议上获得权势,并拒绝听命于首领家族,但是首领家族并不能总是阻止其他家族的成员获得政治职位。只有卢塞恩有单独的名单,上面列举了“有统治能力的家族”(参见 § 113)。

现代民主和公民大会式的民主的另外一个区别在于,公民大会没有权力的分权制度。公民大会同时拥有立法、行政和司法权，区长以及公民大会的其他长官和议员全权行使职权。在司法方面，法庭判决经常呈交公民大会进一步处理。

第二节　城 市 地 区

一、城市的形成

§101　罗马城市

旧的瑞士联邦不仅有乡村区域，也有数目众多的城市。有些城市如巴塞尔、库尔、日内瓦、洛桑、马蒂尼、西昂可以追溯到罗马城市，或者古典时代末期的主教区首邑。中世纪早期，日耳曼部落入侵后，这些罗马城市遭受了洗劫，失去了往日的重要性，有些城市甚至不复存在。10 世纪和 11 世纪，新的城市通常由集市发展而来，城市居民数量增长、农业密集程度加强，因个人需要而生产的商品在集市上售卖。集市区域一般也是交通连接点，如岔路口、河流通道、海港；集市区域或在庄园、城堡和修道院的附近。

§102　中世纪末期城市的建立

真正意义上的城市建立浪潮，出现在 13 世纪和 14 世纪。在现在瑞士的领土范围内，公元 1200 年仅有 15 个城市，100 年后已有近 200 个城市。当然，许多只是很小的城市，其中有些城市因缺少居民而逐渐消失。大多数城市的居民不多于 500 人。随着经济的繁荣，世俗和宗教领主们不断扩大其政治势力范围，并建立城市。通过建立有利战略发展的城市，领主们意图巩固与增强他们的领地范围，并且利用城市的各种经济特权，如开市权、造币和规定币制权、关税权、收取诉讼费用。在这些建立城市的贵族家族中，如萨伏伊家族建立的城市超过 20 个，哈布斯堡、克伊伯格家族和纳沙泰尔伯爵建立的城市多于 10 个，蔡森尔和弗罗堡家族、格朗松领主以及洛桑主教建立的城市多于 5 个。

这些城市多位于瑞士中部地区，这是因为在阿尔卑斯山和阿尔卑斯山前部的乡村地区，不会容忍这些政治上合法的外人在他们的区域内建立城市。

§103　城市防御工事

什么才称得上“建立一个城市”？回答这样的问题，当然需要区分不同的情况。有时，在一个居住区形成了自己的法律规范，这是一个自治城市的起源；有时，城市也直接建立在绿色的草地上。实际上，城市形成的具体历史进程并不为我们所知，历史文献中会突然提到某个全新的城市。显而易见和绝对必要的城市特征是,在城市建立了由城墙和城门组成的防御工事。城市持续的防御,使城市与村庄以及农村土地分开(见图4-2)。

图4-2 穆尔滕环形城墙

有些城市的领主频繁变更,如弗莱堡是由贝希托尔德·冯·蔡森尔(Berchtold von Zähringen)于1157年在一个小集市上建立,他竭力遏制瑞士西部贵族的势力,并以此确定弗莱堡与萨伏伊家族势力的界线。他去世之后,弗莱堡在1218年落入克伊伯格家族的统治,在1277年的一系列武装冲突之后,又由哈布斯堡家族统治。

二、政治和个人自治权的扩大

§104 从城市领主获得解放

起初,城市居民与乡村居民的法律地位差别甚小,城市居民的地位也如地主的农奴一般。但是两者获得法律地位的基础是不同的:在城市居住的并非农民,而是集市商贩、商人和手工业者。首先由世俗的或者宗教的城市领主确立了这座城市适用的法律。作为皇帝册封的封地采邑主,城市领主拥有的权利不只包括防御权,还包括开市权、造币和规定币制权、关税权和组建军队权,他们也是城市的法官。城市领主一项重要的职责是维护城市的和平和秩序。如果他没有足够的力量来维持和平与秩序,城市的居民将会自行负责。他们宣誓维护城市和平,并对那些破坏城市和平的行为给予处罚,对故意杀人、身体伤害、斗殴、非法持有武器及其他犯罪行为追究刑事责任。维护城市和平与乡村和平的目的和内容基本一致(参见§42)。

在当时的法律文献中,全体城市市民被看作一个集体。城市领主划分特权后,城市市民获得了相应的法律主权,在城市生活的其他领域中,越来越多的法律由市民订立。城市市民享有的权利越多,城市领主的影响力越小;城市市民的自治权不断扩大,他们在城市机构的职权也随之增加。13世纪和14世纪城市领主职权不断减少的过程不只是发生在瑞士联邦,在其他欧洲地区同样如此。这个过程在不同城市的进程不同,发展过程也大多不是持续的。在这个过程的末期,城市市民已经获得在城市区域内的立法权和司法权,并且有权与其他领主签订协议和联盟,最后领主同意城市市民获得法律自由,确立了他们的法律自治权。到1415年,瑞士联邦最初8个地区的城市市民都已经获得法律自治权。

§105 个人法律自由的发展

城市市民政治权利的增加,也影响了市民个人法律地位。大部分市民是从农村迁移过来的,随着当地人数增加和经济农业技术的使用,他们在乡村已经没有生存的可能性,在城市,他们靠从事手工业获得收入。虽然他们已经迁移到城市居住,但他们原来的封建土地所有制关系依然保留,对他们来说,之前的地主和现在的城市领主并无不同。虽然改变了隶属关系,但是他们也可以在一年内向城市领主提出,要求再次隶属原来的地主。在城市内,有部分居民是自由的,如领主任命的官员,但是也有很多居民并不自由。城市居民从城市领主获得个人解放后,他们的法律地位也相应改善。城市领主给予居民更多法律权利的同时,他们对非自由居民的统治权也削弱了,非自由居民逐渐获得了与自由居民相同的法律地位。通过这种方式,有些城市居民的个人自由相较乡村居民发展得更快。在中世纪末期形成了一个"城市环岛",那里的居民获得了个人自由,但它们周围仍然是封建法律社会。"在那里:城市的空气是自由的!",这个19世纪法律史研究者提出的口号,当然只适用于那些获得法律自由的城市。瑞士联邦只有少数城市的居民获得了法律自由,大部分城市居民仍然服从城市领主的统治。效仿封建领主们,现在属于伯尔尼、阿尔高、沃州区域的小城市都被并入了伯尔尼城市,在首府城市获得自由后,这些小城市和它们的居民也同样获得了权利。

三、城市议会

§106 城市议会

城市和平最开始由隶属领主的政府职员和商人宣誓予以维护，因为他们和城市领主维护和平和秩序方面的利益相一致。他们也列席城市议会，议会是一个由10～20人组成的小型委员会。它的成员起初由城市领主提名任命，之后也通过补选予以补充。那时，城市市民无权参与委命议会。有些城市的和平协议也包括宪法的规定，它们确定了城市议会议员的政府职能和行政管理职能。大部分城市居民，尤其是手工业者，不允许参与政治决策。

手工业者自13世纪起，开始共同组建合作社性质的组织联盟，也就是行会。组成行会的目的多种多样：首先，行会成员希望通过行会保护以免受外来竞争，保障获得生活收入；其次，通过有效措施来保证手工业品的质量和确立帮工的职业培训等级；最后，行会也承担其他职能，如为行会成员的寡妇和孤儿提供经济资助，协助城市值勤、城市保卫和城市消防安全。

§107 行会的斗争

行会在城市生活中的重要性不断增强，也逐渐开始参与城市的政治事务。行会反对当时的议会结构，希望在更广泛的基础上建立城市的政治权力。这引发了14世纪瑞士德语区和德国南部地区许多城市的骚乱。行会组织的斗争多数是以和平方式进行的，但是也有少数伴有武装冲突，通过斗争，行会参与了城市管理。有些城市颁布了新的城市法律，规定行会列席城市议会，如苏黎世1366年、巴塞尔1337年、圣加仑1354年、沙夫豪森1411年，还有小城市如莱茵费尔登1331年、温特图尔1344年和库尔1456年颁布的法律。从上述城市可以看出，行会只在瑞士德语区取得了政治地位，瑞士西部地区和提挈诺地区之后才建立行会，这些行会没有政治影响力。

一个著名的例子是1336年苏黎世的"行会革命"。苏黎世自1218年便从帝国获得了自由，从那时起，城市议会和城市市民成了城市宪法机关。城市议会邀请市民列席城市会议，一起决议重要的问题。苏黎世城市议会仅由骑士、贵族和商人组成。14世纪早期，那些通过丝绸出口和国际贸易获得大量财富的大商人将贵族边缘化，使城市贵族失去了政治影响力。骑士鲁道夫·布伦(Rudolf Brun)想利用手工业者的不满情绪来削弱商人的政治权力。在他的指挥下，1336年苏黎世的手工业者冲入了市政厅，撤免了当时正在开会的城市议会。在1336年达成了《宣誓宪章》，协议如下：城市议会应该由两组成员组成。第一组为贵族成员，由之前执政的贵族和商人选派 13 名议员作为代表；第二组成员为由新成立的 13 个手工业行会选派手工业师傅作为代表。除了这个由 26 名行使职权的议员组成的议会，还任命了另一个同样规模的城市议会。每 6 个月，这两个市议会交替行使职权，因此，每一位议员有至少半年需要列席议会并从事工作。布伦自己担任苏黎世市长，主持市议会。

§108　小议会和大议会

在上述的城市小议会外，在 14 世纪中期还有“两百人议会”，它包括了小议会的成员，还有按比例代表贵族和行会的其他成员。作为城市市民的委员会，小议会在讨论重要问题时会咨询“两百人议会”。它的影响力主要体现在，它有权制定法律，即小议会判决的上诉机关。随着这个大议会的建立，原来的普通市民集会已经失去作用；之后市民集会每半年召集一次，这是城市法律规定的市民应尽之职责。

苏黎世议会的发展对其他联邦城市堪称典范。在 13 世纪和 14 世纪，许多城市从领主那儿获得了解放，并且建立了独立的统治。与之相应的是，城市的政治权力扩展并分散到更多的社会阶层。除小议会外，还设立了大议会（在不同城市命名不同），它的目的是让市民有权参与决策。

与城市发展一致，在乡村地区也形成了公民大会式民主。在乡村地区，也如城市，原来贵族领主的政治权力消亡，转移到了公民大会的小委员会，而又转移到由集体形式组成的大委员会。之后，公民大会和城市大议会，一直是地区的最高司法和立法机关。

大议会在不同地区的规模有所不同，由 60～200 位成员组成。根据主权学说（参见 §91），大议会与城市市民共同管理城市。但是在近代早期，有些地方的市民集会并未召开，即使在那些召开市民集会的地区，它的职能范围也非常有限。重要选举，如选举小议会的议长，如市长、地方议会议长、城市区域长官、财务官以及其他官员，当然还有乡村长官和法官，有些城市的大议会邀请市民代表参与。由小议会商讨的重要内政和外交事务，需要得到大议会的批准，大议会也有权确立市民权和缔结联盟。大议会负责颁布城市的法律，是小议会和城市法庭所作法律判决的上诉机关。

大议会每周或者每月举行一次例会，因此，小议会成为大议会的执行机关，负责具体事务。小议会在不同地区规模亦不同，有 20～60 位成员，每周多次开会。因此，它才是实际上的行政机关，真正意义上的权力中心。它的成员占据城市最重要的职位，处理日常事务、与外来公使谈判，在没有特别法庭的情况下行使司法权。如12世纪和13世纪的议会,小议会不断发展成为实际上的权力机构,而大议会也就只是市民的代表性机构。

在近代,一些城市建立了“秘密议会”,这是一个小型委员会,成员来自小议会的成员,他们负责重要的行政事务,如财政、市民经济、军事防御等方面。这个委员会的权力范围相当大。

§109　城市“新贵”和行会城市

与苏黎世相同,在巴塞尔、圣加仑、沙夫豪森和比尔,行会列席大议会。在其他城市,如伯尔尼、卢塞恩、弗莱堡、索洛图恩和日内瓦,行会并不列席大议会。这些城市大议会自行选举补选,而不考虑特定的社团,这有利于16世纪形成的家族统治。历史学家将第一组城市称为行会城市,第二组城市称为贵族地区。这两组城市之间的区别主要体现在社会方面,而非法律方面。尽管在贵族地区,行会并未列席议会,但是议会的结构、选举和职权相比行会城市并没有多大区别。

城市地区的宪政结构,是以职业和社会阶层社团的合作为基础的。市民属于社团或者相应的社会组织,才有可能参与城市决策。与公民大会民主相比,城市地区与现代民主的区别更显著。因为后来,城市地区的政治封闭趋势不断加强,实际上形成了寡头政治。

四、城市的行政管理

城市领主失去权力后,在13世纪和14世纪时,除了城市议会,城市其他的自治行政机构也得到发展。城市书记官、财务官、关税官、建筑官和农业官互助合作监管城市市场、手工业和行业的发展,以收取和管理关税和捐税,建造私人和公共建筑物,保证粮食供应。

§110　城市书记官

城市的行政管理中心是城市的办公处,由城市书记官负责。书记官负责议会会议记录、起草议会文书,并签署文件。起初的城市书记官一般都是牧师,在处理教会办公处的日常事务之余,也处理城市的办公处工作。他们与其他普通教徒相比,精通阅读与写作,经常负责法律和公证方面的教育(参见§208),因他们擅长教育,因此特别适宜在办公处处理事务。中世纪末期,宗教的文书工作与城市的文书工作分离。城市书记官是上流社会的成员,并且有法学教育背景,拥有重要的政治影响力:他堪称城市的“大脑”,是城市的咨询者和答复者,也常常担任公使与其他领主进行外交谈判。

§111 日常行政工作的文书记录

随着城市周围统治区域的建立,15 世纪以来城市行政结构(总督职务参见§140)出现了分散化的趋势,而地区首府的城市行政则日渐专业化。行政结构不断复杂化,使用文书来记录日常行政工作成为必要。议会记录城市议会的决定,此外,城市也编制公函复本,这是一份记录之前议会文件的复本簿;还编制了文件副本簿,这是记录行政工作重要文件的副本簿,其中记录的文件诸如帝国享有的特权、城市的法律或者与其他地区的联盟。副本和复本文书记录了当时城市的宪法和法律。这样的公文汇编如 1428 年苏黎世的红皮书、1430 年和 1431 年伯尔尼的自由书、1433 年卢塞恩的银色书以及 1470 年上瓦尔登的白皮书,它们象征了当时城市的自我地位认识和自我意识。各种各样的法庭文书也是重要的法律历史文献,它们包含当时的审讯记录以及城市的法庭判决。

§112 财务学

在 17 世纪的下半期,瑞士联邦中较大的城市国家引入了如何管理行政的财务学。如德国的公爵国一样,这些城市国家设立了委员会和财政机关来处理各种贸易事务,议会委托它们监管财政、法律、宗教、教育和军事事务。

五、近代的家族统治

§113 形成

与乡村地区相同,1789 年法国大革命前期,近乎所有的城市地区都确立了具有民主特征的议会选举。但在 16 世纪,一些地区形成官方的"共和政体"宪法理念,是在家族统治的构建下形成的。根据当时成文或不成文的规则,只有上流社会固定的几个家族的成员有权参与政治统治,政治职位实际上是可以被继承的。这种贵族统治的发展趋势也存在于欧洲的其他地区,近代的王室源于中世纪末期有权势的地区侯爵。他们在政治生活领域的形象以及他们的生活方式,成为当时欧洲贵族的典范。在 14 世纪,瑞士大部分的旧贵族已经消失,富裕的富农家族努力效仿外国贵族的生活。

在中世纪末期,瑞士联邦只有少数家族,在长达一个多世纪的时期内保持上流社会的地位。这些主要是富农家族和商人家族,在旧的官僚家族失去权势后,他们凭借新占有的财产和声望取得了地位。但是这些家族只有寥寥几代人占据上层政治职位,因为饥饿、瘟疫、战役与战争导致了许多父系家族的灭绝;经济方面的失败导致了社会衰退;政治方面的政权颠覆和混乱让他们丧失了原有的官职。只有极少数家族,如波涛汹涌的海面浮标,历经长时期后仍然处于上流社会。

在30年的时间内,也就是一代人的周期,在大多数情况下,城市议会的全体成员都会全部更换。因此,获得了城市或者乡村法律权利的人,一旦有实在的机会列席大议会,就会为自己或者是为他的儿子们争取获得重要的议会官职。

§114 市民法律权利的限制

自16世纪开始,参与政治事务的社会阶层不断缩小,这是有各种原因的。战争失败结束了瑞士联邦的政治扩张,如1515年对抗法兰西国王的马里尼亚诺战役。因此,瑞士联邦与国外的战争日益减少。联邦的和平虽然没有完全清除联邦内部的教派冲突,但是冲突明显减少了。居民人口数量增长,引起了人们对生活空间、工作职位、营养供应方面的担忧:手工业者担心竞争,有管理能力的市民并不信任那些官方的、在经济上有利可图的官员们。市议会需要担忧不断增加的贫苦市民以及由此导致的各种负担,因为穷苦的市民有权利获得居住地的照料。比如,为了弥补因瘟疫和战争导致的人口减少,城市慷慨地给予了市民权利,但对是否给予外来人居民权利迟疑不决。有些地区商品价格上涨,有时甚至无法购买到商品。在城市或者乡村地区参与政治领导的集体越变越小,即使在那些没有完全封闭市民权利的地区,也设置了各种法律障碍,阻止或者拖延新获得居民身份的人们参与政治管理。

伯尔尼大概在1635年决定,那些新获得居民权利的市民的儿子可以被选举列席大议会,而他们的孙子可以经选举列席小议会。根据1643年的《纽文条例》,在目前的居民类别外,另外设立了第二类居民类别,也就是原生居民或永久居民,他们没有权利参与议会选举,且必须一直从事祖传的手工业或者职业。自此,获得城市居民权利的人们没有参与政治管理的权利,他们也没有被选举为大议会和小议会议员的权利。只有在1643年之前已经获得市民权利的那些家族成员,才有权参与政治管理。首府城市这种排除部分居民权利的做法同样也出现在小城市。无权参与政治管理的人们不允许担任获得薪水的官职,如地区总督、法官,或者管理世俗化的宗教财产。

§115 担任官职的可能性

在有些地区,通过其他方式可以影响列席议会的可能性。选举程序有官方复杂的法律规则。但是它们规定,特别是小议会的成员,不是由城市市民选举,而是由一种议会内部的方式补选。通过不同形式的贿赂,如捐赠或者承诺,候选者可以通过其社会声望和财产影响有些选举的结果。虽说有各种禁令禁止类似行为,可是屡禁不止。谁一旦获得了议会席位,便会想方设法在他有生之年一直占据这个席位,并且让他的儿子或者其他男性亲属继续保有这个席位。可以说,实际上通过这种方式，议会席位是可以被继承的。

欧洲16世纪的宗教改革运动，使瑞士联邦地区的官方行政加强。列席小议会，需要每周多次召开会议，而担任其他官职，处理事务也是费时的，因此，这些官员没有相应的物质基础是不可行的。如欧洲其他地区，只有那些已经不用整日为生计奔波操劳的市民，才可担任政治职位。所以，在近代早期，议会的成员以及政治活动的参与者多是富裕家族的成员。这些家族大多数是凭借其领主权利获得了地产和财产，也有家族通过在阿尔卑斯山区域从事运输行业，或是通过贸易和经济行业，当然还有以雇佣兵和退休金服务取得了富裕的生活。这些家族不断扩大其隶属地区，于是家族成员成为当地长官，这也为家族提供了充足的收入来源。

§116　订立协议的过程

手工业者和小商贩可以获得议会席位的机会越来越小，尽管他们根据市民法律，应该是有权参与政治管理的，也就是说，他们有被选举的权利。军官、大商人以及以行政为业的专家们共同排挤市民，以至于可以参与行政管理的家族圈子不断缩小。1525年伯尔尼的大议会大概有300名成员，他们来自198个家族；1691年大议会成员来自104个家族；1730年他们来自88个家族；1798年大议会成员只来自73个家族。实际参与行政管理的家族圈子在缩小，而城市市民的人数却在增长，他们虽然依法享有行政管理的权利，却被排除在行政管理之外。在其他地区，参与行政管理的家族数量也在减少。在苏黎世，1530年有143个家族列席议会，1637年有107个家族，1730年仅有87个家族。在弗莱堡，列席小议会的家族数目从1490～1520年的64个急剧减少为1700～1730年的36个。在卢塞恩，在1501～1510年还有104个家族代表列席两个议会，在1591～1600年仅为68个家族，而1680年则少于50个家族。在17世纪，弗莱堡固定的核心家族只有17个，他们的家族成员力图一直占有小议会的席位，小议会36个席位的3/4被他们垄断。列席卢塞恩小议会的家族也逐渐支配了卢塞恩大议会，在1620年卢塞恩大议会有64位议员，其中一半的大议会议员与小议会议员有血亲关系，而在18世纪，将近4/5的大议会议员与小议会议员是亲属。在法国大革命前的最后10年，卢塞恩议会家族的圈子完全封闭，1773年的基本法将具有议员选举权的家族数目限制为当时的议员家族。

在卢塞恩，但是也在伯尔尼、索洛图恩、弗莱堡和日内瓦，实际上建立了贵族统治。以罗马帝国担任议员和高级官员的贵族阶级为模范，这些家族在16世纪的人文主义影响下，将自己称为“城市贵族”和“城市新贵政权”。在乡村地区以及瓦利斯和格劳宾登组成的联盟地区,尽管有公民大会宪法的制约,政治职位也掌握在少数为国家提供服务的家族手上。在行会城市,行政圈子的封闭性发展较缓慢,但是有些家族渗入有选举权的各种行会,它们在议会中获得优势地位。在苏黎世和巴塞尔,主要由大商人、纺织企业主、官员和享受丰厚农业经济财产的退休者统治。只有在圣加仑城市,相对于手工业者,少数商人在参与政治。

§117 社会阶层资格的标志

为了表明家族身份和提高家族地位,享有行政统治权的家族效仿国外贵族,添置了具有象征性地位的财产。他们购置了附带继承权益的城市豪宅或者乡村平原,他们取得司法权,并且实力相当的家族之间也采取联姻的方式。因军事和外交服务,由国外君主所颁发的贵族徽章和贵族头衔同样重要。许多家族竭力成为法国贵族。在贵族阶层地区,基本上所有参与政治管理的家族,即使它们没有列席议会,都成为了贵族。这些家族的成员可以由大议会证明他们是具有完全的贵族特质的选民,因他们为外国提供雇佣兵服务。接受良好的文化和教育也是“保持上流社会地位”的内容。因地区行政需要以文字形式记录,阅读和写作能力成为参与行政的前提。在近代早期,有些联邦城市的法律学校的主要任务是,教授这些来自议会家族的孩子们以后从事行政日常工作所需要的理论知识(参见下文第七章第四节)。

§118 城市骚乱

与乡村地区相同,城市的议会席位和有利可图的政府职位,都渐渐集中在少数家族,这导致了这些家族与其他市民阶层的冲突。那些具有政治管理权利但是无法列席议会的市民家族抗议示威,并引起了骚乱。例如,卢塞恩 1609 年和 1610 年的贸易协议和 1651 ~ 1653 年的商贸抗议,1749 年伯尔尼的抗议,1780 ~ 1784 年弗莱堡的抗议;以及行会城市如 1689 年沙夫豪森、1691 年伯尔尼和 1713 年苏黎世的骚乱;在 18 世纪的日内瓦,各种市民集团间不断出现混乱和宪法斗争。为了应对这些骚乱,某些地区改善了它们的政治体系,如在巴塞尔和圣加仑,由行会委任的大议会成为最高机构;在格拉鲁斯、弗莱堡、巴塞尔和沙夫豪森,为了贯彻以抽签的方式进行选举,进行了各种斗争。

§119 没有政治权利的市民团体

家族统治将市民的大部分排除在政治生活之外;被排除的是有政治管理权利却无法参与行政的家族成员,以及那些在城市定居安家却没有获得行政权能的居民以及佃农。佃农需要每年交付一定数额的佃农费,以获得城市的准许居留许可。他们没有政治权利,部分或者完全不允许参与行会和其他社会组织,也不得担任简单的地方官职并工作。他们无权使用城市的公用财产，如草地和林地，他们获得的城市土地和耕地也受到限制。隶属地区的乡村地区和村庄也是如此，上流社会富裕的商人、农民、店主和磨坊主占据了城市管辖下的行政职务，如下属长官、乡村差役和财务官。而下层阶层的贫农、临时工和佃农没有特权，无法参与行政管理。他们靠成为雇佣兵赚取收入，从18世纪开始则在兴起的纺织行业工作。

从16世纪到18世纪，瑞士联邦地区的家族统治并不是特别独有的。例如，在德意志帝国的城市以及自1597年隶属荷兰共和国的城市都是由家族统治的。即使17世纪和18世纪已经有了“民主”和“共和”的理念，仍然由家族圈子统治。托马斯曼在他颇负盛名的小说《布登勃洛克一家》中描绘了德国北部汉萨城市吕贝克望族布登勃洛克的衰落。

1798年爆发了赫尔维蒂革命，少数地区废除了宪法，并建立了一个自治共和国，行会和贵族统治随之结束。自1803年进入调停时期，一些地区的家族统治再次重现，1830年开始的革新在有些瑞士州宪法中首先确定了人民主权和自由权利（参见§261）。

第三节　君主体制宪法的地区

除乡村地区和城市地区外，在瑞士联邦也存在君主体制宪政的盟友地区。在近代，比较大的这类地区如侯爵国纳沙泰尔—瓦伦根，侯爵修道院圣加仑和侯爵主管教区巴塞尔。

§120　纳沙泰尔

伯爵领地纳沙泰尔以及与它联合的领地瓦伦根，自17世纪早期属于朗格维尔—奥尔良国王，1707年隶属普鲁士国王。纳沙泰尔通过王室占有的霍亨佐伦房产，在君主体制的框架内保留了自己的法律和自由权利。除王室政府外，城市政府是由以特权等级代表形式行政的乡村议会开展的，这是一种特权等级代表形式的乡村议会。议会由3组成员组成：4位文职官员，即最为年长的国家议员；4位乡村长官；以及4位城市代表。随着时间的推移，3个小城市逐渐取得了立法和司法权。

§121　宗教统治领地

那些从10世纪起开始形成的众多宗教统治领地，到了1789年法国大革命结束的时候，除小领地如修道院英格堡外，还有侯爵主管教区巴塞尔和侯爵修道院圣加仑。因城市和谷地联合体的扩张，或因中世纪末期居民从修道院城市和主教城市迁出，或因宗教改革，其他宗教统治地区都不复存在了。西昂和洛桑的主教，普费弗斯、艾恩西德尔恩、穆里和谢尼斯的修道院尽管还享有帝国侯爵的头衔,但是他们已经不具有世俗领主的统治权。

宗教的领地统治权,具有双重功能,如修道院和主教区的统治者,他们既是领主,也是天主教会的宗教官员。他们的世俗领地直接隶属皇帝,他们被赋予帝国侯爵头衔,列席帝国议会并享有参议权。因历史发展的原因,世俗领地与宗教的主管教区和修道院地区并非完全重合。

由修道院会议选举出侯爵修道院院长,通常由主管教区的大教堂教士咨议会,即大教堂神职人员组成的集体,来选举侯爵主教。大教堂教士咨议会依据相应的规则选举主教,并由罗马教皇授予被选举者宗教方面的权力。

在世俗领地内,修道院院长和主教享有君主的地位。他们在领地内立法并有司法权,通过授予其他官员相应的法律权利来进行行政管理。

§122 侯爵主管教区巴塞尔

1501年城市巴塞尔加入了瑞士联邦,主管教区巴塞尔失去了世俗统治权,因1529年宗教改革进一步丧失了宗教统治权。宗教改革也使侯爵主管教区官邸迁移到了波朗特吕。在近代早期,主管教区的世俗领地范围只包括了朱辣山、巴塞尔乡村的北部以及上莱茵的一些飞地。共划分为17块区域,由地方长官和市长作为主教的代理人行使统治权。侯爵主管教区主要的中央行政权,在16世纪前主要由大教堂教士咨议会履行,后来又由世俗的顾问承担。在主管教区的领地,也有议会,主教委托议会行使行政和司法职权。内廷参事,作为侯爵主管教区的最高司法机构,是地方长官法庭判决的上诉机构。它的民事案件可以继续呈交位于韦茨拉尔的帝国法院审理。由议会代表、教士代表和居民代表组成的会议决定特殊的税收分配。

§123 修道院圣加仑

侯爵修道院圣加仑,在15世纪就丧失了在圣加仑城市的统治权。修道院院长乌尔里希·罗切(Ulrich Rösch, 执政时期1463~1491年),哥达哈特·吉尔·冯·格拉特布鲁格(Gotthard Giel von Glattbrugg,执政时期1491~1504年)和弗兰兹·盖斯贝格(Franz Gaisberg,执政时期1504~1529年),在大概60年的短暂时期内,在从维尔到博登湖的旧乡村地区以及图根堡地区,享有统治主权和行使领地行政权。在行政结构中,庄园总管家,以及维尔、罗夏和上贝吉施的长官都是修道院院长的世俗代理人,而其他地方长官和村长只享有低级审判权。

君主体制下的宪政结构,并不一定是独裁的统治形式。与城市及乡村地区相同,在修道院地区的行政体系下,官员和委员会管理当地生态经济资源,并实际参与政治统治。通过这种方式，就如罗宾逊描绘的修道院国圣加仑，地方的行政管理代表与修道院院长建立了联系。

第四节　国家主权的建立

§124　特权作为前提

如上文第三章介绍，瑞士联邦地区通过帝国给予的特权获得了权利和自由，这是瑞士联邦政治自治的法律原因。当其他有竞争力的势力侵入联邦领域时，如哈布斯堡和萨伏伊家族，以及之后的米兰和法兰西，瑞士联邦必须展开战争防卫。自15世纪，瑞士联邦联盟紧密程度加深，形成了一个瑞士联邦的政治组织，当然它还并没划定明确和最终的国界，职权范围也有限，并且只是一个松散联合组成的统治领地，即共有的统治。

由帝国和城市领主赐予的特权，是瑞士联邦地区形成自治圈的基础。在和平协议、全国通用的法律、早期的城市法律、宣誓宪章以及相似的法律文件中，确定了联邦的第一个宪政结构，颁布了维护和平与安全的法律，也颁布了有关城市和乡村地区居民共同生活的相关法律。

§125　不同的国家主权

从14世纪开始，瑞士联邦地区在建立联邦的时候，也在构建地区内部的统治权。通过进一步获得的统治权利，到15世纪末，瑞士联邦的大部分地区都在不断扩张内部的国家主权。到1789年法国大革命末期，这些地区都一直是或大或小的领土国家。19世纪的上半世纪宪法变革后，新建立的联邦国家构成之后部分瑞士州的领土。领土主权建立方面，最为引人注目的例子当属伯尔尼，在1789年法国革命时期伯尔尼的领土面积为11,000平方米，有400,000名居民，除首府外还包括了一系列其他城市。鉴于此，伯尔尼是当时阿尔卑斯北部地区最大的城市国家。其他城市所获得的国家主权，如苏黎世、卢塞恩、巴塞尔、弗莱堡和索洛图恩，意义也是显著的。

乡村地区因为缺乏经济措施，因而没有获得或者只是获得了极为有限的领土权。例如，格拉鲁斯在1517年从维尔登伯格男爵（Grafschaf Werdenberg）处以21,500古尔登的价格购得伯爵领地维尔登贝格和瓦陶，因此，施维茨就一直占据着乡村马希的一大块隶属区，乌里则占据了拉文蒂娜地区。如城市地区一样，乡村地区也参与了瑞士联邦的共有统治，这是乡村地区政治自我意识和收入的来源。很多不同的盟友地区也同样建立了主权，如伯爵修道院圣加仑获得了旧土地和图根堡,上瓦莱州统治了下瓦莱州,3个雷蒂亚联盟统治了迈恩费尔德、博尔米奥、基亚文纳和费尔汀。

就如瑞士联邦的不同地区之间存在显著的经济和社会差异,瑞士联邦的隶属地区同样如此。在农村的农业地区附近,也有一系列的乡村城市,在那里手工业和手艺行业占主导地位。不同地区与领地的法律关系有所不同,这与它们取得法律权利的方式有关(参见§128),这些地区的行政管理也是不同的。因此,地区内部的主权如何执行在很多方面差异显著。

在近代早期,主权作为一种政治统治方式,代替了原来建立在个人关联基础上的采邑制,这也是现代领土国家建立的前提。因此,国家主权的建立是现代国家发展历史中的一个重要阶段。

一、获得国家主权的起因

§126 负债累累的贵族

在地区获得统治权后,城市的权利范围由不同方式来获得。瑞士联邦地区获得统治权利,与14世纪地主贵族的危机有关,这是乡村地区生产力下降的结果:一方面,城市的建立(参见§101)使居民开始往城市迁移;另一方面,战争和瘟疫导致乡村居民大量减少。有些地主庄园不再被利用,所以地主丧失了收成。而随着手工业和货币经济的发展,手工业商品的价格上涨,因此,地主的金钱需求增加了。受到相关的地主法律制约,地主们并不能随意增加收取的实物和金钱。相对于侯爵和修道院,下层贵族成员的物质生活基础下降得更明显。地主们不得不负债以承担他们的生活成本。他们起初以抵押方式,后来不得不通过出售土地、转让土地权利和行政权的方式来偿还负债。经历了14世纪的战争和传染流行病后,幸存下来的那些贵族家族,大多数家族的经济状况每况愈下,政治影响力也随之削弱。那些没有从瑞士联邦地区迁出的贵族家族,必须接受事实,他们沦为更强大的统治者的市民,或者竭力融入城市和乡村地区新的统治阶层。

§127 通过王室和城市获取

其他统治者利用了地主贵族的危机。有债务清偿能力和谈判能力的王朝,如公爵冯·萨伏伊、哈布斯堡和米兰取得了许多地区的土地、统治权和司法权,城市和乡村的自治城镇也是如此。许多城市在几十年的时间内,取得了城市周围的土地。卢塞恩在1380年取得了韦吉斯的总督职务后,在1394年的森帕赫战争后,又获取了对卢斯维尔、森帕赫、罗腾堡、霍赫多夫、罗特、恩特勒布赫的影响力和对梅伦什万德的统治权。卢塞恩在1406年取得了哈布斯堡总督府分散的统治权,之后取得了伯爵领地维利绍的统治权。卢塞恩也扩张了它在领地巴尔德艾格的城市法律权利。因卢塞恩是埃比孔、马尔特斯和利陶的债权人,利用此关系卢塞恩也扩张了在这些地区的法律权利。卢塞恩在苏尔赛有设立地方议会的权利,如其他城市的权利,都是由卢塞恩从哈布斯堡取得的。卢塞恩将各种俗世和宗教的人纳入了市民权力的范围。

二、取得方式

当时有多种方式取得各地区的权利,并获取政治影响力。

§128　抵押取得和购买

第一种方式,是通过抵押物取得,这种通过财产取得地主封建土地所有权、领主权和主权的方式更有效。取得领主权和主权后,也会相应获得上级法院权和下级法院司法权,税收权和关税权,建立军队的权利,以及狩猎权、捕鱼权、采矿权和采林权。这些权利不仅从城市和乡村地区获得,也需要从富裕的城市和乡村居民那里获得。在1400年左右,有一大部分地区的统治权是私人统治权,随着权利的丧失,他们对这些地区不再有直接影响力。各项权利中,最重要的是司法权和税收权:如果谁拥有这两项基本公共权利,就可以影响当地的居民。

§129　条约权利和土地权利

第二种方式,通常是与政治或者经济势力上衰退的邻近领主、贵族、修道院、城市或者乡村缔结有关市民权利和土地权利的条约。这种条约的缔结,类似于易货贸易,形成了一种类似市民权利的保护和庇护关系:一方承诺保护和庇护,另一方服从其统治。这种方式在伯尔尼被广泛运用,在中世纪末期,在伯尔尼68个取得统治权的较大地区,有多于半数都是以这种条约权利关系取得的。苏黎世、卢塞恩、索洛图恩和施维茨也采取了这种方式,来瓦解同它们缔结条约方与其领主的采邑权利关系。

§130　庇护领地

第三种方式,是通过取得庇护领地,即通过修道院和宗教机构来获得那些从11世纪起开始建立的庇护总督职务。城市作为庇护人,就如之前的贵族庇护长官,为修道院提供军事和法律的保护,并取得了当地的司法权。庇护通常也影响了修道院的封建土地所有权,并有权获得他们的收入。在封建土地所有权上,庇护主获得统治权、高级审判权和税收权利。

§131　外来人

第四种方式,也是城市惯用的一种方式,即授予外来人权利。在城市周围居住的农民可以被授予外来人权利。外来人拥有如城市市民的权利和义务,他们必须通过交费获取市民权利,并参与城市军事防卫。在战争和混乱时期,外来人可以在城市寻求保护。通过授予城市周围大量居民以城市权利,城市如伯尔尼、苏黎世和卢塞恩都扩大了其对周围土地的法律和政治影响力。这当然会与那些外来人之前的领主利益相冲突,也就是贵族的和宗教的地主和领主,他们的领地统治权被破坏了。卢塞恩极力推进外来人政治策略,影响了哈布斯堡的利益,这也是森帕赫战争的原因之一。

§132　占领

第五种方式,是武装占领。武装占领虽一般不会改变地区原有的所有权关系,但是会迫使当地领主向胜利者出卖统治权。

三、统治权的集中

从上文对获取统治权之不同方式的描述可见,当时的领土并不是现代意义上的"国家领土",而更多的是不同权利之分散的统一(Gemengelage),这些权利针对不同的个人团体和集体。乡村地区和具有经济实力的城市地区以各种理由获得这种统治权:它们通常希望削弱竞争对手的实力,实现它们战略上的利益,更好地保证地区和平;当然也有可能是它们为了开发新的经济收入来源和商品销售市场,或者是为了防止生活供应的困难。

因此,这些地区力图集中和扩大统治权。为此,他们采取以下方式。

§133　司法权的捆绑

不同形式之司法权的捆绑和要求:司法权是统治主权和税收权以外,"国家权力"的一种基本形式,也是统治权的命脉。俗话说,"谁拥有绞刑架,谁就拥有了统治权"。谁宣布法律、决定损害赔偿、给予和执行刑罚、保证秩序和和平,就会被权利主体视为统治者。因此,这些地区开始想方设法获取上级法院和下级法院审判权,然后废除之前领主的上诉法院权(参见§164及以下)。通过设立自己的上诉法院,它们可以对法律案件审理施加影响,并且获得所统治领地的权利。地区也竭力消除私人的司法权。例如,伯尔尼1470年爆发了骚乱,伯尔尼议会废止了在某些地区私人享有的下级法院审判权。之前的审判法官,是帝国亲属成员和有声望的农民家族,而现在,他们不再享有公共的统治权能,仅仅只是地主而已。

§134　法律合并

隶属地区权利的渗透:获得了司法管辖权后,并不一定就会自动获得立法权,隶属地区保留了在它们的领地内立法的权利。新的领主在刚开始统治时,都会承认当地的法律继续有效。但是,因每个小的区域都施行自己的民事法律和刑事法律,瑞士联邦地区内的法律极为分散,统一这些管辖地的法律也是不可能的。

一些地区从 16 世纪开始,并在 17 世纪和 18 世纪加强对其所臣服城市地区和乡村地区的法律控制。这些隶属地区订立新的法律,需要得到其管辖地区议会的同意;或者当隶属地区的法律存在漏洞或者不确定的情况,其管辖地区的法律将会辅助性地适用。此外,法律合并最后还体现在,判决上诉法律案件需要参考首府地区的法律。法国大革命末期,尽管瑞士联邦并没有形成完全统一的法律,但是一些隶属地区的法律已融合于其管辖地区的法律之中。

§135　授权

宣布授权的方式也适用于乡村土地(参见 §157):随着宗教改革地区主教权力的废除,它们要求世俗政府公布各种法律和规则,包括适用于宗教生活的法律,以及婚姻法和其他与生活密切相关的法律。在近代早期的宗教改革地区以及天主教会地区,仍然存在宗教法和婚姻法,许多法律涉及宗教信仰、婚姻、风俗道德、商业和军事活动等方面。为了保护符合基督信仰的幸福和共同生活,许多地区的政府掀起了公布法律的浪潮,以加强对隶属地区生活的控制。例如,法国大革命末期,苏黎世公布了上千份授权和法律规则。

§136　税收

加强税收权的利用:联邦地区将贸易和货币流通非直接收入的税收征收区域由城市扩大到统治的领地,如进口税、出口税和关税,对食盐、酒和奢侈品征收高额税。这保障了地区稳定的收入,一方面可以在统治领地建立行政管理,另一方面可以提供国家储备,保证危难时期的国家行政执行力。宗教改革地区利用宗教财产世俗化和什一税处置前的宗教收入,来支付教会、贫困居民生活和教育支出。在少数几个城市还征收财产税,但因居民和臣民极力反抗,大多数城市从 16 世纪开始的直接征税努力以失败告终。

§137　效忠誓言

通过履行效忠誓言建立隶属地区与管辖地区的联系:如封臣与领主、市民与城市宪法之间的联系,隶属地区现在有义务通过履行效忠誓言服从管辖地区的行政。通过在长官面前发誓,隶属地区宣誓将听命于管辖地区,并且履行因行政而产生的各种义务,例如,交税与上交收入、司法管辖权、履行徭役和兵役。建立国家主权性质的行政(参见 §140)。

§138　统治的转变

通过上文提及的方式,瑞士联邦地区内部的统治结构逐渐形成了三个方面的

转变:

· 原来建立在居民联盟和集体之上的统治,开始逐渐变为对个体居民和隶属臣民的统治。

· 行政不再局限于保障和平和安宁,进而扩大到居民和隶属臣民的更多生活领域。

· 原来由皇帝给予的自由和权利是统治合法性的前提,现在已经失去了意义,这些地区的统治已经由“代理的”变为“独立自主的”。

§139 不完全的中央集权

尽管这些地区加强了统治集权,但是很少形成一个完全的垄断统治,因为由贵族、市民、教会人士执行的地主司法权并不会完全消除。修道院和主管教区,保留了它们的特殊权利。尽管联邦地区内部不断推进法律合并和法律统一,隶属地区仍然保留了立法的自治权。小城市和个别乡村一直保持独立自主的行政结构。在专制主义的进程中,瑞士联邦中央集权的力量一直都在发展,但是相比其他欧洲寡头政治地区,瑞士联邦的专制并没有在大范围内真正实行,但这并不是因为各地地方混乱的结果。权力分立虽说在一定程度上曾真实存在于瑞士联邦,但这并非法律理念中的权力分立。

四、行政结构

§140 地方长官

从14世纪起,瑞士联邦地区获得了国家主权,它们面对的任务是,在隶属地区建立行政结构。行政结构最开始并非制度化的、统一的,通常建立在原来统治者分散的行政结构基础上,原来的统治者是贵族王室和私人领主。新的统治者用行政官员取代了原来哈布斯堡、基堡或是萨伏伊家族的官员。

总督府(Vogtei)作为地区行政结构的中心,享有各种权利。它们的主管是地方长官(Vogt)。地方长官是最重要的职务,通常也是统治者直接的代理人,代表统治者行使权力和获取利益。因总督府的规模不同,国家主权的结构不同,地方长官的职责也随之不同。地方长官的主要职责是:负责司法(包括上级法院和下级法院司法管辖权),维护和平和治安(警察),管理政府收入(利息、收入和税收)和财产权利,监管公所、教会和牧师。为了执行以上职责,需要其他许多官员负责各种具体行政工作,如他的代理、下级地方长官、长官书记员、差役、中级行政官,他们在乡村执行统治利益,也行使下级法院的司法管辖权。

§141 地方长官和下级地方长官

在乡村地区由公民大会选举地方长官,而在城市地区由大议会或者小议会选举地方长官。地方长官有责任向乡村和城市地区的选举委员会作述职报告,并负有就职宣誓的义务。一般来说,只有首府城市或乡村地区的居民、地方长官书记官、下级地方长官,或是地方的上层市民可以成为地方长官。地方长官有规定任期,必须通过向国库缴纳一定的金额方可。因此,地方长官有权使用总督府的部分收入,如费用、税收和罚金。这样就任某些地方的长官也就成了让人渴求的收入来源,只有那些富裕的有行政权能的家族成员才可以在他们的任职生涯中努力成为地方长官。

在毗邻城市的总督府,有些地方长官如城市小议会的成员,在城市有住所,只有在开庭日和结算日在总督府办公。日常的行政事务由他们的下级地方长官执行:他们行使下级法院的主席职权,征收收入,主持遗产分配、拍卖和破产程序,并在刑事程序中采取调查措施等。在更为偏远以及之后取得的隶属地区,地方长官通常居住在贵族王室获得的城堡、宫殿或者是小城市里。地方长官和他的下属们是管辖地区和隶属地区之间重要的联络人:在地方长官的安排下,周日礼拜时在布道台前宣读行政规定,隶属地方的诉求和申请也呈交给地方长官。

总督府行政结构并非一直持续,在较大的小城市一般都享有独立的行政。在有些地区,如阿劳和布格多夫,尽管他们是隶属地区,却依然独立统治自己的小地区,有些还有独立的司法管辖权。

17世纪,如首府地区的行政,隶属地区也开始了行政结构的改革,行政更为集中化。地方长官之外,城市的行政机构也在隶属地区行使行政管理职能。

五、乡村的混乱

§142 区域的混乱

因获得隶属地区,联邦地区赢得了可利用的后方"腹地"。根据集体权利,它们可以为频发的战争和武装冲突招募士兵,而乡村居民负担的税收和收入为之提供了经济保障。在战争和瘟疫时期,城市居民大量减少,农村居民可以迁入城市。为了保证他们的生活供给,联邦地区禁止农民将他们的农产品在城市市场以外的其他地方出售;为了保护城市行会免受竞争,联邦地区调控或者禁止隶属地区手工业和行业的发展。上述措施引发了反抗和抗议,导致混乱频频爆发,甚至在少数情况下,还引发了暴力叛变。这些混乱在多数时候是地方性的,有时候也是地区性的,通常是由农民的上层阶层领导的。若要列举这些混乱,那这个清单是相当长的,从 14 世纪末期一直延续到法国大革命末期,这也突出了盟友地区的共管区以及隶属地区的混乱。15 世纪宗教改革时期、17 世纪中期和 18 世纪末期是混乱集中爆发的时期。

§ 143　1653 年农民战争

1653 年爆发的农民战争是跨区域的,三十年战争之后的农业危机和货币危机招致了这场战争,战争波及了卢塞恩、伯尔尼、索洛图恩和巴塞尔的隶属地区。起义者这次提出的要求比以往更激进。以往地方性的混乱,多为捍卫已经存在的权利和自由,或者要求当局收回关于生产规则和征税方面的命令。这次则是要求更广泛地参与政治:拥有自己的"公民大会"以及召开会议,并参与立法。

§ 144　18 世纪末期

临近 18 世纪末期,爆发的地方性混乱提出要求参与政治,并且改变现有的统治关系。受到启蒙运动和早期工业化的影响,地方提出了新的要求,如行业自由,废除地租,与拥有统治权的城市和乡村地区政治平等。法国大革命末期的冲突和抗议并非新现象,也不是现存的宪法结构内部的一次普遍和最终危机,而是这百年来持续不断的反抗浪潮的继续。通过这次反抗,地方的隶属地区长久以来缺少政治代表和无法参与政治决策的情况得以改善。尽管大部分的混乱最终还是失败了,但是它们阻碍了瑞士联邦如其他欧洲国家那样建立专制主义的政府政治。它们也使瑞士联邦许多地区的军事组织扩张和直接税收政策无法执行下去,如前所述,法律统一也只是在部分地区得以实现。

第五章　法律的演化

第一节　概　　况

§145　习惯法的书面化

中世纪早期的各部族法，是法兰克帝国内各个部族的法律记载。随着人口混居和加洛林帝国的衰亡，这些法律失去了意义。神圣罗马帝国时期，维护和平是皇帝及其任命的地方官员的任务。中世纪中期和晚期的和平，通过皇帝的帝国地区和平协议以及由领主颁布的地方性地区和平协议得以实现。地区和平协议仅仅涉及处罚不公和司法自助的条款，大部分法律还是习惯法，即那些长期形成的、稳固持久的法律存在，这些法律涉及婚姻、儿童、继承、土地的使用等。习惯法以口耳相传的方式存在，书面化在当时还很少被使用。法律知识的传承依赖那些长者，法律相关人员每年一度向他们咨询应当适用的法律习俗。在他们的记忆中，习惯法“自古以来”即已存在。

§146　概要

中世纪早期，文字的使用还仅限于教会，为神学的传播服务。在修道院里，神父们除抄录制作圣经文本外，还誊写一些有关礼拜仪式的书籍和文本。从12世纪中期开始，在现今瑞士的西部和南部地区，书写开始扩大到非宗教领域，如地方法律。通常只有那些引起争议的问题会以书面形式确认下来,那些未涉及的法律还是以不成文习俗的形态存在。乡村有判例和地方法,城市则有城市法。这些新的法律规则还不是体系完整的规则体,适用的区域取决于领主的影响范围,但通常非常有限,这些法律随着宪政历史的变迁而沉浮。

今天我们把中世纪晚期和近代早期称为“法律分裂”的时代。这是由地方统治与司法管辖区域狭小所造成的后果,甚至众多的小城市和更小的城镇也拥有自主立法权。随着世俗领地和教会领地区域性统治的形成,法律的同化和现代化过程也开始了:判例来自乡村法,又整合了领主城市的法律。在法律科学的影响下,城市法迎来了革新。特别是在16世纪和17世纪,大量颁布的强制命令扩充和加强了统治当局的规章制度。中世纪中后期,瑞士联邦的众多领主未能统一其领地内纷繁复杂的法律,这一状况直到旧制度(Ancien Régime)时期才得以改变。

下文所述并非古老的瑞士联邦完整的“法律渊源学说”,对法律素材的科学—教义的汇编在当时还是陌生的。换言之,笔者会对几个重要的法律渊源作一些介绍,这些渊源虽在欧洲其他地方也曾出现,但在瑞士联邦地区这些渊源不无特殊之处。

第二节　判　　例

§147　概念

新出现的书面化带来的产物就是判例汇编,这是14世纪和15世纪各种内容不同的地区性法律法规的汇编。德语词“Offnung”(公开,宣布)源于这些法律规范需要在审判大会上被宣布的习俗。原本只是由熟悉法律的老人每年宣布的法律,从14世纪开始被记录下来,然后在审判大会上定期宣读。在德国法律史里,“Offnung”被称为“Weistum”,最早来自莱茵河中部和摩泽尔河流域。“Weistum”这个称谓后来因为雅各布·格林在1840~1847年出版的那本《判例集》而成为学术领域一个通用的类概念。这本书也包括了瑞士地区。“Weistum”也有其他的名字:在阿尔萨斯是“Dinghofrodel”,在巴伐利亚和奥地利是“Taiding”,在萨克森和波西米亚北部则是“Rude”。

§148　法规内容

概括来讲,一个判例解释阐明一个现存的法律关系,这些法律关系涉及:

· 领主和属地农民之间

· 农民之间

· 不同的领主之间

在封建制度的框架下，判例通常是为了解决一个具体的纠纷，据此，领主和属民的权利和义务得以确定下来，如每年的地租和劳役、死亡事故、婚姻、领主法庭的期限和职权。判例还具有稳固统治的作用，贵族和教会的封建领主们以此捍卫自己相对于属民的法律权利。农民在村庄，如对牧场、水源、森林的集体使用，以及互相之间的道路权等方面，判例亦有所规定。

许多封建领主在管辖权纠纷中，最后常常借助判例来主张和捍卫各自权利，强调对高等级法院和低等级法院的管辖权。这说明，判例出现的最根本原因，是既有的管辖权不能满足时社会司法救济的需求。通过判例，人们现在可以以“自古以来”的名义提起其法律诉求，因为村里的最年长和最有经验的智者都是这样说的。为了尽可能保证在口头相传而来的这些知识不走样，这些通过文字书写确定下来的法律必须确有其古老的传承，它们至少可以追溯到40~60年以前才行。判例与其说是书面化之时的创造，还不如看作忠实记载传统的古老风俗的文件。

从这些宣告中我们得以窥见中世纪晚期的乡村生活。这些宣告的研究价值不仅局限在法律史领域，对经济和社会史也同样重要。

随着宣告经由书面化得以确定下来，它们的适应性也随之丧失。当一些地方的社会和经济发生变化时，宣告越来越不合时宜。虽然它们每年还会在法庭上宣读，但由于宣告未被赋予明确的效力，因此逐渐不再重要，并被新的法律形式取代。

第三节 乡 村 法

§149 概念和规定

中世纪晚期开始出现的“乡村法”，是指在一个特定地域范围内（如一个乡村或一片谷地）适用的法律。一部乡村法通常由一些原始的未成文习惯法（也就是判例）、从世俗或教会领主那里取得的特许权、其他社团的盟约以及地区内部的章程组成。这些章程在早期主要以维持和平为目的。那些处罚最基本不法行为的地区和平协定也是早期乡村法的一部分。乡村社团也将地区宪政法律，夫妻财产、继承等民事法律，有关财产、劳役、租金、抵押、民事诉讼和刑事诉讼的各种法律规定纳入他们的乡村法中。随着乡村法的确立，乡村和谷地自然而然地成长为一个独立而明确的法律圈。

§150 汇编

乡村法一般由审判大会或地方代表大会颁布。和判例一样,它们也会每年宣读。不同之处在于,直到近代,乡村法一直保持了一种与时俱进的开放姿态,它们会在必要时增补新的规则。乡村法的查阅不甚方便,而新规则的不断增加又加剧了这一情形,乡村法因此逐渐被新的法律汇编取代。如 1448 年奥斯纳布吕克的地方社团,首次汇编了 1387 年以来颁布的乡村法。进行类似的乡村法汇编工作的地区包括 1409 年的阿彭策尔、1429 年的马尔希、1432 年的楚格、1456 年的下瓦尔登。16 世纪仍然陆续有新的补充和汇编出现。经过持续不断的补充,瑞士内地地区和阿彭策尔在近代早期形成了地区乡村法。

在塑造其统治权的过程中,城市也常常收集整理新近归附的乡村地区的乡村法。如伯尔尼城先后于 1509 年、1534 年、1598 年整理汇编了上西门塔尔地区、哈斯利和萨嫩的乡村法。在这一进程中,各个地方的乡村法也得以进一步体系化,并从城市法中得到补充。如 1559 年埃门塔尔的乡村法改革就在很大程度上吸收了伯尔尼 1539 年的诉讼规定。

格劳宾登地区数量众多的乡村法法规显示,当地地方法庭与成文立法之间存在一种特别紧密的联系。该地区的乡村法虽然是城市法在农村的翻版,却由于法规调整对象不完全相同,因此,关于市场、手工业和贸易的规定在乡村就没那么重要。

§151 习惯法和成文法

在今天瑞士西部地区,不仅乡村法,城市法也被称为"习惯法"(coutumes)。习惯法在 13 世纪就已存在,如 1246 年的日内瓦、1236 年的洛桑、1273 年的穆东以及 1255 年的瓦莱。习惯法的适用范围并不局限于特定城市,还对该城市所属地区产生影响。在瑞士南部地区,乡村法则被称为成文法。

今天瑞士地区的很大一部分重要的乡村法都已编撰出版。从 1898 年起,瑞士法学家联合会已陆续出版了瑞士法律历史资料汇编,至今已有近 100 卷了。这些整理出来的法律史料,除乡村法外,还包括宣告和城市法,时间跨度从中世纪中期直到 1798 年。瑞士法律历史资料汇编是一座蕴藏丰富的资料宝库,其价值不限于法律史领域。

第四节 城 市 法

§152 城市法的形成

一个早已存在或新建立的城市定居点从城市领主那里取得特许权和自由,是在乡村周围形成特别法律的第一步。城市领主也希望借此增加对归并者的吸引力。12 世纪晚期,维护城市特权和自由成为推动一种新的法律渊源——城市法形成的主要力量。

第一个阶段,城市法由城市领主制定;第二个阶段,随着市民法律自治的增强,城市法由市民自行规定。市民团结在一起,组成"团结统一会"(Einung),惩治暴力、担任代表出席城市法庭的审判、维护城市和平。团结统一会还孕育了一种宪政制度,即市民参与城市统治的宪政体制。

在保卫自由和颁布和平规定以外,另一个促成城市法形成的重要因素是:城市特殊的经济形态。市场和手工业、贸易和商业都需要特别的法规。债权、商业和执行方面的法律法规最早依据习惯法,后来就持续通过市场法庭的判例,最终以成文的形式被确定下来。

§153 特许状

13 世纪,宪政、债法、刑法和程序法的各种规定经常被概括地称为特许状。这些特许状通常书写在羊皮纸上,由城市领主盖上封印,作为其批准的标志。特许状通常有期限限制,期限届满后需要城市领主重新颁发,如弗莱堡在 1249 年的情形。两位基堡伯爵——老迈的哈特曼四世和年轻的侄子哈特曼五世授予了弗莱堡市民新的特许状,而弗莱堡早在 1157 年就从贝希托尔德四世公爵手中第一次取得了特许状。

这些以现代的眼光看来体系凌乱的法规,涉及城市领主、地方议会议长与议员、其他官员们的权力义务,税收和公众财产的管理,对杀人、偷盗、扰乱市场和家宅行为的惩罚,以及商业、手工业、关税、债权、物权、家庭关系和继承权等方面的规定。这些从建城之日起就逐渐形成的规定,现在被分门别类地收录进了特许状中。

§154 立法权

在第二个发展阶段,随着城市从城市领主的控制下逐渐独立出来,市民大会开始制定城市法。市民大会依据团结统一会给予他们的权力,或补充完善特许状载明的原有法律,或通过制定新的法律来替代它们。如 1252 年的卢塞恩《陪审团宪章》、1218 年和 1255 年苏黎世的《法官宪章》、1291 年沙夫豪森和 1310 年圣加仑的《法官宪章》,以及 1404 年弗莱堡的《旗帜宪章》(见图 5－1)。

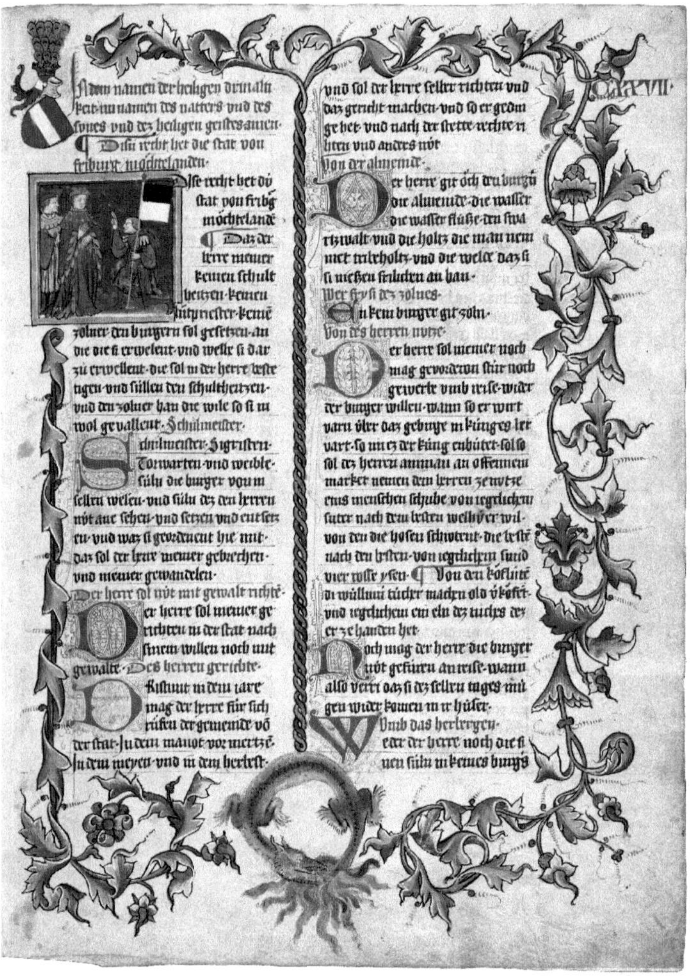

图 5－1 《弗里堡城市法》第一页

在第三个发展阶段,立法权转到了城市议会的手上。如今,由城市议会制定的法律由城市书记员汇总记录在城市法律书中,向市民宣读,由此取得效力。市民宣言的效力让市民有义务遵守这些法规。随着立法权的取得,议会也开始要求司法管辖权。以前,司法管辖权是议会以城市领主的名义行使的,如今他们要求以自己的名义行使。

城市法的效力最早只局限在城墙以内。随着时间的推移,城市法的效力逐渐扩展到城墙以外的“市区范围”,即城市法庭拥有司法管辖权的地区。城市法由此对城外市民也能产生效力(参见上文 § 131)。

§ 155 城市法法律圈

与欧洲其他地方相同,通过城市领主把一个城市的法律完全或部分地移植到另一个城市,瑞士联邦地区也形成了城市法法律圈。最早是策林格,他把布雷斯劳的弗莱堡的部分城市法直接借用到由他创建的城市伯尔尼、伯尔格多夫、希特兰的弗莱堡和穆尔滕。这些子城又把它们的城市法部分借用到其他居民点,如伯尔尼与劳彭、基希贝格、下塞恩、希特兰、弗莱堡与艾尔拉赫、尼道、比伦、阿尔贝格和阿孔赛尔。策林格家族的城市法又被其他家族如基堡家族、哈布斯堡家族、萨伏伊家族借鉴。譬如,弗莱堡特许状的部分条款就出现在基堡家族和哈布斯堡家族所辖的城市如阿劳、布鲁格、措芬根、苏尔赛、森帕赫和迪森霍芬的特许状中。穆东的法律出现在萨伏伊家族城市如沙泰勒圣但尼、格朗库尔、科佩、莫尔日、尼永、罗莫里、依弗登、埃沙朗、格雷耶斯。

§ 156 修订

从 16 世纪起,一些地方的宗教活动和世俗生活都发生了很大的变化,与此相应,城市的法律法规也随之改变:它们被重新排列、系统化并补充完整。这些修订与经济生活的活跃和城市地方统治权的形成息息相关。而罗马法在各法律学校和大学得以讲授与研究是实现这些修订的基础。受过专业法学训练的议会顾问和城市书记员作为编撰者把罗马法的概念、体系和法律关系带到了法律法规中,城市法中的私法,特别是债法部分继受了学者法。继受的方式和程度通常取决于议会的指示和书记员的个人学术兴趣。通过法律继受,城市法在法律技术层面达到了一个较高的水准。在以这一新的方式编纂的城市法规当中,比较著名的有巴塞尔 1539 ~ 1719 年的《城市审判规章》、伯尔尼 1539 ~ 1614 年的《审判规定》、日内瓦 1553 年的《日内瓦法律书》和 1715 年的《城市章程》、索洛图恩 1604 年的城市法、1766 年的沙夫豪森城市法、1588 年和 1706 年的卢塞恩城市法。各城市法又向其属地辐射。1539 年由豪斯 · 冯 · 鲁特编辑的《伯尔尼城市法规》成为阿尔贝格(1541 年和 1548 年)和尼道(1548 年)的城市法改革以及埃门塔尔(1559 年)地区法改革的范本。

对当今瑞士地区的城市法改革进程还需要进一步的研究,特别比较德国的城市法改革。16 世纪瓦莱地区数量众多的乡村法编录显示,瑞士地区的改革意愿不仅局限在城市。法学家法的影响在各个地方并不相同:有时仅仅是概念和体系的借鉴,有时却是在内容上继受罗马法的法律关系。在瑞士西部,从中世纪中期开始,法学家对制定法的影响相对就已经比较大了;但在其他一些地区,如萨伏伊伯爵领地、日内瓦地区或下瓦利斯地区的沙布莱总督府,它们只是作为地方法的辅助渊源发挥作用;而在另外一些地区,地方习惯法仍然占据统治性的地位。

第五节　强制命令

§157　概念

在城市法和乡村法中,有很大一部分内容是关于私法和刑法的。在中世纪晚期,随着主权意识的形成和政府力量的加强,控制和管理的需求日增。新的法规不再只是以城市法和乡村法的补充形式出现,而是采取单独立法,即强制命令的方式。这一法律渊源可以追溯到 14 世纪,其"繁盛"期在 16 世纪和 17 世纪。强制命令通常是由领地城市和属地城市的议会颁布,联盟代表大会几乎未曾颁布过。通过强制命令,政府当局加强了对公众生活领域的管理。改革的结果就是,教会生活和社会风俗的很多领域如今都有了明文规定。这些法规或是由官员公开张贴,或是由牧师在教堂的布道坛前宣读,以便让城市和乡村的老百姓知晓。在旧制度末期,强制命令失去了效力,但 19 世纪的州立法实际上吸收了这些法规的一些内容。

这一法律形式并非瑞士联邦的独创。欧洲很多地方都曾颁行强制命令,只是名称繁多。神圣罗马帝国在 15 世纪末期、特别是在 16 世纪颁布了一些强制命令(最重要的就是 1530 年、1548 年和 1577 年的《帝国警察条例》)。在法律史研究领域中,通常把它们称为"警察条例"(Polizeiordnungen)。警察是负责公共秩序的国家统治机构;警察条例就是为了维护公众良好秩序而颁布的法律。但瑞士联邦地区没有这样的名称,通常称为"规定"(Satz)或"秩序"(Ordnung)、"告诫"(Vermahung),从 17 世纪开始主要使用强制命令这一名称。

§158　强制命令的内容

在内容上,强制命令涵盖了公众生活和私人生活的各个领域,完全颠覆了城市法和乡村法的私法与刑法的区分。它们包括了劳动、商业和经济方面的规定,如不动产的使用和经营、农民的农产品的强制买卖、年轻劳动力的工作问题、外地人的从业竞争限制、协议的签订、投机买卖行为防范、利息和年金、商品的质量标准以及重量、价格的规定。还有大量限制高利贷、雇佣兵和乞讨行为的条款。特别是针对后两种行为,有时各州会联合起来、协调行动。

出于经济的考虑,从16世纪开始,不仅在宗教改革地区,各种有关宗教生活和教会方面的清规戒律都增多了,如定期准时到教堂参加礼拜天和其他节假日的圣事活动,不得亵渎神明、咒骂、随意发誓和作伪证,强调夫妻忠诚誓言和教会结婚仪式的约束力,禁止不同教派之间通婚、禁止重新洗礼、严禁成立有障碍的婚姻。这些强制命令还包括对洗礼、婚姻登记和死亡登记的规定以及对教会财产和施舍救济金的具体管理办法。也就是说,所有这些规定的目的在于引导人们过上一种——从教会的角度来看——道德的生活。其实早在宗教改革之前就有这样的观念,世人的罪孽生活引发了上帝对尘世生活的惩罚,这些惩罚以黑死病、庄稼歉收、物价飞涨和战争等形式出现。因此,世俗当局有义务通过这些当为与不应为的规定,引导老百姓走上德行的光明之路。

特别是在17世纪和18世纪,强制命令中还有很大一部分是关于老百姓的日常品行的。出入小客栈、消费酒精类饮品和赌博均受到限制,甚至洗礼、婚庆和葬礼的花费和日常奢侈性消费,都应该在公众道德可接受的限度内,穷人的享受是被禁止的。这些规定都旨在让老百姓过一种与他们社会身份相符的生活,傲慢同样不被许可。

强制命令表现出国家统治权对其职责认识的深化,因为通过强制命令,国家对臣民的生活干涉越来越多;私人领域和公共领域之间的界限几乎不复存在。如果谁违反这些规定,就会被处以罚金或短期拘禁。尽管如此,强制命令并不就真能创造出一个市民所期望的社会纪律。19世纪,陈旧的强制命令被视作警察国家的标志,依据自由主义的见解,警察的职责现在被限制在维护安定和秩序之内。

§159 举例

强制命令也是现在行政管理法规的雏形。如1777年图恩城颁布的法令《为公众生活的普遍的安全、公平和良好秩序而予以禁止的不当行为》。在这部法令中,首先禁止在星期天用手推车运货、坐车、骑马、公开兜售食物、杂货铺开张营业。其次规定,在夜间,奴仆和女佣不得在街头巷尾闲荡;无论是马车、货车或载人的车都不得随意停在胡同;不得在城中举明火穿行;小酒馆的老板娘不得留宿客人;任何人不得在街上倾倒生活废水、建筑碎料或杂草;不得公开在大街上设立猪圈;禁止屠夫在城内大吃大喝以免他们喝得烂醉。还有许多诸如此类的规定。这些规定,略作修改,去除一些道德色彩后,被吸收到了现代警察法规和行政法中。

强制命令不仅对法律史,而且对文化、经济和社会史来说都是一个宝贵丰富的信息来源。联邦的一些地区发布了大量的强制命令,特别是在宗教改革后,城市议会把对老百姓的精神健康和世俗幸福看作他们的主要职责。在苏黎世和伯尔尼,从 14 世纪到 18 世纪颁布的委托管理法规有几千条,平均每年就有 15 ~ 20 条。

第六章 司法审判

司法审判和法院组织机构的设置,在任何时期都是与宪政体系联系在一起的。在宪政体系和现实政治力量较量的过程中,形成了地方审判形式和各法院的管辖权限。依据成文法律进行审判的地方司法审判最早可追溯到13世纪。但直至中世纪晚期和近代早期,很多地方的司法审判仍然按照习惯法进行。19世纪以来,权力分立的出现与罪刑法定观念的深入人心要求进一步明确界定法院管辖权限,古老的瑞士联邦地区的审判状况因此获得了缺乏理性和效率低下的评价。和现今一样,当时的法院也致力于平息争端、扬善除恶——只是方式和可能性受到不一样的限制而已。

政治关系和宪政体制的复杂多变,决定了中世纪中期和晚期的审判机构同样复杂多样的特征。若要对当时纷繁复杂的情况有所了解,譬如说对现在瑞士西部地区,笔者推荐普德雷(Poudret)的作品。下文的阐述只是高度简略的概述。

第一节 审判权的产生

§160 最高司法权

在法兰克帝国,国王是最高的审判者。因为没法独自在整个帝国行使审判权,他把审判权委托给了他为维持和平在帝国各省设置的伯爵们。地方司法审判任务现在落到了伯爵领地法庭。这些领地法庭定期召开审判大会,所有成年的自由男性出席大会并对提交大会的案件作出裁决。

到了中世纪,神圣罗马帝国的皇帝成为最高的司法官;皇帝的王室法院是最高法院,皇帝自己担任法官。皇帝有权暂缓执行已生效判决,并在自己的法院对它们重新作出裁决。王室法院还有权管辖涉及帝国自由地区的案件,在瑞士联邦范围内,这些地方既包括帝国自由市,也包括帝国贵族等级名下的主教区和修道院。而王室法院最主要的职责是作为地方法院的上诉法院。15 世纪初,王室法院被帝国枢密法院取代。1495 年帝国法院又经历了大规模的变革,瑞士联盟虽然并不愿意接受帝国法院的管辖,但其实并不能摆脱(参见上文 § 87)。

§ 161 地方法院

为了在各地区贯彻执行其法律,像以前的法兰克国王一样,皇帝以出让司法权(Bannleihe)的方式把审判权转移给了地方伯爵,由地方伯爵主持地方法院。案件的审理则交给法庭出席人员(陪审)来完成。按照各个地区的不同规定,陪审人数并不一样。但在同一个地区,每个法庭的出席人数是固定的。就如他们的名称"审判陪坐"(Gerichtssässen)所示,在案件审理期间,他们坐在当地法庭的边上。由审判陪坐作出的判决必须再由在场的陪审员(Gerichtsgenossen)决定采纳还是推翻。地方伯爵的任务只是主持审理大会,宣布判决并负责判决的执行。随着时间的推移,有些地方法庭同仁的参与渐渐消失;但这种职能的分离,即不审判案件的法庭主持和审判案件的法庭陪审的二元化却保存下来(地方审判程序参见下文 § 191)。

§ 162 审判权的妥协

早先,地方伯爵的职位每次都要皇帝重新任命。但自 13 世纪开始,出现了地方伯爵职务世袭,即父亲能把它留给儿子,而且也可以抵押和出售。因此,那些贵族家族如策林格、哈布斯堡家族以及一些教会贵族就把持了地方司法裁判权。皇帝逐渐丧失地方司法权的第二个原因则是皇帝签署的特权出让书。特权出让的形式有两种:其一为不移管特权(privilegium de non evocando),皇帝丧失了将案件移交到他自己的法庭的权力;其二为不上诉特权(privilegium de non appellando),王室法院失去了其作为上诉法院的职能。

从中世纪中期开始,司法权的出让不再仅仅授予贵族统治者,他们权力的继受者——谷地社团和城市也都开始取得该权力。因为帝国自由的身份,瑞士内地的谷地社团和瑞士联邦的其他地方都取得了初审管辖权。在公民大会地区,公民大会就是法庭;在城市,法庭则是城市议会。在乡村,审判权最早是掌握在贵族手中；在这里，低等法院的审判权通常在低级贵族（Twingherren）手中。随着地方统治权的形成，城市也试图在其管辖的地区行使审判权。为达到此目的，他们通过赎买、抵押购买等途径来取得地区的审判权，必要时不惜动用武力。在城市辖区，城市议会代表——地方法官成为辖区法庭的主持。

§163　皇帝的王室法院

王室法院在苏黎世短暂存在的例子，能很形象地说明初审审判权的变化和地区化。1362年皇帝卡尔四世赋予苏黎世其他权利的同时，为表彰它“长久以来持续的忠诚”赐给它一个“地方法庭”，这个法庭将遵照“那些自古有之的公正、自由、伟大和正确的惯例，就如罗特韦尔法庭所做的那样”。其实，皇帝以罗特韦尔法院为蓝本设立这一皇帝地方法院的背景和动机与14世纪后半叶帝国西南部的政治形势密不可分。正如鲁道夫四世在夺取斯瓦本公爵头衔中所显示出的扩张野心，哈布斯堡家族已威胁到皇帝执掌中央权力的地位。皇帝希望借助于建立皇帝审判权来缓和这种局面并通过妥协来抵制帝国等级。刚开始，王室法院确实起到了积极的作用，但苏黎世很快“榨干”了王室法院的利用价值。1363年苏黎世议会赢得了从地方选派王室法院法官的权利；1400年苏黎世取得了城市的刑事审判权（Blutbann）。现在，苏黎世可以自行行使其司法审判权，王室法院也就变得可有可无并于当年“关门大吉”。

第二节　高等法院和低等法院

§164　区别

审判管辖权限被分为高等法院审判权和低等法院审判权。这种划分是源自法兰克帝国时期就已形成的死刑刑事案件（causae maiores）和其他刑事案件（causae minores）。随着地区和平运动的展开，作为公法的刑法开始形成，高等法院审判权限是那些应处以死刑和身体刑的刑事犯罪。因为这些刑罚伴随流血，人们就把它们称为“流血审判权”（Blutgerichtsbarkeit）。相应地，它们的象征常常是棍棒（板子）和绞刑架。低等法院审判权包括民事纠纷和那些不那么严重的犯罪，这些犯罪不会处以肉刑或死刑，只是给予拘禁和罚金。但并不存在司法审判权的明确切分，特别是身体伤害类的犯罪属于哪一种司法审判经常引起争议。通常而言，偷盗、抢劫、谋杀、杀人、纵火、强奸、名誉损害属于高等法院的管辖范围。

司法审判权是地域统治权的一部分。瑞士联邦蒸蒸日上的各州都致力于从贵族统治者手中争取到高等法院和低等法院的司法审判权。这里同样还存在经济利益的动因,因为司法审判权是一种能带来经济收入的主权(Regal)。诉讼双方都要付给法院一笔费用,判处的罚金的一部分也归法院,甚至有些地方死刑犯的遗产也归法院所有。利益冲突经常会引发关于司法审判权限分配,以及如何明确、具体地划分高等法院管辖权和低等法院管辖权的讨论。

§165 乡镇统治权

乡村的低等法院审判权通常在世俗贵族或宗教领主手中。他们是拥有乡村审判权(Twing und Ban)的成员,对一个特定地区——如一个村庄的民众有完全的权力。在村子里,享有审判权者不仅是农民的主人,他还要决定公有地和水源的使用,执行贸易规则,规定磨坊、铁匠铺和小旅店的经营。另外,他还负责债务、财产和继承方面的诉讼以及轻微的刑事违法行为的处理。按当时的理解,乡村法官的权力是“对人从出生到死亡的完全的统治”,囊括了除高等法院管辖权外的一切权力。统治乡镇可以带来一定的经济收入,统治者们有权为村镇属民颁发官方许可,还可以征收诉讼费用。

低等法院审判权并非强制性地与封建统治联系在一起的,封建地主可以把它转让给其他私人或城市。实际上有 1/4 是乡村法官。

为了进一步巩固所辖地方的统治,城市有时会想办法取得某些司法审判权,借此削弱封建地主的权力。特别是到了近代早期,凭借众多的强制命令,城市的权力扩张到了一系列原本属于封建地主的领域。通过这种方式,封建权力日渐削减,特别是封建领主的低等法院审判权。与之相应的则是,由城市议会任命的地方法官的地位日益重要。

第三节 世俗法院

§166 城市法院

城市通过赎买取得审判权,城市议会成为审判机构。城市议会处理低等法院管辖权的案件,取得流血禁令的城市甚至有权审判高等法院管辖的案件。在早期阶段,议会全体作为审判委员会进行审判,并由市长或议长主持。随着案件的增加,为减轻城市议会的工作量,城市设立了自己的城市法庭。城市法庭由市长、议长或镇长作为主席主持审判,一定人数的市议员以陪审员的身份出席。出席的议员或者全部来自小议会,或者大、小议会都有。根据法庭开庭的频繁程度,城市法庭也相应地被称为“日法庭”或“周法庭”。城市法庭的判决通常需要提交一个庞大的、类似大议会的陪审团确认。在伯尔尼,16 世纪中期出现了由议会成员组成的上诉法庭；如果城市法庭作出死刑判决，该判决还要送交200人议会批准。伯尔尼由此形成了一个三级法院审判制度。

§167　乡村法院

在很长一段时间里，那些属于高等法院管辖的刑事犯罪，无论发生在乡村还是中世纪晚期的城市，都由乡村法院审理。乡村法官和陪审员坐在由法庭栅栏围成的圈子内，另外一群被召集来的成年男性站在圈子旁边，共同组成一个法庭，在露天的广场或通道内举行审判。这些参与法庭的成年男性代表着全体大众，在那个权力垄断还未完全形成的时期，后者还是很重要的一个因素。随着城市议会的权力的巩固，这类法院的司法审判职能被取代了。以1622年的巴塞尔为例，城市法院现在也充任“流血法院”“邪恶法院”，审判地点也由露天改为议会会场。审判程序也相应改变了（参见§194）。

§168　乡镇法院

农村的低级司法管辖由乡镇法院承担。大量的地方性法律渊源出自这类法院；它们也被称为采邑法院或庄园法院，或者依照法庭主持人的职衔称为长官法院、村长法院、管家法院，或者根据举行的时间称为“三月法院”、“五月法院”和“秋季法院”。在城市附属地区，该法庭的判决还要送交地方长官。当城市取得了乡镇管辖权，乡村法官负责案件初审、城市议会负责上诉审。乡村法官通常不是单独主持法庭审判，而是在助理法官的协助下主持法庭审判。判决则由当地乡绅组成的法庭陪审人员作出，这些人员的数量各个地方不同。在一些地方，地方低等法院的司法管辖权在向城市过渡的过程中继续存在，与城市法院共享低等级的法院审判权。

§169　“流血法院”管辖权

“流血法院”管辖权在一开始属于乡村法院，后来转到地方法官或城市议会。如苏黎世“流血法院”从15世纪起也负责乡村“流血法院”的司法审判管辖权。只有在偏远的总督府（基堡、埃格利绍、格鲁尼根、格莱芬湖、安德尔芬根、雷根斯贝格和克诺瑙），“流血管辖权”案件仍然归地方法官负责，城市议会则是上诉法院。在其他附属城市，低等法院管辖权和高等法院管辖权一般继续属于地方的城市议会，主城市的城市议会拥有赦免权。

在农村乡镇地区，司法审判权和在其他地区一样，属于乡村法院，由乡镇执法官主持，并配置一定数量的陪审法官。有些地方法院的陪审法官是地方议会成员。在这些地方，一些乡镇享有案件上诉管辖权，乡村法院作为当地统治者，有权审理地方总督府内应予判处死刑的案件。例如，1517年格拉鲁斯取得了维尔登伯格郡的统治权后,格拉鲁斯的地方议会就成为维尔登伯格郡的刑事法院。

§170 特别法院

除了以上列举的法院,还有4种特别法院,它们的管辖权受到部分限制。

·宗教辖区的地方法院:在宗教管辖区内,主教或修道院院长是最高统治者,他们不仅对宗教领域,也对世俗世界拥有司法审判权。最早是主教或修道院院长自己亲自主持法院,从14世纪开始则由他任命的法官代替他行使职权。

·自由法院或自由法官存在于瑞士联邦的各个地区,作为无封建附庸关系的自由人的法院。瑞士德语区的一些地区,如维利绍和阿尔比斯附近的阿福尔特恩,这些法院处理低等法院管辖范围内的纠纷,在戈姆斯河谷部分地区和拉克斯,他们还拥有高等法院管辖权。

·行会法院:从14世纪开始,手工业者行会和商人行会不仅对职业上的不法行为有惩戒权,而且还有权审判行会同仁中的伤风败俗的生活作风问题。它们还拥有审理行会内发生的刑事案件的权力。行会会长享有类似家长权的司法权限。

·外乡人法院:外乡人,特别是那些到处行走的商人,需要一个快捷、简单的民事诉讼程序来处理案件。如价值不高的侵占、正常卸货或未遵守允诺的期限之类的案件,在普通法庭审理之外,还可以申请外乡人法院审理。外乡人法院可以受理外乡人起诉本地市民、本地市民起诉外乡人以及外乡人之间的诉讼。在乌里、施维茨和下瓦尔登,这样的法院也称为巷道法院,在露天的通道或市场上审理案件。

第四节 教会法院

一、中世纪晚期

§171 主教辖区法院

为施行教会法,主教辖区从13世纪开始设立宗教法庭,包括1250年的日内瓦教区、1252年的巴塞尔、1265年在绝大部分都属联盟的康斯坦茨教区、1260年的洛桑、1271年的西昂、1273年的库尔。与世俗法院的法官们不同,由主教任命的法院院长(官员)通常是受过良好法学教育,专职从事法庭审判工作的。通常而言,这些法院官员在上意大利或法国的大学里学习了教会法(或许还学习了罗马法的相关知识)。(参见下文第七章)在宗教法院,审判程序根据罗马—教会程序法以书面形式进行,而不是如世俗法院那样根据口头程序。而且宗教法院的法官们有权根据自由心证作出自己的判决。如案件事实清楚,根据教会法,他能够以一种简洁概括的诉讼程序审理案件,这种方式耗时较短,对证明的要求也不那么严格,这一程序使诉讼程序的快捷和经济成为可能。审判过程由一位法院书记员记录下来,法官的随意性受到限制,法律保障进一步加强。利用来自精神世界的惩罚的威胁,法官们手中有强有效的程序上的强制方法。通过逐出教会、开除教籍,判决不仅局限在圣礼和在教会系统内,而且还影响世俗的权利关系,因为与一位逐出教会的人进行的个人交往是被禁止的。教会官员常常在传唤被告前来宗教法庭时以逐出教会为威胁,以此向他们施加巨大的压力,让他臣服于宗教法庭的审判。

§172 管辖权限

由于宗教法庭审判的理性和强大的效力,法庭不再局限于审理宗教方面的法律问题,开始涉及世俗事务。随着授职权之争(1075~1077年)后,宗教法庭日益上升的政治影响力,宗教法庭扩大了其司法审判的权限范围。从中世纪早期以来,宗教法庭的司法审判只涉及神职人员作为原告或被告的案件。现在它的审判权限(Privilegium fori)延伸到了穷人、寡妇、鳏夫、儿童、孤儿和病人,以及那些因为他们的"无力"而不能自我防卫的人们(personae miserabile)。

除了扩大对人的管辖权,宗教法庭还要求享有对所有宗教领域的事务(causae spirituales)以及更广泛的与精神世界相关的事务的审判权。如婚姻法中对家庭财产权的异议、教会的教职、庇护权、救济金、什一税以及遗嘱。宗教法庭还受理高利贷偿还或不履行誓约等纠纷。因为放高利贷和作伪证是一种罪孽,构成教会法上的犯罪。宗教法庭还受理其他一些案件:如一个非神职人员可以通过"转移"宣布教会法官而不是世俗法官对其案件拥有管辖权;如案件没有世俗法院可以受理或世俗法院拒绝受理,则宗教法庭有权受理。宗教法庭的法官们尽其所能地介入世俗事务,特别是在金钱债务方面。

在刑法方面,所有的刑事犯罪(crimina ecclesiastica)——包括高利贷、违背誓言、伪证以及宗教异端、渎神、巫术、通奸、重婚和乱伦案件——均由教会司法管辖。宗教法庭按照教会法判案;如果没有相应的教会法规则,则参照地方世俗法或者罗马法。

§173 反击

联邦各地方政权从14世纪开始,反抗教会在审判方面的过度干预。特别是那些实力逐渐增强的城市不断颁布禁令,试图阻止市民在宗教问题之外的事务上寻求教会法庭的审理。教会对涉及婚姻、高利贷和巫术等方面的管辖权得以限制性的保留。泛滥的革除教门的威胁尤其成为城市的“眼中刺”。有些地方,如伯尔尼和弗莱堡,禁止本地僧侣在教会法庭起诉当地居民,本地僧侣的特权受到约束。1370年的《牧师宪章》同样试图限制外部势力的影响,当然也包括限制教会的司法审判权限(参见上文§59及以下)。在中世纪晚期,很多法规都对教会法庭在世俗事务上的审判权限加以限制。这种回击对罗马教会法的继受也有影响,随着教会法庭影响的减弱,法学家法的影响开始渗透(参见下文§216及以下)。

二、近代

§174 主教法庭的持续

到16世纪在联邦地区保持旧教的地区,主教法庭继续存在。只是其管辖权限渐渐缩小到婚姻、教职、赋税和对僧侣的司法裁判等有限的领域。对宗教犯罪特别是亵渎神明和巫术的追究,现在变为世俗法庭的任务。特兰托宗教会议(Konzil von Trient,1545~1563年)作为一次改革的大会,旨在改革教会、清除天主教教会中现存的弊端、规范教会婚姻的程序性规定、监督僧侣严格遵守其各项义务和规定,如独身。在天主教地区,这些相关规定继续得以执行很大程度上依赖教会法庭。如果教会法庭执行不力,当地城市议会会当仁不让地向主教、教皇使节和教皇本人汇报。有时,城市议会会插手婚姻事务问题,自行对婚约和婚姻缔结的有效性作出裁判。因此,世俗法庭和宗教法庭的司法管辖权限就难以清晰,双方都认为它们对此拥有审判权。这种情况到了18世纪越加严重,极易引发争端。1723年卢塞恩政府和康斯坦茨主教为避免纷争签订了一份详细的协议来具体确定双方的司法权限,这就是一个例子。

§175 婚姻和道德法庭的改革

在那些从16世纪开始宗教改革的联邦地区,发展出一种新形式的教会审判方式,即婚姻和道德法庭。在茨温利和加尔文看来,婚姻不是圣礼,这种法律关系根据他们的理解并不属于主教教区的司法权限,教会和国家应该按照基督教共同体的原则一起处理有关婚姻的有效和解除的相关问题。因此,需要一个新的由教会和世俗权力机构共同指派代表组成部门处理婚姻事务。苏黎世在茨温利的提议下,在1525年的婚姻规定中设立婚姻法庭,由两位牧师和大、小议会的两位世俗代表共同负责。在乡村教区里也设立了一个类似的部门(der Stillstand):礼拜天礼拜活动后,下级地方长官、两位婚姻事务负责人和两位德高望重的绅士在教堂对相关事务进行处理。其他的宗教改革地区也效仿苏黎世模式建立了类似机构,如圣加仑(1528年)、伯尔尼(1528年)、巴塞尔(1529年)、沙夫豪森(1529

年)、格拉鲁斯(1530 年)、库尔(1530 年)以及阿彭泽尔外罗登(1600 年)。在日内瓦,加尔文于 1541 年提议设立红衣主教会议负责婚姻审判权;纳沙泰尔于 1550 年设立了同名机构。伯尔尼在 1536 年占领沃州后也把诗班法庭引入该地。苏黎世的婚姻法庭也是南德各城市如康斯坦茨、乌尔姆、奥古斯堡、哈芬堡、斯图加特和斯特拉斯堡类似机构的范本。

婚姻法庭的司法管辖很快就扩大到普遍的道德领域。法庭不再仅仅审理通奸行为,还处理那些违反礼拜天圣礼和圣餐禁忌的行为,如咒骂、宣誓、酗酒、高利贷等。对于那些违反世俗当局在违禁令或强制命令中所规定的必须遵守的规范的行为,该法庭则是一审法院(参见上文 § 157 及以下)。道德法庭还处理那些发生在夫妻和邻居之间的纠纷,通常是咒骂、诽谤以及由此发生的身体伤害。法庭还为和平解决矛盾纠纷提供一个宗教层面的场所。为此目的,在告诫外还有一些处罚措施,如禁止出席圣餐、罚金,或者处以在教会众教友面前跪地认罪的"吻地"行为等羞辱刑。根据道德法庭的提议,小议会可以作出监禁或流放的判决。在 18 世纪,道德法庭的司法管辖重新限制在了婚姻事务方面,维持平稳安定的任务转给了另一个单独的机构。1798 年道德法庭审判权被废除,但仲裁作用在一些地方还持续了几十年。

晚近社会历史学研究的热点,是婚姻和道德法庭在近代早期集权国家的民众社会组织化过程中的作用。这些研究显示,我们不能过分高估那些通常规定过分严苛的禁令在实际生活中产生的影响。特别是在 18 世纪,这些法庭并没有阻碍社会的变迁和去教会化的历史进程。如改革者们内心所想的那样,作为过渡形式的基督教政体不久便消失了。而启蒙主义和虔信主义将以不同的方式来对此作出回应。

第五节　仲裁法院

§ 176　社团组织之间的仲裁

仲裁程序是在上意大利地区的城市共和国发展起来的,在 13 世纪由精通法律的僧侣带到现今瑞士的西部地区,后来传播到了瑞士德语地区。仲裁法院的主要任务是对法律纠纷进行和平友好的调解;如果调解无法达成,则由法官进行判决。仲裁程序一般运用于解决社团或个人之间的纠纷。13 世纪和 14 世纪的城市联盟条约中也经常出现友好调解盟国之间纠纷的仲裁条款(参见上文 § 54)。同样,那些把单一地区联合成瑞士联盟大大小小的结盟条约以及各地区和平条约也都设置了对可能产生的纠纷的仲裁调解方案。联盟代表会议从 15 世纪中期开始,就把调解仲裁各州间的纠纷作为其一项重要任务;到 1500 年,这部分事务占据了其全部事务的 1/4。而共管地区的行政管理尤其容易引起纠纷。到近代早期,各州间的纠纷还应加上宗教和教会事务。

纷争的处理有一套专门的程序,这一程序最早在联邦内形成于 1351 年苏黎世和森林国家城市之间达成的和解协议:调停需要每个联邦成员确定两个仲裁法官。如果这 4 位法官不能达成一致,他们就需要再任命一位中立的、最高的仲裁法官,然后根据多数原则作出最终的有效判决。如果仲裁一方拒绝接受该判定,联盟军队将出面解决。在 1442 ~ 1443 年以苏黎世和哈布斯堡为一方、瑞士联邦作为另一方的武装冲突(苏黎世战争)中,就采用了这一仲裁方式。直到 1450 年,经过仲裁法官的长期努力,在伯尔尼地方议会议长海因里希 · 冯 · 布本堡的主持下,终于达成了一个比较长久的和平局面。

§177 个人之间的矛盾调停

仲裁程序对个人来说也很重要,特别是那些从事商贸活动的人们。因为业务活动的需要,他们往往穿行于不同的地方统治政权和法律秩序之间,地方法院的审理程序对他们来说既迟缓又费时;他们需要一套快速、尽可能非正式的、按便宜主义原则进行的审判方式。有时地方法官也会以仲裁程序取代普通程序来进行审判。通常从位高权重的行政官员,如市长或者议会成员、联邦代表大会代表、地方法官、城市书记员中挑选出仲裁法官,他们通过听取各方的辩论和反驳,审查证据,有时还通过比较,以期把事情摆平。如果还不能作出判定,他们会根据地方法律或者根据双方的意愿按便宜主义原则来处理。

第六节 法官、律师

§178 主持法官和陪审员

如前所述,司法权,是统治权的一部分,由统治者自行行使。古老的联盟宪政体系对权力划分的概念全然陌生。主持法院属于政治统治权的所有者的权力,在中世纪通常是一位贵族或教会统治者,或者由他们选派的代表主持法院。审判由法院审案人员负责,他们根据对当地法律的了解和把握来断案。这些审案人员一般来自当地市民阶层或者乡村社区,其判案依据的法律经验来自生活实践。随着瑞士联盟主权的形成,选举法院审案人员的新办法的通过,地方团体的共同决定权受到压制,现在大城市的影响力越来越大。

城市法院在地方议会议长或市长的主持下开庭,审判人员由城市议会议员轮流出任(有任期限制)。在刑事案件审判中,预审由预审法官主持,他们同样也是议会成员。要进入城市的法官阶层的前提是原本就属于一个有参政能力的家族或行会,也就是说,法官实际上是被限制在城市精英圈子内。

乡村的法院由城市依其自主权建立,由地方长官或下级地方长官主持。每个法院的审判人员 6～12 人不等,每一年或每两年从乡绅阶层中选出,通常是资产丰厚的农民。在由大城市发起的一项正式整改法院的官方行动中,法院的法官们被要求宣誓,并听取了宣读的现行法院程序。

§179 外行审判

决定法官职务的因素除法律事务的实践经验外,还有政治和经济状况,而法学教育背景则并非必需。直到旧制度(Ancien Regime)终结,除了几个城市法院,民事和刑事案件的审判都由外行把持。在这一点上,瑞士联盟地区的世俗法庭审判与教会法庭的审判区别很大,教会法庭从 13 世纪开始就由博学的法学家们充当法官。另外,与欧洲其他国家的历史发展也不同,这些国家在继受罗马法—教会法的过程中,走上了一条法官专业化和学者化的道路。从 15 世纪起,在神圣罗马帝国其他地方出现的受过专业法学教育并按时接受薪水的职业法官阶层,并没有在瑞士联邦的大部分地区出现(参见下文 §216)。

§180 形式的严苛

与帝国不同,直到近代,在瑞士联盟的很多地方还保持着形成于中世纪早期的那种法庭职能上的二元化——法庭主持和参审法官的分离。法庭主持代表统治当局,穿着法官制服。大法官要主持开庭,在参审法官的正反意见票数一样时,作出决定性投票,负责让法庭书记员完成判决书,并监督判决执行。参审法官负责审理案件并为当事人辩护。从 13 世纪、14 世纪开始,法庭审判程序就已显露出形式上的严苛,微小的形式错误就足以导致败诉。对当事人来说,没有遵循正确的法庭要求的形式,就很可能面临失去正当合理要求的巨大危险。为避免这些风险,当事人可以向法庭主持法官请求,为其指派一位参审法官作为其代言人。在他的帮助下,当事人根据形式要求完成诉讼请求。在参审法官为一方当事人代言的情况下,为了法律的平衡,相对方当事人也可以要求指派一位代言人。

§181 代理人和律师

到中世纪晚期结束,随着规定格式的确立,代言人的角色演变为委托代理人。现在,委托代理人为了他当事人的利益,努力争取其他参审法官的支持,辩论替代了以前的形式请求。在他慷慨陈词后他又回到法官的行列,继续参与案件的审理,并和其他参审法官一起作出判决。通常他是第一个作出判断的人。这个法庭参审人员实际上身兼双重角色:既是代理人,又是法官;既要代表一方当事人的主观利益,又要协助实现法律的公正。这种双重职能的内在利益冲突在很长一段时间里并没有引起关注。直到很久以后,在联盟的一些地方(伯尔尼最早于1697年),才形成了一个独立的、从法庭脱离出来的法律援助阶层,这种双重职能才得以分离。在苏黎世,虽然从15世纪后半叶起就已出现固定的收取费用的法律咨询人员,但法官指派代理人的制度一直持续到1798年。有些地方对法官和委托代理人职责分离持反对意见,原因在于官方不愿失去对该职位从业人员的控制。因为参审人员的选派掌握在他们手里,只要委托代理人是从法庭参审人员中产生的,官方就对此拥有控制权。有些地方规定当事人只能在法庭代理人中委托代理人,同样,联邦代表大会在1674年禁止"由收费的助理、法官或他们称为代理人的人们"执行法庭代理。有法学背景的律师被排除在审判程序外。他们与其罗马前辈们不同,并不以追求法律的公平正义为根本目的,只关心其主顾的法律利益。他们独立于法院机构,是"自由职业的"。最早在瑞士联邦试图从事律师行业的人,大多来自邻国;他们在法庭上饱受责难。那些没有法学背景的法官们,由于担心受过良好法学教育的当事人代表向他们提出非难,因此,质疑律师的代理行为,声称为了当事人利益的单方面代理将导致增加许多不必要的程序,让法庭负担过重,最终耗费当事人双方的财力。而在另外一些很早就开始进行法学教育的城市,则与这些反对律师制度的论调相反。特别要提到的是巴塞尔以及日内瓦,巴塞尔自1460年建立大学开始,法学教育就享有极其重要的地位;日内瓦自1559年建立研究院开始,就开设法学课程,授予律师专业资格,并在1644年建立了最早的辩护人登记簿(参见§213和§219)。

随着16世纪、17世纪政治分裂的趋势进一步加强,职业律师也开始捍卫其职业身份。到18世纪瑞士联盟再一次向外国开放,瑞士年轻人到外国大学学习的渠道扩大。那些在法国或德国学习法学的年轻人,回国后尝试成为立法和审判机构的中坚力量。首先,在某些地方,在代言人之外,允许"罗马法"律师的存在。其次,撤销代言人机构。这种发展的脚步在联邦的城市地区快于乡村地区。但直到旧制度(Ancien Regime)终结,瑞士地区法院审判的专业化进程相比其他邻国还是要慢许多。

第七节　审 判 程 序

§182　法兰克时期的程序

图6－1　正义女神

直到中世纪晚期,民事案件和刑事案件的审理程序都还没有区别开来。地区和平运动的出现,对地方提出了惩处极端严重的、威胁法律秩序的违法行为的要求。从这个时候开始,对刑事案件的公开追诉和刑事审判的相关规定逐渐形成。而在此之前,对不法的追诉主要由被害者自行进行。追诉程序的提请和推动都依靠当事人和他的氏族,这一程序和现代民事诉讼程序类似。追诉程序的目的是对造成的损害进行修复,而不是对其予以定罪并处以自由刑、肉体刑或生命刑。判决的前提是以其具有赔偿能力为限,这是与法兰克时期的统治者不同之处。在传统的部族法里,对一些不法行为对应的赔偿数额有明确的规定,但是,在商议的时候能降低赔偿数目。避免血亲复仇(参见上文§30)。

法兰克程序公开的口头程序,民众都要参与审判。随着文字的普及,到中世纪晚期,部分审判程序书面化了,而判决的公开性则受到限制。虽然出现了这种书面化的转变,但直到近代早期,民事审判程序的公开性和口头性还长期存在于联盟的许多地方。

在法兰克时期,法庭无须对案件的事由进行澄清,当事双方需要自己搜集证据并带到堂前。主要由被告举证证明其未曾从事不正当行为;因为原告到法庭来指控他,他必须说明其无须对该指控负责。法庭无权自由鉴别证据,如果证据在规定的方式下被展示,那么该证据就是有效证据。被告可以通过发誓来证明其无罪。这一做法源自基督教的影响:根据当时基督教的观点,作伪证的人会在来世受到严惩,人们由此认为一般人是不敢作伪证的。

一、民事诉讼程序

§183 民事案件的内容

在中世纪晚期和近代早期,世俗法院审理的大多数案件,以现今的法律分类来看,属于民法调整的范畴,包括债务、物权、继承权案件,以及商业贸易案件如城市和农业用地等不动产的买卖和租赁等。在农村,主要涉及地主和土地租让案件。这些案件,都属于低等法院的司法管辖范围,由地方的城市或乡镇法院负责。乡镇法院的审判程序依据不成文的习惯法,而在有些地方的城市法院已有书面确定的法院规章了。

§184 学术型民事审判程序的影响

从中世纪晚期开始,由法学专家和教会法学家在上意大利地区发展起来的民事诉讼程序对瑞士联邦的影响,存在很大的地区差异,其对城市的影响远大于对乡村的影响。这套罗马—教会法的程序模式,本质上是由法学发展出来的科学体系,其特点是书面化的程序、非公开性的审理、确定的程序规则、清晰划分的程序进阶,并排除了那些非理性的证明方式如神判和私人决斗。这一程序最早出现于13世纪的教会法庭。各个地方的世俗法院则各自从中吸取了某些基本原则,如巴塞尔或瑞士西部。1495年设立的帝国枢密法院虽然在其法院组织法中明确规定了专业程序,但该程序并未对瑞士世俗法庭的司法审判产生多大影响,因为在实际生活中,帝国枢密法院并未对瑞士联盟的大多数地方发挥多大的作用。

§185　审判程序的启动

审判程序通常以原告到法庭口头起诉被告启动。法庭定期开庭,在城市是每周,有的甚至每天都开庭。除了规定的法庭开庭日期,还可以通过支付费用要求法庭在非固定开庭日开庭(aufgericht)。原告在法庭陈诉起诉案由,并在法庭参审法官中申请一位代言者。到近代早期,一些地方开始要求书面起诉。如果被告未能到庭,则法庭有权传唤被告。地位较高的人通过书面形式传唤,普通人就由法庭差役至其家口头传唤。传唤期限根据地方、起诉案由、法庭开庭的频繁程度等从24小时到1个星期不等。如果被告拒不到庭,法院可以处以罚金,或者授权原告暂时扣押被告的财产。

原告、被告都到场的情况下,他们首先要决定,是通过友好和平的方式解决,还是直接由法庭判决。法庭一般会努力使双方达成和解。如此一来,不仅为了节省一场漫长诉讼的耗费,同时也考虑到双方自愿达成的法庭和解较法庭权威性的判决更容易得到履行。一旦当事人双方都选择法庭裁判,则被告也从参审法官中选择一位代言人。在很长一段时间里,在一些地方,陌生律师的到场,如前所述,即使不能完全禁止,也是很难被接受的。

当事人双方和他们的代言人既要提出他们的要求和法律依据,同时也要提供证据。从14世纪开始,诉讼大多数是没有形式要求的,但随着时间的推移,各个地方又重新形成了诉讼形式,最典型和最常见的诉讼形式,是关于债务、非自愿的财产损失以及继承方面的。对享有起诉权人的限制那时还没有。被告的抗辩声明可以是对起诉观点的实体上的反驳,也可以是其他异议,如超过诉讼时效、法庭无管辖权或已经达成庭外和解等。后来,证明程序还要求提供副本和复制品。

§186　物证

那些非理性的证明方式,如决斗和神判在中世纪晚期的废除,教会功不可没。现在,随着书写的传播和公证的广泛运用,文书作为物证的作用彰显了出来。同样,证人的证明能力也得到了确认。在一些地方,和教会法的规定一样,一位证人的证言不足以产生效力(testis unus, testis nullus);在另外一些地方,妇女证言的证明力只有男人证言证明力的一半。而誓言的证明力,被法庭否定了。无论是法庭自由采纳证据还是根据明确的证据规则,证人和文书在法庭上都被认定为重要和确凿的证据。从中世纪晚期开始,双方当事人——不仅是原告——都需要提供证据。

§187 判决

取证阶段结束后,法庭主持法官首先询问陪审员案件所涉及的实体法律规则。而后,双方当事人的代言人根据顺序发表观点。如果意见分歧很大,则法庭休庭,听取法学专家或上级审判法院的意见。如果参审法官的意见不一致,按少数服从多数原则裁决;如票数一致则由法庭主持决定。由法院书记员制作完成的判决书通常是命令式的,在判决书留白处偶尔会有简要的说明。判决书通常要求败诉的一方作为或停止作为,如缴纳一定数额的金钱或停止某一行为,还可以要求败诉方分期付款。当事人需向代言人支付酬金。败诉方还要支付法庭开庭费用,并承担对方的费用。法庭的费用包括诸如聚餐费——法庭在工作后举行聚会的费用等杂费。近代早期,一些地方也出现了上诉程序,即乡村低级法庭向地方长官或大城市的城市法院上诉,以及城市法院向城市议会上诉。

二、刑事诉讼程序

§188 专制权力的稳固

在中世纪晚期及近代早期,法律和平的维护一直都很困难。法兰克王权崩塌后,私力救济被社会司法体系正式认可为惩戒法律伤害行为的普遍、合法的方法。上帝和平和地区和平,是处理地区性纠纷的最早尝试(参见上文§43)。随着时间的推移,对抗私力救助和犯罪行为的斗争力度越来越大,其中很重要的一个因素就是联盟地区“国家”观念的形成。而主权的统治者从要求垄断权力到能够真正实现其主张,还有很漫长的一段路要走。在地方上行使其权力的每一次尝试、每一个具体的事件都成为统治力量和领土主权的关键和“试金石”。到旧制度终结,权力垄断才在瑞士联盟大大小小的地区逐渐巩固下来。近代早期的强制命令对此贡献良多(参见§157及以下)。然而单一权力的发展也不总是直线上升的,复仇作为私力救助的形式一直延续到近代开始。

刑事审判程序,在高等法院和低等法院按其各自的模式发展。属于低等法院管辖范围的,如第六章第一节所述,调解民事案件之外,还惩治轻微违法行为——那些轻微的罪不至死的违法犯罪。高等法院和“流血法院”负责审理那些有可能判处死刑的严重罪行。根据这些违法行为的类型和严重程度,又形成了不同的审判程序,归不同的审判机构管辖。

§189 程序规定

归地方管辖的刑事审判程序依据习惯法,从13世纪开始还受地区和平协议的影响。在近代早期,一些地区“流血法庭”的审判还有特别的刑事审判程序。

这些通常要求按皇帝和帝国的法律(主要是皇帝颁布的帝国和平和帝国警察条例)行事。直到18世纪早期,对掌握罪犯生死大权的“流血法庭”审判程序来说,刑法普遍被认为是一个需要通过国家的明文规定,才能够将国家的刑罚权加诸国民的法规范。

1532年的《查里五世刑事法院条例》(《卡洛林那法典》)只在很少几个地方被采用,如侯爵主管教区巴塞尔和圣加仑的修道院国以及瑞士雇佣军部队。而在诸如巴塞尔城和沙夫豪森等地,该法典被作为次级法律渊源采用。由瓦莱、侯爵主管教区纳沙泰尔和现在中部瑞士的几个地区组成的“十法院联盟”也施行《卡洛林那法典》。这一旨在减少刑事案件中审判者的任意意志的改革性法典的影响,在现今瑞士地区并没有传统的法律史研究所声称得那么大。

(一)轻罪

§190 近似民事审判程序

轻微犯罪的审判程序仍然类似于民事诉讼,被害者先到管辖法院起诉,一般都是一些身体伤害、名誉侵犯或者侮辱、斥责之类的案件。法院在处理这些事情时,一般都是尽量调解纠纷、避免矛盾进一步升级。在举证程序后,法庭通常处以罚金,罚金部分是对被害人的赔偿,部分是支付给法院的赔偿金。法庭经常还会处以驱离司法管辖地一定期限的处罚,希望以这种方式让诸如暴怒之人平息怒火。

罚金和驱离还用于那些违反当地统治者和城市议会颁布法令的行为。比如,那些为了维护和平而颁布的禁止携带武器及参与斗殴等法令。在这类案件中,由一名议会代表出任原告,罚金则全数归法庭所有。

(二)判处死刑的犯罪

就那些将被判处死刑的重罪而言,各地区的规定并不完全一样,审判程序也并不相同。如以单个地区的发展来考察,或可概括为由地方法院司法管辖向刑事法院司法管辖过渡,由对抗式程序向纠问式程序演变。

1. 乡村法院的对抗式程序

§191 程序的启动

形成于法兰克时期的地方法院司法审判权主要审理杀人案件,早先也承担对抢劫、强奸和异端等案件的审理。一旦出现此类不法行为,地方议会议长或地方长官就作为地方法官召集民众举行露天集会开庭。集会地通常处于具有象征意义且交通便利之处,如在议会大楼前面、镇中心广场或某棵大树下(erichtslinde,“法庭菩提树”)。一旦法官手拿法庭宝剑在法官椅前跪下,审判程序就开始了。

诉讼通常是由被害方提起,如被害者的寡妇、母亲或姐妹,不然就是其他亲戚。由他们选出的代理人与地方法官一起以仪式性的"问—答"开始审理程序;然后法官正式出场,传唤被告。如果被告不到场,法庭差役要到他家传唤3次。如果他拒不现身,他就会被多次正式宣布为"不受法律保护的失去名誉之人"(Verrufen als friedlos):他会陷入任由被害人家族追杀的境地,财产充公,该法庭辖区内的任何人都不得收留和庇护他。随后,法庭进行灵柩检验:被害者的尸体放在灵柩上在法庭巡走,由法庭亲眼目睹并确定死者身份及死亡情状。

§192 物证

如果被告到场,审判就进入物证阶段。重点通常是在双方当事人各自的证人证明阶段:除近亲不得作证外,再没有其他证据排除规则;但当事人也可以依据成见拒绝对方证人作证。证人在发誓后对案情发表意见,对方当事人也有权对他的发言进行评论。如果被告在场,他也有可能在未被刑讯逼供的情况下主动认罪招供;他也可以发誓表明其清白。清白誓言的完成,需要一个誓言助手,这个誓言助手通常是德高望重之人,他用名誉为其誓言提供担保。但到中世纪晚期后,很多地方都不再承认该誓言的效力,因为有很多确凿的证据表明这种誓言常常被滥用。

§193 判决

在所有当事人阐明意见后,最终的判决(不是赦免就是判定有罪)宣布。如判定有罪,被告则被宣布不受法律保护,而原告家族的复仇行为得以认可,原告家族允许杀死被告而不受惩罚。如果达成赎罪协议,复仇行为也可以避免;通过向被害人家族支付赔偿金,被判定有罪者可以不受追杀。另外,被定有罪者还可以向当局请求宽恕。所以真正执行死刑判决的情形非常少。由于惩治罪犯的请求出自被害者方面而非统治当局,因此,地方法院的审判程序还是近似于民事程序:始于被害方的起诉,并由双方当事人的诉讼行为推进。法庭在发现案情真相方面处于被动的地位。

2. 刑事法院的纠问式程序

§194 新审判程序的基本理论

地区和平协议创造了一个新的概念:在和平遭受严重危害时统治当局应当拥有的行动力。为有效阻止血亲复仇的发生,集体行动势在必行。到14世纪,瑞士联盟的很多地方除传统的对抗式程序外,开始出现纠问式程序。根据职权主义的审判程序和举证方式,统治当局自身引导司法程序和举证程序,程序的重点转移到了事实的真相调查上。除防止血亲复仇外,审判程序也要与那些社会底层贫民、乞讨者、小偷以及退役士兵等因贫穷犯罪作斗争。在很长的时期里,联盟地区都缺乏有效的济贫政策,人数众多的流民四处流荡,被当作社会祸害。

§195 来源

纠问式程序,最早产生于13世纪初的教会审判程序。当时的教皇英诺森三世(1160~1216年)在1215年的第四次拉特兰宗教会议上,禁止教会法官在审理僧侣犯罪案件中承认清白誓言的效力,要求教会法官积极寻找事实真相。由此,被宗教审判起诉的被告就无法通过辅助誓言的清白誓言逃脱诉讼;法官现在要自己去探寻案情。这一程序首先被上意大利各城市吸收为刑事诉讼法则,14世纪传播到了瑞士联盟地区。这一现象究竟是专家法继受运动的体现,还是一个同时期独立发展起来的现象,尚未得到很好的研究。

几乎在所有地区,对抗式程序在很长的时间里与纠问式程序同时存在。一些地方如巴塞尔,在形式上取消了对抗式程序;另一些地方如楚格,则随着时间推移,法律在习惯上渐渐放弃采用对抗式程序。其原因在于:一方面,对抗式程序烦琐、笨拙迟缓;另一方面,统治当局为了实现其刑事处罚的权力也需要拥有刑事追诉权。在近代早期,一般的城市法院是作为刑事审判法院负责审理应判处死刑的犯罪案件的。

§196 预审

一旦有人在当局发动的乞丐追捕中被作为乞丐或小偷被抓获,或因为其他罪行(如淫乱或巫术)被告发,城市议会就有责任对此追查处理。被指控者被关在塔楼内,这塔楼通常是被废弃的城市防御工事的一部分,根据法令,属于城市法院管辖。和对抗式程序不同,在正式的法院审理程序之前,有一个预审程序,主要是为了提前取得供词。没有供认被指控者是无法被判刑的,因为一个在公众面前进行的错误判决可能对统治当局的权力诉求产生持续的质疑。瑞士联盟各个城市的城市年鉴都显示,从14世纪开始,各地都出现了刑讯逼供现象。

§197 审讯

首先进行的审讯通常只是心平气和的提问,一般不会使用身体强制措施。如果审讯无法获得调查法官希望获得的结果,就进入"疼痛提问",即审讯随着一步步升级的刑讯逼供。刽子手和他的伙计对指控者进行夹拇指的刑罚,或者用绳子将他们的双手从后面吊起来,并在脚上再吊一块石头。此外,还有很多其他的刑讯手段。这些刑讯手段是继续升级,还是重复使用,由法官委员会(Ratsrichter)决定,取决于它是否相信受刑者的供词。在严刑逼供下,受刑者通常被迫承认其根本未曾犯下的罪行,最出名的莫过于被怀疑犯有巫术罪,其他罪名还包括鸡奸、嗜兽癖和财产犯罪。反过来,受刑者也会从他的相识中指认那些无辜者为其同伙。审讯的所有问答都被详细记录在案,这是以后主审判决的依据。

如果被控告者在刑讯逼供后仍然拒绝认罪,法官委员会就必须将他释放,但是法庭必须支付一定的赔偿金。同时,他必须频繁地发誓,不因统治当局对他的拘捕和用刑进行报复;但很多时候,他还是难以逃脱被驱离的命运。在巴塞尔,被释放者可以因其遭受的痛苦而申请受苦金。

§198 主审程序

在获得认罪供认后,不公开的主审程序就不再涉及罪行是否成立的问题,而只决定刑罚。被告必须重复自己的供认,如果翻供,会对他再次用刑,或者让预审法官作为证人与他对质。在刑事审判程序中,被告既不享有被告的基本权利,也没有获得制度保障的辩护的可能。一般人几乎不可能经受得起那些刑讯逼供。唯一的解救就是法庭因仁慈而不是根据法律作出的裁决。这是一种由一位德高望重的市民为被控告者请求宽恕的做法,市民通常比外地人更易取得。实际上,本地人也通过仁慈法得到优待。

§199 死刑处决

死刑处决以一种让人记忆深刻的仪式进行。在近代早期,警察权和统治当局刑事的追诉效率还相对较弱,刑罚处置需要起到尽可能大的威慑效果。人群被教堂钟声召集来围观行刑,在短暂的骚动后,犯人在法官和神职人员的押解下被带到行刑地。按常规,行刑地应在城门一眼就能望到的地方或者在新的统治区的通道附近,比如,在小丘、交通要道附近的斜坡或者重要的交通枢纽旁。

盗窃犯一般被处于绞刑,为了对大众起到威慑作用,任尸体在绞刑架上腐烂,甚至吊挂尸体,或者同时在其身旁吊死一只狗来增加侮辱。尸体通常不允许被葬在教会墓地,而只能被草草埋在刑场边上。如果是当地人公开杀人而非谋杀,他们的尸体会得到稍微好一些的处置。对外地人犯的杀人、暗杀和强盗行为,刑罚相当残忍。他们的肢体被车轮撕裂,再“缠绕”在轮子的轮辐上,尸体则以这种姿势插在垂直的轮轴上直至腐烂。

异端邪教者、女巫和伦理犯罪者被处以火刑,他们的骨灰被撒入河流或大海。被行刑者也有可能在上帝审判中获得肉体的复活。如在用于妇女的典型的死刑方式——溺水刑中,受刑的妇女被绳子捆绑着从一座桥上投入河中,再在另一座桥上被捞起,这样她还是有活下来的机会的。

§200 刽子手

死刑的行刑由刽子手完成。因为与这些不名誉的罪犯的身体接触,他们也变得不洁,被社会边缘化。比如,在伯尔尼,刽子手不允许进入公开营业的客栈和商店,也不能从事这些行当,即便从事这些行当也不会有生意。因为刽子手的这种社会隔离性,在一些城市这一职业是世袭的。刽子手不仅负责刑讯和行刑,他还负责猎获兽皮、追捕野狗和清洁河道(cloacarius),负责将麻风病人驱赶出城市,埋葬自杀者。由于他从解剖人体中得到的知识,他还能给出一些医学上的建议。

3. 近代早期的贫民犯罪和女巫巫术

对历史上真实的死刑执行状况的研究,目前还只是就瑞士联邦的少数几个地方进行了分析和评价。研究结果显示,被处以死刑的对象主要是小偷和女巫。还有一些死刑犯触犯的罪名是谋杀和杀人、杀害儿童、通奸和性犯罪、亵渎神灵和谋反。被判处死刑者除杀害儿童者和女巫外,大多都是男性。近代早期司法实践中的少量数据表明,当时的死刑处决并不频繁。死刑判决主要在 16 世纪、17 世纪,17 世纪更多一点。在卢塞恩,1551 ~ 1798 年每年平均有 3 起死刑犯被处决;在伯尔尼的阿尔高(Aargau),1560 ~ 1798 年平均每年 5 例。到 18 世纪,启蒙主义者在一些地方掀起了刑罚人性化运动,但这一运动并未覆盖全部地区,如阿尔卑斯的联盟边疆地区,该运动根本没有产生任何影响。

§ 201 背景

在因偷盗行为被判死刑的罪犯中,外地人占了多数。对这种相对并不严重的犯罪的严厉处罚正好印证了当时严重的贫穷犯罪现象。从 16 世纪开始,农村的贫苦人数上升,人口增长引起了农民土地的分裂,农民失去了生存之本。农民不是充当外国的雇佣兵,就是到大城市寻找生计,同时也寄希望于在城市已经基本制度化了的贫民救济。但城市的手工业者们通过他们的行会组织已经千方百计地排挤掉了他们所不希望遇到的竞争,外来者不可能找到正派的工作,只能去乞讨、卖淫和偷盗。另外,在大街上有很多的"游民":除真正的吉普赛人外,还有逃兵和被勒令退役的士兵、流浪手工艺者和技工、宗教流亡者和麻风病人。

在战争和经济危机时代,统治当局实行严厉的贫民犯罪政策。在"三十年战争"(1618 ~ 1648 年)期间和之后的那些年,联盟地区到处是退伍士兵。一些地方因偷盗被判处死刑的案例大幅增加。除这一高峰外,判处死刑的案件很少,法庭决不会轻易作出死刑判决。

§ 202 温和的刑罚

法官对偷盗行为也可以作出较死刑判决温和一些的处罚。在繁荣时期,对第一次在市场或田野被抓获的小偷以及偷牲口者的处罚是用烧烫的生铁在其身上烙印,在城市或乡村示众,或是砍手、割鼻或削耳。通过这种方式,他们被区隔出来并警示大众。有些则被罚到意大利和法国的舰船上服苦役。妓女的身上也同样被打上烙印。那些言语犯罪者,如亵渎神灵者、诽谤者、作伪证者,则被处以割舌或驱离的处罚。近代早期的法条中并没有清楚明确的对应刑罚,也还没有罪刑法定的观念,法庭自行作出是否对犯人处以这类“较温和的”刑罚的决定。法庭自身也时常对威慑众人的死刑判决的意义心存疑虑,更倾向采用驱离和肢体刑的处罚。

对那些小偷小摸、骗子、缺斤少两者、重婚者和其他轻微违法者,则处以羞辱刑。犯错者被示众,受到众人的嘲笑辱骂,从而警示世人。犯错者被带上头枷长达几个小时,地点通常是人来人往的地方,如市政大楼或市集广场。一些地方的示众羞辱在一个特别的建筑中,这是一个可旋转的笼子,或者戴上脖铐,即一种由两部分组成的木块,可以把脖子和手腕像一把钳子一样锁住。

§203 手铐工坊

到18世纪越来越多的人认识到,解决贫民犯罪问题的办法不是刑罚,而是社会救助。早在宗教改革时期,一些地方就已经颁布了关于贫民和乞讨者的条例办法。条例规定,城市里的社区和行业协会有责任关心和帮助其贫困的成员。在乡村,教会社区要给予金钱和粮食等帮助。但在持续歉收和物价飞涨的时期 ,社区救助就力不从心了,这时就需要采取其他措施,比如,驱赶外地人、在乡村社区引进劳动力,或者在城市的手铐工场。参照英国和荷兰的经验,17世纪的最初10年,苏黎世、伯尔尼和巴塞尔、弗莱堡和圣加仑都建起了收容大街上无家可归者、乞讨者和轻微犯罪者的贫民习艺所。被收容者必须清扫大街和广场这些公共场所,他们逃跑的概率很高。为了防范逃跑,就用固定的手铐把他们一个个夹住(手铐工场的名字由此而来)。在18世纪后半叶刑罚回落的情况下,真正的罪犯也被安置在这里。19世纪的劳改所就是从手铐工场发展而来的,劳改所希望能够通过强制劳动来改造罪犯。

§204 女巫审判

最新研究显示,中世纪晚期的欧洲猎巫风潮源于多菲和今天瑞士西部地区。在那里,从14世纪、15世纪的异端审判开始就有讯问审判程序。女巫审判在时间上,正好与异端审判衔接起来。近代早期,发生在瑞士联邦的女巫审判案件相比欧洲其他地方要多许多。瑞士联邦的女巫审判在16世纪晚期到17世纪中期达到巅峰。正是在这段时期发生了“三十年战争”、多次鼠疫和一次显著的气候恶化(小冰期)等天灾人祸,这些因素造成的生存环境的持续恶化,导致了疾病、强权、饥饿、物价上涨以及迫害女巫活动的加剧。在危难时刻,女巫成为“替罪羊”,

以此平息众人的恐惧和愤懑。

迫害女巫的激烈程度各地差异很大。在那些死刑审判权被各个不同地方统治者分享的地区,对生命和死亡的处置更是恣意妄为,如在沃州或格劳宾登,迫害行为尤为猖狂。在沃州,伯尔尼在获得其统治权后把司法权留给了当地地方诸侯,1580~1653 年该地以女巫的罪名处死了 1600 人。这些迫害起于邻里矛盾、流言蜚语或是密告,统治当局出于满足其统治需要的目的,对此进行登记和调查。它们既发生在天主教地区,也发生在改革后的新教地区,与宗教派别无关。天主教的弗莱堡,是改革的沃州的相邻州,在那里也有上百人因为女巫罪名被处决。在刑讯逼供下,疑犯供述那些虚构出来的女巫行为:用巫术行伤天害理之事、参与女巫狂欢、与魔鬼订约。

瑞士联邦地区发生的 10,000 件左右的女巫审判事件中,超过一半的疑犯都被判处死刑。在这些案件中,司法机构有时也会质疑死刑的意义而作出较轻的处罚,或者予以赦免,大约 95% 的被迫害者是妇女。17 世纪后半期,大多数地方的女巫迫害行动开始减弱。1740 年在瑞士内地还有过一波迫害女巫运动,但只是零星发生在施维茨、格拉鲁斯和格劳宾登。

§205 刑法的目的

近代早期的刑事司法主要是为了对违法者进行无害化处理并警慑大众,但刑罚同时也应该弥补罪犯所犯的罪行。从教会的眼光来看,各种违法行为都是一种罪孽,死刑犯遭受的痛苦被解释为提前受罪,即缩短他们等待来世应受处罚的时间。因此,严厉的刑事制裁就有了神学阐述的意味。被处决者在牧师的陪同下度过他们的最后时刻,做好受刑的准备。当死刑犯以忏悔的罪人形象出现在刑场,无论是对教会还是对世俗统治者来说,刑法都实现了它的目的。由于世俗统治当局的统治权直到 18 世纪都还没完全巩固,这样的可效仿的演示仍是证明其权威的基本方式。

第七章　法学的开端

直到15世纪，在现今瑞士地区，都没有可供成长的法学家接受科学教育的场所。法学教育完全依靠外国的法学院校，这就能说明为什么在这些外国法学院校教授的法律知识——主要是罗马—教会法被瑞士继受。15世纪中期，巴塞尔率先建立大学，从16世纪开始，瑞士联邦的很多城市相继成立法律学校。在这些学校，主要以人文主义的精神教授罗马法。在17世纪、18世纪，瑞士在自然法的传播上起过很重要的作用。由于无法学背景的法官占主导地位，直到旧制度结束，瑞士地方上的法律和法律判决相对于其他国家，都较少受到同时代的法学的影响。

第一节　上意大利地区的法律学校和罗马—教会法的早期继受

§206　教会学校和城市学校

罗马帝国衰亡后，在今天瑞士地区，只有在教会的教育机构才传授较高的理论知识。从公元8世纪开始建立的各大主教学校、教会机构学校和修道院学校等都是为培养教士服务的。大修道院按照古典教育理念传授自由技艺（artes liberales），即三艺（rivium，包括文法、修辞和逻辑）和四艺（Quadrivium，包括代数、几何、天文和音乐）。在修辞和逻辑的教学中大约也会涉及一些基本的法律常识。从13世纪开始,也出现了一些为市民服务的城市拉丁学校。这些学校的校长由城市议会任命,学生通常是商人和其他富人的儿子,但有时也会给那些贫民家庭的优秀学生提供奖学金。跨区域的学校,主要是伯尔尼和弗莱堡的拉丁学校。

§207 博洛尼亚的法律学校

12世纪早期,上意大利地区各法律学校的兴起,让接受完整的法学教育成为可能。公元1120年,从博洛尼亚的艺文学校发展起来了最早的法律学校。该校不仅为本城服务,还向外来学生开放。上课最主要的教材就是收集了罗马法学家大量的著述的《学说汇纂》(*Digesten*)。《学说汇纂》是公元6世纪东罗马皇帝优士丁尼主持编纂的《国法大全》的组成部分,多达50卷。此后漫长的岁月里,这部法学作品在西欧都默默无闻,直到由专家学者引发的"12世纪复兴",才掀起了对这部伟大的古典作品的兴趣,并找到了一种可行的解读方法。博洛尼亚法学院上课的其他教材还包括1140年意大利僧侣格拉蒂安(Gratian)首次为教学编撰的《教会法汇要》(*Decretum Gratiani*)。该汇要收集了上千条教会法令文本,格拉蒂安根据主题予以分类,并用辩证方法让它们相互和谐统一。博洛尼亚法学院后来又补充了教皇教令集(Dekretalen)作为教材。

§208 来自瑞士的学生

这些"新的"法律教材以及学者采用的新教学方法,大量学生涌入了博洛尼亚,包括外国学生。12世纪末,现今瑞士地区出现了最早一批去博洛尼亚求学的学生,这些学生主要来自格劳宾登和提契诺,因为这些地方离北意大利不远。13世纪,随着城市的兴起和商业的发展,对相关配套法律和新的法律规范的需求进一步增加。同时,自我意识逐渐增强的市民阶层也希望接受更多的教育,这些因素导致博洛尼亚外国学生的数量迅猛增长。1265~1300年博洛尼亚先后有220名来自现在瑞士地区的大学生。其中只有大约50人不是僧侣,他们一般来自城市贵族家庭或是家境殷实的市民阶层,希望在掌握法学知识后回国担任城市公职。他们当中有的成为城市书记员、公证人、地方长官、市议会议员甚至市长。其余大多数学生则是僧侣,他们仅仅希望由此获得低级的圣职,获得在大主教修士会或教会学校任职的资格。他们的名字后来出现在库尔、康斯坦茨、巴塞尔、洛桑、锡永、日内瓦的大主教修士会,以及苏黎世、贝罗明斯特、比绍夫斯采尔、索洛图恩、舍纳特、莱因费尔德、祖赫扎的教会修士会(大修道院和女修道院)。差不多30名僧侣学生后来在主教法庭任职。阿尔贝罗·冯·蒙福特在1273年成为库尔主教区第一位毕业于博洛尼亚的官员,尼古拉斯·德·克拉伦斯在1304年成为锡永教区的第一位大学生官员。

博洛尼亚大学的学生团体分为本地和外地的学生,他们在1230年后组成各自的团体:一个团体来自阿尔卑斯山南部地区(citramontani);另一个团体来自阿尔卑斯山北部地区(ultramontani)。后者又根据学生的来源地或者语言以及国家民族组织起来。今天瑞士德语地区的学生属于一个团体(natio Teutonicorum),因为他们和德国学生一样来自同一个语言区;瑞士西部的学生相应属于勃艮第学生社团;来自提契诺和意大利语言区的格劳宾登的学生属于伦巴第学生社团。

§209 博洛尼亚的示范作用

到13世纪,上意大利地区的其他城市也成立了法律学校,如雷吉奥、维琴察、帕多瓦、维切利、皮亚琴察、锡耶纳。与此同时,其他国家也相继建立法律学校和大学,最早是法国南部和中部地区(图卢兹、蒙彼利埃、阿维尼翁、巴黎)、西班牙(萨拉曼卡、瓦伦西亚、塞维利亚)和英国(牛津、剑桥)。从14世纪开始,现在的德国地区也出现了法律学校和大学。数据显示,15世纪有大量的瑞士联盟的大学生到海外留学,他们主要去的是法国的巴黎大学、奥尔良大学,德国的海德堡大学、图宾根大学、布莱斯高的弗莱堡大学、莱比锡大学和爱尔福特大学,以及奥地利的维也纳大学。

博洛尼亚是全欧洲法律学校和大学的先驱和榜样,这些大学都完全按照博洛尼亚的教学材料和教学方法进行授课。政治和文化的罗马观念成为它们的共同纽带:人们把神圣罗马帝国看作古代罗马帝国的继承者,而且德国皇帝被视为罗马皇帝的合法继承人,在斯陶芬王朝时期还拥有对上意大利的统治权。建立在这种延续性观念的基础上,优士丁尼皇帝主持编纂的法典《国法大全》也就被视为是中世纪帝国皇帝的法律,《学说汇纂》阐发的罗马法是帝国法律的组成部分。

§210 法学家

最早的法学家是注释法学派的学者,他们用经院学派的方法对罗马法进行基本的理论加工:通过体系化的梳理,决文本或注释中存在的不一致之处;此外,他们还对程序法的相关材料进行了整理和加工。史料记载的最早的著名注释法学家是伊纳留斯(活跃时间在1100～1125年),最晚的是阿库修斯(1183～1260年)。后继的法学流派是评注法学派(Kommentatoren),他们的工作并不局限于评注《学说汇纂》,他们也关注时代的法律现实,将对上意大利城市的地方法律作了大量注释。评注法学家们不仅关注私法,还研究商法、程序法和刑法。最有名的评注法学家是萨索费拉托的巴尔多鲁(1313～1357年)和巴蒂斯的巴尔杜斯(1327～1400年)。在罗马法以外,在法律学校还教授和研究教会法,内容主要包括《格兰蒂安教会法汇要》《教令集》,以及 1234 年后陆续颁布的包括教皇敕令在内的教会法汇编。

§ 211　法学家法的渗入之门

法学院毕业后,法学家们就开始致力于把他们所学的知识运用在他们的工作中。如前所述,由于最初一批学习法学的学生主要是僧侣,因此,在第一个阶段,法学家法的渗入主要通过教会的司法审判活动实现。

主教教区的教会法院。主教教区的教会法院从 13 世纪开始任用法学大学生官员。在这一过程中,被引进的不仅是罗马—教会法的审判程序(参见上文 § 171),还有实体法的概念和法律构造。特别是在私法领域,继受的罗马法被用于审理宗教和纯世俗案件。

教会仲裁程序。教会仲裁程序不仅由世俗官员(参见上文 § 171),也由通常具备法律知识、德高望重的教会高层人士一起主持。和在世俗仲裁程序一样,一开始会对双方进行调解。在调解未果的情况下,将严格按照成文法的相关规定裁决。教会仲裁依据的是教会法和罗马法,因此,法学家法渗透到了判决中。

公证处。大学生们在意大利北部的大学除学习罗马法和教会法外,还可以学习公证相关知识。一方面,契约文书制度从南方,即意大利北部向今天瑞士地区的格劳宾登、瓦莱、日内瓦和萨伏伊家族领地传播。另一方面,公证这一公职制度也在今天瑞士地区得以推进。根据教皇敕令,每个教会法庭都要配备一位精通法律的公证人来担任法庭书记员和文书审核人。公证官员还要负责一些世俗法律文书如买卖合同、租赁借贷合同、赠与合同以及遗嘱的草拟。这些法律文书依据范本的规定格式草拟。这些范本不仅在用语上,而且因为适用的司法机构而受到罗马法—教会法的影响。罗马法和教会法通过这些格式渗入宗教和世俗法律审判实务中。

城市书记员。精通法律的僧侣在 14 世纪、15 世纪也作为自由公证员提供服务,有时也任职于城市。作为城市书记员,他要完成议会会议和法庭审判的记录、起草议会的通信往来、制定城市的证明文件;同时他也为私人提供服务。根据皇帝西格蒙(Kaiser Sigismunds)1439 年的一道命令,每个城市书记员都必须同时是社会公证员。在一些小城市,通常会有一位法学院毕业生兼任公证人和城市书记员,他通常也是城市行政职务中唯一的法学专家,他也因此为议会提供法律咨询,负责城市法律的记录和修改。在城市法律的编撰修订过程中,他常常会引入法学家法。

世俗法学学生们的数量,从 14 世纪开始增多,他们毕业后到贵族或教会领主以及城市任职,在不同的职位上发挥不同的作用。作为帝国地方长官,他们从13世纪开始管理联盟地区的王室财产,在那里宣读法律、解决争端、征收税款。作为通晓法律者(jurisperiti),他们还作为顾问为贵族领主如哈布斯堡家族、萨伏伊家族或一些城市提供法律建议。整体来说,法学学习让他们具备了接管城市政治的资格。特别是在一些城市如日内瓦和巴塞尔,在中世纪晚期特别热衷于让有学问的法学家担任城市顾问和城市书记员。到15世纪,这些职位一般不再由外地人担任,而局限于地方高层成员的范围内。

§212 早期继受

僧侣和世俗法学家们在上述机构中的活动和担负的职能,使法学家法在早期即被联邦继受。在公证档案、律师辩护词、判决理由和当地法的书面化方面,从13世纪中期就出现了受罗马—教会法的概念影响的痕迹。除术语外,罗马实体法的内容也渗入当地法律中,如公证的应用、订立遗嘱的法律机构。1260年订立遗嘱的法律机构最先在瓦莱出现,然后在沃州和日内瓦。1283年弗莱堡的市民从他们的城市领主那里获得了立遗嘱权,1294年巴塞尔诞生了第一份生效的遗嘱;遗嘱于14世纪在今天瑞士德语区的其他地方也相继出现。

继受罗马法的法律构建的其他例子包括:不动产和动产的区分、善意取得和占有、监护权、收养、转让和债权认可。继受自罗马法的通用概念还有代理、委托和诉讼时效。罗马法继受主要发生在私法领域,罗马的国家法和刑法因其不同的宪政体制和社会关系显然很难被借鉴,从中吸收而来的概念的含义通常也会偏离原意。

在一些地方,罗马法被作为辅助性的法律使用。当地方法无法对一个法律问题作出适当的解答或根本没有解决办法时,他们就向法学顾问们咨询相关的罗马法知识。特别是在城市和庄园在商业和金融的发展过程中,这些法学家法比传统的、常常是过时和漏洞百出的地方法更适于解决当前的法律问题。如此一来,当地的城市法和地方法就为罗马—教会法法律术语和法律制度的应用敞开了大门。这一继受过程究竟有多深入,各个地方、各个时期都不尽相同,很难笼统地概括。从整体的趋势来看,这一过程在今天瑞士西部和南部地区比在瑞士阿勒曼地区更深入,在城市比在乡村更深入。在巴塞尔和沙夫豪森,罗马法的适用相对特别明显。在宗教领主辖区的那些城市,如圣加仑、日内瓦、锡永以及巴塞尔,生活着为数不少的博学的法学家们,他们对这些宗教封建领地的法律发展产生了很重要的影响。和过去的法律史学者的研究结论不同,专家法在中世纪晚期瑞士德语区的影响其实并不小,只是这种影响在16世纪开始减少(参见下文§216及以下)。

第二节 巴塞尔大学和人文主义法学

巴塞尔在1501年才正式加入瑞士联盟,但巴塞尔大学是瑞士地区成立的第一所大学,该大学法学院在人文主义时期影响很大。直到1833年苏黎世大学成立之前,巴塞尔大学都是瑞士联邦唯一的大学。

§213 开端

1431～1449年宗教会议在巴塞尔召开期间,为了给与会的僧侣提供一个居住和学习的地方,巴塞尔建立了一个通才教育大学,教会赋予了这里的学生和老师与巴黎大学和博洛尼亚大学相同的权利和特权。这一宗教会议大学讲授教会法,也包括很大一部分罗马法知识。宗教会议结束后,巴塞尔的市民产生了建立一所城市自己的大学的愿望,他们希望能以此替代宗教会议期间的精神生活。① 1460年在教皇皮乌斯二世的捐助和支持下,巴塞尔大学开始了它的教学活动。从一开始,法学院就在大学有特别的地位;成立之日起即设有6个法学教职。法律教学活动开始之初是教会法占主导,随后变为罗马法。依照博洛尼亚大学的传统,巴塞尔大学可以授予罗马法或教会法或两个方向的学士、硕士和博士学位。谁要是想获得这两个法律领域的博士学位,至少需要埋头苦读10年以上。因为缺乏本国的师资,大学创建之初聘请了大量的意大利法学家来任教,根据意大利注释法学者的文本和方法进行授课。直到鹿特丹的伊拉斯谟(Erasmus,1466～1536年)的到来。伊拉斯谟从1514年开始陆陆续续住在巴塞尔,他的到来使巴塞尔成为文艺复兴时期上莱茵河地区人文主义的文化重镇。受人文主义影响的法学家们,追随这位大师,从各国来到巴塞尔,巴塞尔大学的法学院于是兴盛一时。他们当中有塞巴斯蒂安·布兰特(Sebastian Brant,1458～1521年)、乌尔里希·克拉夫特(Ulrich Krafft, 1455～1516年)、约翰·乌尔里希·苏尔冈特(1450～1503年)、托马斯·穆尔纳(Thomas Murner,1475～1537年)、克劳迪乌斯·卡迪乌库拉(Claudius Catiuncula,1490～1549年)、约翰内斯·西卡度斯(Johannes Sicardus,1499～1552年)以及博尼费修斯·阿莫巴赫(Bonifacius Amerbach,1492～1562年)。其中,卡迪乌库拉和阿莫巴赫对16世纪上半期巴赛尔大学的法学院有极为重要的贡献。

---

① 1431～1449年宗教会议期间,巴塞尔成为基督教世界的精神中心。

§214 人文主义法学

这一时期,对罗马法的研究正经历一次由受人文主义影响的法国法学家们掀起的转变。在中世纪末期,人们借助注释法学家和评注法学派的成果来了解罗马法——优士丁尼皇帝在《国法大全》中记载的罗马法。但受优士丁尼委托的法学家们在编纂古典罗马法学家的文本的过程中,对文本做了部分加工和改动。北意大利法学家全盘接受了优士丁尼的法学家们的这一背离,而法国学者,现在受到人文主义影响,试图追溯文本的源头,清除优士丁尼时代的添加,还罗马法以原貌。他们以人文主义发展起来的哲学方法来实现这一目的。对历史—注释方法的发展做出重要贡献的是布尔日法学派,特别是法学家阿尔恰托(Andreas Alciatus,1492~1550年)和居亚斯(Jacobus Cujatus,1522~1590年)。法国法学家们把注释法学派和评注法学派的意大利方法与他们的高卢方法相对照,希望能清除文本错误,重新恢复纯正的罗马法。他们略过评注法学时代的文献资料,直接关注古典原始文本,自己去理解其中本意。在巴塞尔,第一个使用这种新方法的是卡迪乌库拉。他致力于让他的学生直接接触罗马法原始文献,通过与他们讨论原始文本的方式授课。他主张,学生不应该通过注释法学派和评论法学派的方法来学习法学,而应该直接接触原始文献。当他的后任西卡度斯致力于坚持这种高卢方法时,博尼费修斯·阿莫巴赫采取了一种新旧之间的折中方案。他试图综合两种学派,在授课中引用双方的论点。阿莫巴赫的方式影响了之后的巴塞尔以及在瑞士联邦的其他法学院校的学习和研究,(参见下文§219及以下)他们也总是在这两种方法中折中调和。

§215 后期

16世纪中期后,人文法学的兴盛大大增加了来巴塞尔大学学习的法学大学生的数量。这些学生既有来自巴塞尔市和其他联盟地区,也有来自上莱茵的相邻地区和德国南部地区。学生们回到家乡后,成为公证人或城市书记员,根据他们家庭的社会等级,具备了接管政治职务的能力。在16世纪的瑞士联邦,巴塞尔大学对法学专家的培养起到了极其重要的作用。但因为地理位置相对偏僻,巴塞尔大学未能成为“联邦的国家大学”。到17世纪,法学大学生的数量明显减少:不再见到外国学生,本地学生则与联邦其他城市的法律学校的学生一样,通常只寻求一份预科教育,让他们能胜任行政和商业活动足矣。外国教师现在也很少聘请了,大多数教师来自巴塞尔的显贵家庭,他们同时以城市法律顾问和法律意见提供者的身份从事司法实务工作。

第三节　近代早期科学化的进一步深化

§216　停滞

1495 年神圣罗马帝国设立了帝国枢密法院作为最高审判机构。其法院组织法规定，法庭审判人员一半以上都必须是有法学背景的法学专家，他们必须在任职仪式上宣誓，同时以专家法和诸侯国、统治者及法庭的地方法作为判决依据，从而赋予了专家化的罗马法与其他特别法同样重要的地位。特别法的科学化进程得到统治当局的认同，有利于在基层司法审判中形成专业的法学家阶层。

瑞士地区却呈现出不同的发展路径。以前的法律史研究认为，1499 年的《巴塞尔条约》是瑞士联盟从神圣罗马帝国获得事实上独立的基础，专家法继受深入发展的起点。事实上，从 16 世纪到 18 世纪中期，到国外学习的瑞士联邦大学生数量大为缩减。有些地方还试图阻止法学专家参与司法实务活动；法学专业的律师和公证人不再受欢迎（参见上文 §181）。近代早期瑞士各地的地方法的发展并未受到科学化的影响。以前的法律史研究的成果只是不适用于整个瑞士联邦地区，我们不能对现实状况作简单片面的解释。如前面所述（参见上文 §87），《巴塞尔条约》并未完全豁免帝国枢密法院对联盟的司法管辖；帝国枢密法院对巴塞尔、沙夫豪森、圣加仑和帝国自由地修道院和主教区的影响继续存在。《巴塞尔条约》更像是帝国和联盟从 15 世纪以来就持续存在的相互摇摆的过程中一段插曲。

§217　原因

17 世纪瑞士联邦罗马法法学专家的相对减少，其原因不仅在于政治和法律方面。最新的研究表明，联邦的经济和社会发展在 15 世纪后半叶后不利于法学职业的培养。那个时期，联邦境内的大城市作为进出口和贸易集散地具有重要地位。而之后严重的经济和销售危机，对社会、经济结构和关系产生了深刻的改变。15 世纪后半叶，弗莱堡在一段时间的经济繁荣后，不得不经历纺织品贸易的急剧下降。一方面原因是行会无法适应新的服装款式，另一方面原因是日内瓦的交易会夺走了它作为最重要的销售渠道的地位。如同其他城市，最早一批商人家庭的子女此后也不得不进入雇佣军的行列或者投身于城市行政职务中。借助当代法学发展债法和商法的需求也就不存在了。为了让城市“新贵”们的子女准备好接手将来的政权，国家法和行政法变得重要起来。现在乡村地区在经济和政治上越来越重要，无论在自我认同还是联盟的对外形象上，尤其在对外形象上，联盟俨然以一副农民的形象示人。这些内地地区奉行乡绅治理的实用主义,它们不看重学术辩论,而着眼于务实的妥协,自然也反感专家法和它的代言人。

§218 例外

停滞的原因,因地区和时间而有所不同。巴塞尔、日内瓦这样的城市,相对较早就有了自己的法学教育机构,它们从不缺少一个法学家阶层。在巴塞尔,城市议会在刑事审判中根据有法学背景的城市法律顾问的意见书(Bedenckhen)判决。日内瓦科学院从1566年起设立了罗马法教席;从1711年开始,只有那些完成法学学习的人才有资格被该城市辩护人协会录用。从官方的法律判决书中可以看出,联盟地区的宗教领主对法学家相对开放。在17世纪、18世纪,巴塞尔吸收了很多专家法,并使之与本地法相融合。1719年巴塞尔修订城市法院组织法时,修订者约翰·弗里德里希·韦特施泰因(Johann Friedrich Wettstein,1689~1753年)不仅将受专家法很大影响的1610年符腾堡地方法作为范本,还吸收了同时代的法学文献。其他城市的城市法同样也在专家法的指导下得到了完善(参见上文§156)。这些城市法的影响辐射到那些由它们控制的乡村。伯尔尼、苏黎世以及其他一些城市,开办了法律学校,这些学校在一定程度上都对法律知识的科学基础概念作了介绍(参见下文第七章第四节)。在伯爵领地萨伏伊和总督府沙布莱,专家法成为地方法的辅助性法源。这些例子说明,早先的代表性的"停滞观点"还是容有一些细微差别的,不宜绝对化。

第四节 科学院和法律学校

到近代早期,除巴塞尔大学外,瑞士联邦的各个宗教改革城市都建起了法律学校。虽然名称是法律学校,但通常并非独立机构,而是为数不多的几个隶属于城市教育机构的教职。

随着向新信仰的转变,在这些宗教改革城市,天主教教会在司法审判中的权力和主教为培养僧侣而作的努力现在都已不复存在。这些城市必须自己承担起培养牧师的责任。在改革者的推动下,政府当局将已有的城市学校扩建为神学学校。这些学校不仅负责培养未来的神职人员,而且还向世俗人士开放,由此,更多的民众接受完整的教育成为可能。为了让权贵家族的孩子受到与他们将要承担的管理活动相匹配的教育,这些学校随后设置了法学教席。

§219 日内瓦

1559年改革者约翰内斯·加尔文(Johannes Calvin,1509~1564年)在日内瓦议会的同意下宣布成立科学院；科学院的第一位院长是西奥多尔·贝扎（Theodor Beza，1519～1605年）。一开始就设置了神学和哲学各4位教席的日内瓦科学院随即成为加尔文主义的国际性大学。1562年胡格诺战争的爆发，使法国的新教徒无法入读法国大学。贝扎因此在日内瓦科学院申请了一个教职。作为第一位法学教师，皮埃尔·夏旁蒂埃（Pierre Charpentier，逝于1612年）很快从日内瓦不辞而别。“圣巴托罗缪之夜”（1572年）后的流亡人群给日内瓦带来了大量的法国法科大学生和各个领域的著名教授。和巴塞尔一样，这些人文主义学者致力于神学分析和罗马法的编撰。这个时期的著名教授有：弗朗索瓦·霍特曼（Francois Hotmann，1524～1590年）、埃内蒙·德·博内福伊（Ennemond de Bonnefoy，1536～1574年）、雅克·雷克特（Jacques Lect，1556～1611年）以及丹尼·戈德弗洛瓦（Denis Godefroy，1549～1622年），他在1583年出版了一本《国法大全》的全本。雅克·戈德弗鲁瓦（Jacques Godefroy，1587～1652年），编辑了《狄奥多西法典》（*Codex Theodosianus*）。对这部公元485年的罗马帝国法律汇编的编辑，让雅克·戈德弗鲁瓦名声远扬，吸引了很多外国法科学生来到日尔瓦，包括法国人、德国人、荷兰人、英国人、斯堪的纳维亚人、波兰人和匈牙利人。让日内瓦成为最受欢迎的游学或留学地的原因不仅是有著名的学者，还要归功于其优美的环境和迷人的社会生活 。在18世纪，日内瓦科学院因让雅克·布拉马基（Jean-Jacques Burlamaqui，1694～1748年）的成就在自然法领域做出了突出贡献（参见下文§228）。

§220 洛桑

早在1537年，伯尔尼控制了沃州并在那里进行了宗教改革。一年后，伯尔尼的统治当局就在洛桑建立了一个科学院。洛桑科学院最开始并未设立法学课程，因为伯尔尼的统治者让他们的接班人在自己的城市学习法律。直到1708年，受启蒙思想影响的伯尔尼地方长官约翰·雅克布·兹纳（Johann Jokob Sinner）为消除司法审判中的弊病，提议在洛桑科学院设立一个自然法和公法教席。1710年该教席由让·巴贝拉克（Jean Barbeyrac，1674～1744年）获得，但在受到各方打击后，他于1717年赴格罗宁根大学任教。他的后任也无法建立起一个有序的法学教育，这一愿望直到19世纪初才得以实现。

§221 伯尔尼

1528年伯尔尼在城市拉丁学校基础上成立了神学学校，最早有3名教授授课。除神学外，还开设通识教育。因为该学校建在停办的圣方济会修道院旧址上，于是被称作“赤足委员会”或简称为“修道院”。很快，学校就不再局限于培养牧师,还承担起了培养城市"新贵"的子女的教育任务,为他们成为未来政府管理人员和专业行政人员做准备。授课内容包括修辞学、辩证法、公法学以及国家和民众法。1680 年第一位正式的法学教授由具有法学造诣的神学家卡斯帕尔·兹尔马塔(Caspar Seelmatter,1644~1715 年)担任。兹尔马塔曾在海德堡大学跟随著名自然法学家塞缪尔·普芬道夫(Samuel Pufendorf,1632~1694 年)学习,并作为荣誉教授在莱顿大学任教 3 年。在伯尔尼他教授"法学基础",即自然法、民众法和公法;私法并非是他课程最主要的内容。和当时其他地方一起,人们希望未来的法律专家具备更多的公法知识,在与其他联邦州的法律交锋中能打败对手。

根据 1722 年伯尔尼教育委员会会议的决定,学校对私法的教学计划进行了调整。教授应该根据比较研究方法讲授优士丁尼的《法学阶梯》,并逐字逐句与 1615 年颁布的伯尔尼现行法进行对比研究。这个教学计划受到当时"潘德克顿现代适用"科学化运动的影响。"潘德克顿现代适用"是那一时期的主流法学流派,它们致力于对罗马法进行符合时代精神的注解。这一时期,罗马专家法在伯尔尼显然被作为辅助的法律渊源。18 世纪较著名的教授是西格蒙德·路德维希·冯·莱贝尔(Sigmund Ludwig von Lerber,1723~1783 年),他于 1761 年编辑出版了《伯尔尼城和德国其他城市的法律法规更新》,戈特利布·瓦尔特尔(Gottlieb Walther,1738~1805 年)则是历史法学派在瑞士的早期代表。

1787 年深受启蒙运动思想影响的城市"新贵"们建立了政治学院,这个学院介于高级文理中学和大学之间,设有一个独立于神学科学院的教职,为年轻人接受完整法学教育做准备。随着 1798 年法国人入侵,学院停止活动,直到 1805 年作为一个拥有 4 个学院的研究院重新恢复。

§222 苏黎世

比伯尔尼稍早一些,苏黎世于 1523 年在大教堂的主教修道院设立了一个神学教席——"先知"。最早出任该教职的是乌利希·兹运理(Huldrych Zwingli);在他英年早逝后,另一位著名苏黎世改革家海因里希·布林格(Heinrich Bullinger)接任该职位。和伯尔尼一样,这个学校主要培养新兴市民阶层的孩子,他们不仅是为了担任神职,更多的是为了投身政治生涯做准备。很长一段时间内,教学计划中都没有专门的法律课程,学生学习拉丁文、逻辑学、伦理学和历史。最早从 1694 年起,神学家汉斯·海因里希·史怀哲(Hans Heinrich Schweizer,1646~1705 年)开始以塞缪尔·普芬道夫的著作为基础教授自然法和民众法。但直到 1763 年,神学家汉斯·雅各布·齐默尔曼(Hans Jakob Zimmermann,1695~1756 年)才被任命为专门的自然法教授。在苏黎世,私法直到 18 世纪末才获得专门学科的地位。要想获得全面完整的法学教育,人们不得不到巴塞尔或其他外国大学求学。

旧制度时期有两部苏黎世学者的著作比较有影响——《关于赫尔维蒂共和国的两本书》(1576 年)和《联邦的城市和乡村法》(1721 ~ 1746 年)。第一部作品,是受人文主义影响的神学家乔西亚·西姆勒(Josia Simler,1530 ~ 1576 年)撰写的。这是联邦国家法的第一部手册,同时也对联邦历史做了全面的概括。手册内容包括了联邦大会决议、仲裁法庭和地方宪政体系。该作品流传广泛、多次重版,并有多个译本。第二部作品出自苏黎世市长约翰·雅克布·列伊(Johann Jacob Leu,1689 ~ 1768 年)之手,是汇集联邦各地区同时期的特别法渊源的里程碑作品。列伊在罗马专家法和自然法的框架下对联邦法(当然不是完整收集的)作了介绍。他希望以此证明,在帝国土地上不仅有一套公法学说,还存在一部普遍的联邦私法。

§ 223 弗莱堡

弗莱堡于 1763 年建立了一所法律学校,但因为市政府不久就无力为其提供必要的财政资助,学校转交给基督修士会。从 1775 年起,托比亚斯·巴拉斯(Tobias Barras,1740 ~ 1813 年)开始在该校教授法律的各科内容。1798 年因法军入侵,学校曾一度成为军营。

对这些法律学校的回顾可以看出,除了日内瓦和巴塞尔,直到 18 世纪联邦各地才开始有比较全面的法律课程。在近代早期,不仅是法律实务领域,很多地方的特别法发展也都依赖缺乏良好法学教育的法律实务人员。同时代的法律科学方法对特别法的影响与其他国家相比要小许多。但如第七章第三节里所言,在作总体评价时,还是要考虑到其中的细微区别。

第五节 瑞士的自然法学

早在古希腊和古罗马古典时期,把自然法看作超越现实的、独立于法律制定者意志的法的观点就已存在。感谢基督教神学,这种观念一直持续到中世纪直至近代。到 16 世纪,自然法更多地被看作出自人类理性而非神的开示;传承的法律,包括罗马法,开始失去其权威。理性法学家们通过推论、演绎的方法来构造法律体系,这样的法律体系建立在由理性阐明的基本原理之上,而不是对传统法律规则的回归。这就产生了很多新的法律教义与法律材料。

§224 理性的正统观点

启蒙运动兴起于英国、荷兰和法国,到达联邦相对较晚。在联邦,启蒙观念最早在新教改革的城市产生影响,特别是在学院博学的僧侣当中,他们希望通过新教理论给僵化的神学思想带来新生。他们尤其反对1675年通过的一个信仰声明,该信仰声明规定了牧师在各改革教会的义务。1697年起担任日内瓦科学院教授的神学家让·阿方斯(Jean-Alphonse Turretini,1671~1737年)、预科教堂的牧师让·弗雷德里克·奥斯特瓦尔德(Jean-Frederic Ostervald,1663~1747年)和巴塞尔大学教授塞缪尔·威仁菲尔斯(Samuel Werenfels,1657~1740年),都为废除这个信仰声明作了很多努力。他们在基督教的传统结构内为理性思想清理出了空间。受他们的影响,理性的正统观点把重心放在新教的理性和伦理思想上,为这片古老的土地迈向全新的时代做好了智识准备。

§225 欧洲的自然法学者

和神学家一样,法学家们也从理性中寻找作为法律规则基础的基本原则。什么样的法律规则能够符合普适需求,独立于它们的出处?这个问题,在因宗教战争引发的“三十年战争”(1618~1648年)期间,成为最重要的问题。荷兰法学家和外交家胡果·格劳秀斯(Hugo Grotius或者Huig de Groot,1583~1645年)于1625年流亡巴黎期间出版了一本有关民众法和私法的教科书——《战争与和平法》,主张战争各方有义务在自然法的基本原则下遵守规则。在西班牙晚期经院学者弗朗西斯科·德·维多利亚(Francisco de Vitoria ,1480~1546年)、弗朗西斯科·苏亚雷斯(Franscico Suarez,1548~1617年)以及牛津的阿伯里科·贞提利(Alberico Gentili,1552~1608年)的研究基础上,格劳秀斯在这部著作中建立起了现代意义上的民族法。近代早期,这一建立在显明的理性原则上的自然法首先在那些新教国家流行起来。1661年德国海德堡大学为普芬道夫(1632~1694年)设立了自然法教席。在他的主要著作《论自然法与万民法》(*de iure nature et gentium*,1672年)中,他将哲学—道德范畴与人类本性的基本原则相结合,引导出指引人类共同生活的根本准则。其他的自然法学家,如莱布尼茨(Gottfried Wilhelm Leibniz,1646~1716年)、托马修斯(Christian Thomasius,1655~1728年)、坎伯兰(Richard Cumberland,1631~1718年)、约翰·洛克(John Locke,1632~1704年)、斯宾诺莎(Baruch Spinoza,1632~1677年)也都以类似的方法寻求建立一套社会组织下的人类行为准则。

§226 联邦最早的授课

启蒙运动兴起于英国、荷兰和法国,到达联邦相对较晚。外国学者的自然法著作首先在新教改革城市的学者圈引起反响。最早的公开性的自然法课程是1680年约翰·卡斯帕尔·兹尔马塔在伯尔尼法律学校开设的,在此之前,他已经在莱顿大学教了3年的《自然法与万民法》(*Jus naturae et gentium*)课程(参见上文§221)。汉斯·海因里希·史怀哲于1694年在苏黎世、约翰·雅各布·巴蒂尔(Johann Jacob Battier,1664~1720年)于1706年在巴塞尔也开始讲授自然法。而约翰·雅各布·巴蒂尔的父亲西蒙·巴蒂尔(Simon Battier,1629~1681年),早在1666~1667年就已经就自然法和万民法内容进行私人授课。

在法语和盎格鲁—亚美利加语言文化区,自然法思想的传播要归功于3位瑞士西部学者:让·巴贝拉克(Jean Barbeyrac,1674~1744年)(见图7-1),让·雅各布·布拉马基(Jean-Jacques Burlamaqui,1694~1748年)和艾冯·德·瓦泰尔(Emer de Vattel,1714~1767年)。他们不仅创立了独立的"自然法的瑞士法语学派"(Ecole romande du droit naturel),而且他们的翻译工作也大大推动了自然法思想的传播。

图7-1　让·巴贝拉克(Jean Barbeyrac,1674~1744年)

§227　巴贝拉克

1708年伯尔尼当局聘请巴贝拉克在洛桑科学院任教。巴贝拉克是一位定居柏林的法国宗教流亡者,以将自然法学家普芬道夫的作品翻译为法文而著名。他分别于1706年、1707年翻译出版了普芬道夫的《自然法与万民法》(*Le droit de la nature et des gens*)、《人与公民的义务》(*de officio hominis et civis*),后者曾于1673年出版过缩略版《人与公民的义务》(*Les devoirs de l' homme et du citoyen*)。与当时的时代潮流相悖,巴贝拉克把这部著作从拉丁文翻成法文,让这部伟大的自然法大师的作品以一种大家普遍理解的语言呈现于世人,使之更易为人所识。巴贝拉克的翻译在满足学者对普芬道夫的研究兴趣的同时,还促进了普芬道夫思想在其他读者圈中的传播。法语是欧洲的外交语言,也是上流社会的社交语言。现在,诸侯、政治家、学者和冉冉上升的市民阶层都读"小普芬道夫"(le petit Pufendorf)——巴贝拉克对其翻译的缩略本的称呼。自然法学思想由此进入法国的法学院校,而它们当时还在遵循高卢方法(mos gallicus)的传统将法学固着于罗马法上。

当巴贝拉克受聘来到洛桑时他已声名远扬,他在瑞士西部的教学活动未能持续很久。因为在沃州,法学教育并非进入法律职业生涯所必需,只有很少几个学生上他的课。此外,还有降薪事件和世界观引起的纷争——巴贝拉克拒绝像伯尔尼当局希望的那样,在公认信条(Formula Consensus)上签名。1717 年他赴格罗宁根任教。在那里,他翻译了格劳秀斯的主要作品《战争与和平法》(*Le droit de guerre et de la paix*,1724 年)和理查德·坎伯兰(Richard Cumberland)的众多作品。在他离开后,自然法在沃州继续发展。他在科学院教席的后继者洛伊斯·德·博哈特(Loys de Bochat,1695~1754 年)于 1726 年发表了一篇自然法论文。洛伊斯·德·博哈特的后任,比特－菲利普·维卡特(Beat-Philippe Vicat,1715~1770 年)于 1782 年出版了四卷本的《自然法研究》(*Traite de droit naturel*)。居住在伊韦尔东的福尔图纳特·巴尔托洛姆奥·德·菲利斯(Fortunato Bartolomeo de Felice,1723~1789 年)也在布拉马基讲座的基础上出版了多部自然法著作。之后,陆续还有其他研究自然法的作品问世。在 18 世纪,自然法成为瑞士法语圈内法学家们的"流行时尚",对自然法的学习和研究一直持续到 19 世纪。

§228 布拉马基

18 世纪日内瓦法学家们的关注点,同样在自然法上面。1723 年让·雅各布·布拉马基(Jean-Jacques Burlamaqui, 1694~1748 年)(见图 7－2)任职于日内瓦科学院。此前,布拉马基已经为一些年轻的外国学生作了些颇有成效的私人授课,而他也曾在格罗宁根听了巴贝拉克的讲座。在日内瓦科学院,布拉马基除教授罗马法外,还依照普芬道夫的著作教授自然法。他的授课尤为精彩,很多外国学生为了听他授课专程来到日内瓦科学院就读,这也为他赢得了讲师的职位。这些来自法国、德国、英国的贵族子弟们把巴贝拉克的名声带回了家乡。1747 年他出版了主要著作《自然法原理》(*Principes du droit naturel*)。这本书的声誉与其说来自其独创性,毋宁说是因为它的简洁明了;布拉马基因此在一个宽广的圈子里游刃有余。他的思想对 18 世纪后半叶的欧洲政治思想有较大的影响,尤其对思想家让－雅克·卢梭(Jean-Jacques Rousseau)——他的作品被看作革命思想的先驱。布拉马基的作品被翻译成英文(《自然法原理》,1748 年)后,在英国和美洲大陆得以迅速传播,为北美各殖民地的独立做了“热身”。在布拉马基因健康原因不得不离开课堂后,日内瓦的自然法课程仍然以他的著作为教材授课,直到因法国大革命,他的思想被认为太过危险,其影响才开始减弱。

图 7－2　让·雅各布·布拉马基(Jean-Jacques Burlamaqui, 1694～1748 年)

§229　瓦特尔

艾美尔·德·瓦特尔(Emer de Vatter,1714～1767 年)是诺因堡人,曾师从布拉马基,1747 年起任驻伯尔尼的萨克森公使。在公务之余,他出版了一本关于万国法的作品《国家间的法律》(*le droit des gens*,1757 年)。这本书收录了众多自然法学家的论著,特别是克里斯蒂安·沃尔夫(Christian Wolff)的著述。由于瓦特尔的著作成功地把伟大的自然法学家们的零散、复杂的思想体系整理成简明的原理,因此,他的作品在各国得以广泛传播。他的作品被翻译为多种语言,并被用于 19 世纪后半叶民族法的科学和实务。100 多年后,美国联邦最高法院仍将他的著作作为权威论述引用。

§230 影响

18世纪后半叶,自然法学者们的著作虽然在瑞士得到了广泛的阅读和讨论,但直到旧制度结束,自然法思想并没有进入司法审判和法律创制活动中。全人类自由平等的思想虽然在理论上得以接受,但是并没有被转化为现行法律;社会契约论学说也没有被现存宪政体系所采纳;运用自然法体系的体例和教义来修改城市和乡村法的私法活动也没有出现。最开始是学者们,后来则是全体民众,都从自然法的思想宝库以及卢梭、伏尔泰和孟德斯鸠等启蒙哲学家热情洋溢的著作中得到启发,为社会变革做好了准备。美国1787年《联邦宪法》则提供了国家秩序的范本,作为引导人们在自然法则下共同生活的前提。还有很多人为1789年法国大革命而欢呼。而与此相对应地,却是接下来的海尔维蒂共和国时期的混乱所带来的巨大失望。

第三部分　现　　代

第八章　19世纪和20世纪的宪法发展

瑞士联邦正式成立于1848年,然而如果以赫尔维蒂革命为开端,成立之前它已经有整整50年的发展历程。1798年建立的中央集权制国家赫尔维蒂共和国迅速衰退后,为了保持瑞士联邦继续作为法国的"卫星国家",1803年拿破仑通过《调停法令》,再次建立了一个由各君主国家组成的体系,在这个体系下,这些君主国家的中央权力十分有限。1815年在维也纳会议各方势力的影响下,瑞士建立了一个以联邦协议为基础的范围广泛的联邦体系,联邦的职能范围仅限于安全政治。早期工业化和自由运动的发展,使政治思潮也发生了变化。从1830年起,瑞士各自治州颁布了宪法,这与当时深入人心的革命时期原则相适。这些宪法与之后1832年和1833年的国家宪法草案,都可以看作1848年宪法的前期准备工作,在特别同盟战争的尾期,瑞士自由主义势力在对抗天主教保守自治中获得胜利,这部1848年宪法生效。

漫长而不断变化的宪法发展历程可以说明,为什么从1848年起,瑞士的宪法体系以这些方式而非其他方式存在。它也表明,这样的宪法体系存在压力:在外部,在事实上或存在威胁的军事占据下,自治州的联合在外交政治上处于弱势;在内部,在联邦国家的建立过程中,政治军事势力更强的多数派一直都在胁迫组成特别同盟自治州的少数派,而且以这种方式建立的瑞士联盟不只是在成立初期出现了困难。对此,当时有通过塑造中世纪末期瑞士联邦已经成立的传说和采用国家象征的方式来强化瑞士联邦,并将其建立为一个民族国家。国家的象征包括了国旗和国歌,也包括了统一的货币和度量衡,以及国家法典的编纂。但是少数派一直反对,并拒绝在整个国境内采用统一的货币、度量衡和法典。这些顽固的抵抗是为了保护他们日益丧失的自主权,也为了竭力保护如法律之类的地方特色,并保留历史的身份认同。但是伴随工业化和铁路的发展,经济得以增强后,瑞士联邦也有待强化,这是1874年修改宪法的原因,但是此次宪法修改是在联邦主义的大力阻挠下进行的。

在20世纪的宪法发展过程中,联邦的职能范围明显扩大,特别是两次世界大战时期获得的全权管理,联邦的政治权利和基本权利进一步加强。瑞士在对待欧洲共同体和欧盟之间的关系时保持谨慎,不愿关系过于紧密,对欧洲统一的进程也并不乐观,在20世纪末和21世纪初,瑞士仍然在坚持保留其地方特色。以下这些内容对瑞士宪法权利的发展有深远意义:最终实现男女平等、社会法立法、随着技术进步而形成与发展的新法律领域。本书第九章至第十一章将会介绍这些内容。

第一节　赫尔维蒂共和国

一、赫尔维蒂革命和法国人的进驻

§231　旧秩序的瓦解

1789年后,在法国大革命的影响下,受歧视待遇的人们要求改变现有的瑞士联邦宪政体系。但是,政府以及从现有宪政结构中获利的大多数居民,如执行统治的家族成员、有特权的市民、神职人员和富裕的农民,拒绝改变现有的宪政体系,在这个圈子里只有少数人对革命表示同情。在城市、农村和隶属地区施行的合法性歧视,导致了地方的混乱,并预示了旧秩序瓦解的来临。

1790年和1791年在沃州、沙夫豪森和瓦利斯爆发了人民起义。之后于1794年在施泰法爆发的起义备受关注,通过这次起义,苏黎世的农村居民向首府城市当局提出获得一系列权利的要求。在第一阶段,民众希望的其实是改革而非革命性质的改变,农村的隶属民众要求获得与城市市民平等的地位,废除封建税收;城市中受到歧视待遇的市民阶层要求获得参与政治决策的权利,并且获得真正的手工业和行业自由。就此而言,他们的要求可以说是相似的。

在瑞士联邦的边界地区展开了合乎宪法的大变革:1793年日内瓦以法国为

典范,在一次全国性的会议上公布了《人权宣言》,随后于 1794 年公布了一部宪法。1792 年在主教管区巴塞尔,它所属的臣民成立了共和国;1794 年库尔成立了全国议会以反对 3 个联盟的寡头政治行为;1795 年侯爵修道院圣加仑签署了一份友好协议,给予所属旧领地的臣民更多的自由;其他地区也在起草宪法。鉴于当时的历史情况和法国军队的威胁,作为瑞士势力中心的苏黎世和伯尔尼这两个城市,军队一直处于警备状态。

§232 雅各宾派政治

18 世纪 90 年代,法国加强了自路易十四以来实行的霸权政治。为了扩大法国大革命在其他国家的影响,以及提供国家资源(如国家财政与士兵)的经济来源,法国试图建立一个围绕其国境的"卫星国家带"。为对抗并反对法国大革命,其他国家成立了欧洲君主联盟。自 1792 年起,欧洲爆发了多次战争,这些战争被称为反法同盟战争。

瑞士联邦在这场欧洲的冲突中保持了官方中立,事实上却照顾与支持反对法国大革命的一方。第一次反法同盟战争以奥地利战败告终,并在 1797 年与法国达成了《坎波福尔米奥条约》。这个条约也影响了瑞士联邦,自此之后,它对法国变得更重要:一方面,它成为奥地利之前的缓冲地带;另一方面,它也是 1797 年意大利北部成立的"姐妹国家",即奇萨尔皮尼共和国的通道国家。因此,法国不想再承认瑞士联邦为中立势力,而是想让它发展成为另外一个"姐妹国家"。这需要借助瑞士联邦内有革命思想倾向的爱国人士得以实现。巴塞尔上级行会主席彼特·奥克斯(Peter Ochs)和沃州法官弗里德里希·凯撒·拉阿尔普(Frédéric-César de Laharpe)起到了重要作用。奥克斯希望在法国的帮助下,真正实现人民所要求的权利平等,并且建立一个赫尔维蒂共和国,通过这种方式可以避免法国的军事干预。而拉阿尔普的目标是,让沃州从伯尔尼的统治下得以独立,因此从 1796 年开始,他便将与之相应的请愿书递交法国五人执政内阁。

§233 宪法变革

赫尔维蒂革命的爆发始于巴塞尔。于是在 1797 年年末,法国军队占领了侯爵主管教区巴塞尔位于汝拉的领地。在此期间制定的议会规则不过是一份庄严的联邦宣誓,但不实际有效。1798 年 1 月巴塞尔城市宣布给予乡村领地平等的权利,这是新秩序建立的象征,一些地方种植了自由树予以纪念。

在这之后,革命波及了沃州的各个城市。伯尔尼派遣军队包围沃州,同时,法国的军队向前推移直抵边境,以支持沃州。在 1798 年 1 月末,在洛桑宣告成立莱芒共和国,并从伯尔尼分离。为了让法国没有借口向伯尔尼旧国家领土进军,伯尔尼从沃州撤军,沃州得到所谓的“自由”,但如同侯爵主管教区巴塞尔,沃州一直都被包围的法国军队所占据。

§234 伯尔尼的沦陷

在瑞士联邦的其他地区,各个势力也开始转变,如在卢塞恩,贵族阶级自愿退位,还有如苏黎世和沙夫豪森。反之,在伯尔尼、索洛图恩和弗莱堡的贵族政府决定维持旧的秩序。法国实际上扩大了军事干预,但同时与伯尔尼表面上展开谈判。在1798年3月2日,法国在西部和北部的军事进攻获得成功。索洛图恩和弗莱堡不战而降,法国的军队向伯尔尼地区继续推进。1798年3月5日在新埃格的军事战争中,法国在对抗伯尔尼军队中失败,但是在同一天,法国军队在弗劳布伦嫩和格劳霍尔兹获胜,伯尔尼军队溃退。于是,伯尔尼政府投降,并将城市交给法国将军巴尔塔塞·冯·沙恩堡(Balthasar von Schauenburg, 1748~1831年)。他的军队洗劫了首府城市的房屋,并且将伯尔尼的国家宝藏与伯尔尼熊一并运往巴黎。

随着伯尔尼的陷落,旧瑞士联邦的瓦解无可避免。瑞士中部的一些地区,在经历了其他一些小规模的战争后,也不得不放弃反抗。城市资产阶级的代表和农村的上层阶级取代贵族家族,掌握了政治权力。

二、1798年《赫尔维蒂宪法》

§235 统一国家

1798年4月12日“不可分割的赫尔维蒂共和国”在阿劳宣布成立,同时宣布其宪法生效,这是历史上第一部适用于瑞士联邦全部地区的成文宪法。这部宪法以1795年的《法国宪法》为典范,并确立了以人民主权和委员会体制为基础的中央行政统一国家。这部宪法文本由彼特·奥克斯(Peter Ochs)起草,他希望向自治州陈述这个宪法草案,并且让它适应自治州的需要。但是法国五人执政内阁却按照自己的意愿在几个重点问题上修改了这部宪法草案,并且凭借武力威胁强迫瑞士实施该部宪法。

§236 自治州

赫尔维蒂共和国最初由22个自治州组成:瓦利斯州、莱芒州、弗莱堡州、伯尔尼州、索洛图恩州、巴塞尔州、阿尔高州、卢塞恩州、下瓦尔登州、乌里州、贝林佐纳州、卢加诺州、格劳宾登州、萨尔甘斯州、格拉鲁斯州、阿彭策尔州、图尔高州、圣加仑州、沙夫豪森州、苏黎世州、楚格州和施维茨州。但是不久后,瑞士联邦的领土便有所改变:旧的势力中心伯尔尼的领土范围进一步缩小,继阿尔高和沃州后,高地也成立了一个独立的自治州。瑞士中部的各个自治州共同组成了一个单独的自治州，即“森林州”；它们在军事压力下才接受了《赫尔维蒂宪法》，当然，之后的各种抵抗是可以预见的。赫尔维蒂共和国东部的自治州也出现了变化，在东部成立了森蒂斯州和林特州。

根据宪法，自治州不再是独立的主权国家，而是类似法国行政区行政管理单位的行政统一体。自治州行政的最高官员，也与法国的省长相似，即“五人督政府”的总督。他领导由 5 人组成的督政府，督政府负责管理自治州。行政区代替之前瑞士内部的边界划分，行政区由地区总督和地方的代理管理。

§237　五人执政内阁

以 1795 年的《法国宪法》为典范，《赫尔维蒂宪法》也确立了严格的权力分立：行政权由五人督政府按照共同决定原则行使。督政府应该阻止，行政权集中于一人，就如法国罗伯斯庇尔执政时期那样。督政府的职责范围包括执行法律，另外还有选举最高法院院长，尽管这违背了权力分立的原则。

§238　议会

立法权分归两个议院：一个是大议会，另一个是众议院。这与当时法国和 1787 年美国《联邦宪法》的方式一致。在大议会，根据自治州居民人数确定自治州的议会席位，而在众议院，每个自治州派出 4 位代表。两个议会的谈判都是公开的，这也是瑞士宪法历史的创举。选举自治州代表是自治州选民的职责，由有选举权和被选举权的公民在地方会议上选举。

§239　法院结构

根据法院组织法，司法权由划分为 3 个等级的机构行使，这也是瑞士联邦的创举。它们分别为：地方法院、自治州法院和赫尔维蒂最高法院。1800 年共和国还成立了其他法院机构，和平法官（Fridenrichter）应该促使争议各方在走上法庭前达成和解。地方法院是低级法院，自治州法院是地方法院的民事和刑事案件的上诉法院，也是严重刑事案件的一审法院。赫尔维蒂法院是最高法院，由每个自治州派出一名法官组成。最高法院有 3 项职能：它是所有刑事和民事案件的上诉法院，是严重刑事案件的上诉法院，是诸如叛国罪之类的国家安全犯罪的判决法院。

§240　自由权利

效法 1789 年法国的《人权宣言》，《赫尔维蒂宪法》也包含了一系列自由权利，如凭良心不被迫行动的权利、出版自由以及财产自由。这部宪法也提到权利应该受到一定的限制：凭良心不被迫行动的权利可以因警察原因而受到限制；因损害结果的产生,国家可以没收个人财产;不可因债务原因而占领他人土地和耕地,使之无法赎回。最后一个限制,是为了废除封建的债务压迫。但是这部宪法并没有规定手工业和行业自由,没有规定普通的权利平等,也不保护女性的政治权利。

这部宪法包含了很多新的法律,将它们付诸实施要求在各方面制定相应的细则。这些规定由大议会起草,大议会的职责包括起草法律。而众议院则类似于“批准机构”。与法国的做法一致,众议院只可负责批准或者驳回法律草案,并可以要求继续修订草案,这一过程可以重复多次。如果大议会决定放弃制定一部新法律,那么这个过程也就会提前结束。

有些由《赫尔维蒂宪法》所确定的权利尽管在实施细则中公布,但是实际并未付诸实施(参见下文 § 315)。

三、赫尔维蒂共和国的失败和意义

就如意大利的奇萨尔皮尼共和国和荷兰的巴达维亚共和国一样,赫尔维蒂共和国也迅速衰退。瑞士联邦历经了四次政变,1802 年颁布新的宪法后,这个法国的“姐妹国家”瓦解了。

§ 241　瓦解的原因

赫尔维蒂共和国的瓦解存在多种原因,特别是以下 4 点:

· 突如其来的新引导

赫尔维蒂共和国的宪法体系与过去的历史彻底割裂,因此缺少了连续性。而且当时商业和社会结构方面的变化也很大,宪法并不被民众认同(参见下文 § 317 和 § 321)。

· 民众无政治经验

这是瑞士联邦历史上的第一次,每一位男性公民都可以参与立法和行政。但是许多议员没有任何政治经验,只具有浅薄的专业知识,他们并不能胜任复杂的立法工作、促进手工业和行业自由发展、废除封建债务以及引入新的税收体系。

· 导致政治瘫痪的议会内部争辩

在议会内部统一国家的捍卫者、反三一论派信徒以及联邦主义者互相争辩,联邦主义者要求自治州重新获得主权,民众在这个问题上也各持己见。

· 经济危机

在整个赫尔维蒂共和国时期,法国的军队驻扎在瑞士,瑞士作为“东道国”负担其军队开支。有些地方为了供应军队的食物不得不将所有的牲畜都屠杀了。除了数量庞大的金钱支付和实物支付，军队的征调也让瑞士负担颇重。

为了公正地适用宪法，在赫尔维蒂共和国初期便废除了封建捐税。但是同时并没有建立新的纳税体系，共和国在 1801 年 12 月末不得不征募新税并且宣布破产。在这期间，大部分的民众也更加贫困。

§ 242　联邦国家的前身

虽然赫尔维蒂共和国以悲惨的失败告终，《赫尔维蒂宪法》的各种元素却在 1848 年的《联邦宪法》中得以保留与转变，如公民主权、权力分立、议会两院制度、集体行政、最高法院和保护自由权利。其他改革计划，如民法和刑法的法典化、废除封建捐税、手工业和行业自由、统一货币和度量衡、统一邮政和关税，这些都在 19 世纪下半期得以实现。赫尔维蒂共和国播下了改革的种子，而这些在 1848 年后开始发芽，而那时也是宪法和法律大胆改革的成熟时期。这个不被大多数民众喜爱，强加给瑞士联邦的赫尔维蒂共和国应该被看作是年轻联邦国家重要的宪政体系和立法先行者。

第二节　调　　停

一、拿破仑

§ 243　拿破仑的调停

赫尔维蒂共和国宣告破产预告着它的结束。在 1802 年秋季，拿破仑从瑞士撤军，于是这个国家再次陷入混乱。当时，赫尔维蒂共和国政府撤回洛桑，在伯尔尼执政的是第二个政府，而在施维茨执政的是第三个政府。在法国撤军后，这三个政府都要求获得联邦政府的统治权，三个政府中一个在瑞士法语区，另外两个在瑞士德语区。当议会与拿破仑的竞争对手——奥地利、英国和俄国谈判时，拿破仑提出对瑞士联邦的冲突进行调停。为了在瑞士联邦起草一部新的宪法，他支持反三一论派信徒和联邦主义者，并邀请他们的代表前往巴黎。大部分由反三一论派信徒组成的约 60 人代表团，接受了拿破仑的邀请，在 1802 年 12 月抵达咨议会。反三一论派信徒极为失望，因为在 1802 年 12 月 10 日的开幕式上拿破仑就明确表示，他希望瑞士联邦再次组成一个封建主义的国家联盟。他亲自编审了联邦宪法，并在每个自治州成立了由 4 名议员组成的委员会，听命于自治州代表。在 1803 年 2 月 19 日，拿破仑将《调停法令》交给瑞士联邦的代表们。在 1803 年 3

月10日,赫尔维蒂共和国解散,赫尔维蒂当局以及最高法院的法官们都停止了工作。

§244 自治州重新获得主权

《调停法令》由20章组成:在联邦宪法之后,是19部自治州的宪法。这种结构表明当时联邦权力有限,而自治州的权力较之更大。封建主义国家体系下的自治州重新获得了它们在赫尔维蒂共和国时期丧失的主权。

调停时期,瑞士联邦成为了由19个自治州组成的一个国家联盟:瑞士联邦的13个地区自治州,也就是乌里州、施维茨州、下瓦尔登州、卢塞恩州、苏黎世州、格拉鲁斯州、楚格州、伯尔尼州、弗莱堡州、索洛图恩州、巴塞尔州、沙夫豪森州和阿彭策尔州;以及6个新的自治州,阿尔高自治州、格劳宾登州、圣加仑州、图尔高州、提挈诺州和沃州。从整体上来看,它们之前的臣服关系已经被废除,这些自治州是相互平等的。拿破仑为了保障这20部宪法的有效性,自治州只能在法国的同意下修改其宪法。因此,瑞士联邦就如之前的赫尔维蒂共和国一样,也沦为了法国的"卫星国家"。那些年,也是拿破仑权力的鼎盛期,拿破仑的利益并不在于干涉瑞士的国家自主和自治,他需要瑞士联邦的原因在于稳固其在欧洲大陆的统治体系。

二、《调停法令》

§245 再次引入议会

议会再次成为国家联盟的共同管理机构,它特别负责瑞士联邦内部矛盾的协调,也负责商贸协议、对外关税税率以及在战争时期组建联邦军队。议会的决定不再需要获得一致同意,只要简单多数,即获得13票同意即可,但是宣战、缔结和约、与其他势力联盟,则需要所有自治州的3/4均同意方可通过。与1798年之前有所不同,多于100,000居民的人数众多的自治州现在掌握了更多的权力,他们享有两倍的投票权。这些自治州为:伯尔尼、苏黎世、沃州、圣加仑、阿尔高,以及误归于此的格劳宾登。由于自治州一般不愿意改变议会的决议,而更倾向达成共同遵循的约定,这使瑞士联邦的改革努力少有机会实现。

§246 瑞士的总督

三权分立在瑞士联邦层面不复存在。议会并不是立法机关,在这一方面,议会可以说是没有任何职权的,议会反而需要取得自治州的欢心。联邦也没有法院,而仅有的联邦行政机构也受到种种限制。《调停法令》第13条规定,议会将会在自治州弗莱堡、伯尔尼、索洛图恩、巴塞尔、苏黎世和卢塞恩轮流举行,它们为行政自治州。它们之中,3 个为天主教派自治州、3 个为新教自治州。行政自治州的首脑为瑞士的总督,其主要职责为主持议会,在外交上代表瑞士。与其职责相应,他手下的官员人数不多。他并没有实际上的行政权,就如荷兰和那不勒斯的国王和意大利的副国王,他只是拿破仑在"卫星国家"所设置的官员。

§247　自治州层面的发展

在自治州层面,《调停法令》再次引入了旧秩序,在一些地区废除了赫尔维蒂共和国给予的多种自由权利。尽管《联邦宪法》提及了平等权和居住自由,但是没有涉及宗教自由、出版自由和个人自由保障等其他方面的权利。

而自治州宪法可以分为三类:城市自治州、乡村自治州和新自治州。在城市自治州,贵族阶级和行会再次获得了权力,而城市也再次全权管理乡村。城市自治州的最高机构是大议会,并由大议会的成员选举出小议会。城市自治州按照赫尔维蒂体系,建立了行政区法院和上诉法院,并设立了和平法官。在乡村自治州,公民大会再次建立,所有享有市民权利的男性居民都可以加入公民大会,以此种方式参与政治决策。但是在乡村自治州,商业自由几乎毫无发展。

6 个新的自治州仿照城市自治州建立了它们的体系。如同城市自治州,新自治州也设立了大议会和小议会,除了行政区法院和上诉法院,它们还设立了独立自主的行政法院。新自治州保留了赫尔维蒂共和国时期的一些改革成果,如确立了权力分立原则和商业理念。新自治州认可自由权利,并且在之后的复辟时期,这些自由权利也得到了保护。

§248　商业权利的发展

《联邦宪法》确认了瑞士联邦公民的手工业和行业自由,以及居住自由权。但是这并没有阻止一些自治州设置限制,如兜售小贩和饭店店主经常会受到各种严格的监管。

调停时期,封建捐税并没有废除。在乡村自治州的宪法里,不止一次提到了封建捐税,而在城市自治州和新自治州的施行细则中由于规定了高昂的解约费,废除封建捐税形同空文。

与赫尔维蒂共和国相比,关税费用再次增加。《调停法令》规定,禁止增设新的国内税。但是有些自治州解释,这只是禁止了新的国内税,赫尔维蒂共和国时期前的所有旧关税都是有效的,因此,关税费用相比赫尔维蒂共和国时期增加了。另外,尽管在议会上曾经多番论证统一度量衡和货币的改革计划,最终却仍然无疾而终。

§249 《调停法令》的意义

《调停法令》在瑞士宪法发展历史中意义重大,由于再次回归封建制,这一时期瑞士取得了内部政治和平。旧的隶属臣服关系已经不复存在,新建立的自治州在之后一直都是存续的。自治州竭力让教育、医疗和贫民救济实现现代化,并且支持道路建设和林业发展。

瑞士联邦的商业并不繁荣,虽然它位于欧洲强有力政治势力的"下风区",也没有受到拿破仑战争的影响。瑞士的纺织业以前就有所发展,但是由于拿破仑的欧洲大陆封锁政策,在英国商业繁荣发展的时期,它的发展停滞了。就如赫尔维蒂共和国时期,在《调停法令》影响下,瑞士联邦的一些地区也经历了经济困境。

第三节 复 辟

一、废除《调停法令》

§250 奥地利的影响

1812 年拿破仑在对俄战争中损折惨重,普鲁士和德意志莱茵联盟趁势奋起反击法国。1813 年拿破仑的军队在莱比锡的"民族会战"中遭到毁灭性打击,拿破仑统治的结束已可预见。在反法同盟的压力下,1810 年拿破仑军队从一直驻军的自治州提挈诺撤退。

瑞士在 1813 年的一次特别议会上决定,保障瑞士的中立和独立,保卫宪法。但就在同年的 12 月,反法同盟的军队侵入了瑞士的国境。奥地利总理梅特涅公爵宣布,瑞士应该保留它的独立。但是实际上,他试图让奥地利取代法国,成为瑞士的保护国。他也意图再次复兴旧的瑞士联邦,以及贵族的、革命前的体制。在伯尔尼,以城市贵族为代表的旧势力利用这一时期,在奥地利军队入驻后不久再次获得了权力。

§251 自治州之间的裂缝

1813 年 12 月在苏黎世召开了议会"瑞士联邦会议"。有 10 个旧自治州决定废除《调停法令》,并尽快起草一部共同的瑞士联邦宪法。另外,从伯尔尼扩散到弗莱堡、索洛图恩和卢塞恩则掀起了复辟运动,试图重新恢复赫尔维蒂共和国时期前的宪法和权力体系。这些地方的城市贵族也力图重新建立之前的优先地位。8 个保守的自治州:伯尔尼、卢塞恩、弗莱堡、索洛图恩、乌里、施维茨、下瓦尔登和楚格,为了重新获得之前失去的而在当时已经建立自治州的隶属地区,在 1814 年

3月召集了一次特别议会。之后，瑞士分裂为两个阵营，其余自治州不赞同复辟活动，反而支持巩固瑞士联盟。两个阵营之间的战争一触即发。

二、"漫长的议会"和维也纳国会

§252　宪法的原则

在这种形势下，反法联盟的三股势力奥利地、普鲁士和俄国开始干涉瑞士联邦。它们禁止保守地区的特别议会，威胁瑞士将采取新的"斡旋"，并要求在此基础上19个自治州起草一部新的宪法。威胁达到了显著效果，特别议会被解散了。1814年4月奥利地、普鲁士和俄国在瑞士召集了正式的议会，力图在自治州之间达成和睦统一，尤其以俄国沙皇亚历山大一世（1777～1825年）曾竭力为此提出主张。鉴于互相之间敌对与矛盾的意见，这是一次艰巨冒险之举，议会一直持续到1815年8月。但是新宪法的两项基本原则越来越清晰：一是政治中立，因为处于各种势力群体之间的瑞士别无他选；二是联邦权力应该尽量受到限制。

1814年的整个夏天，瑞士起草了不同的宪法草案，但是这些草案因为自治州之间的边境争议而被搁置。尽管伯尔尼州同意沃州自治州的建立，但是它却坚持它对阿尔高的要求。在三股势力新的干涉下，在1814年9月完成了一部联邦条约的草案，差不多所有自治州都参与了这部草案的起草。同时也可预见，瑞士联邦的3个新自治州获得承认：纳沙泰尔州、瓦利斯州和日内瓦州，其中瓦利斯州从1803年起即为一个独立共和国，在1810年被法国占据，日内瓦州从1803年起由法国统治。

§253　维也纳会议

1814年的这部宪法草案得以通过，是因为它没有探讨自治州的边界争端，这个问题将在1814年9月召开的维也纳会议上讨论。维也纳会议是欧洲复辟势力的聚会，在拿破仑倒台后他们棘手的任务是在欧洲建立一个新的、持续的政治秩序。法国的边境应该还原到1792年之前，这次会议上还讨论了法国与邻国的边界问题，当然也包括其与瑞士的边界划分。

瑞士的代表在维也纳会议上要求各方承认瑞士的独立和中立，另外，瑞士也对维尔特林、基亚文纳和博尔米奥提出了领土要求，并把朱辣并入伯尔尼。但是会议商谈的结果让瑞士大感失望。关于领土要求的主张维也纳会议虽然承认了新自治州日内瓦、纳沙泰尔和瓦利斯，并确认伯尔尼州包括朱辣及比尔。瑞士其他的领土要求并没有受到重视。关于要求承认瑞士的独立和中立的主张，则与维也纳会议讨论的领土争端相联系。1815年所有的自治州都宣誓遵守《联邦条约》,《联邦条约》生效。在1815年11月的巴黎和平会议上,反法同盟各方承认了瑞士由22个自治州组成,以及瑞士的中立。之后,瑞士的中立也由国际法予以确认。

§ 254 “复辟”

维也纳会议让欧洲的一些国家退回革命之前的宪法形式,这种情况一直持续到1830年。伯尔尼政治家和政论家卡尔·路德维希·冯·哈勒尔(Karl Ludwig von Haller, 1768～1854年)提出了与之相应的哲学理念,这体现在他当时影响深远的六卷名作《国家政治的复辟》(1816～1834年)中。

三、《联邦条约》和自治州宪法

§ 255 《联邦条约》的内容

相较进步的《赫尔维蒂宪法》,《调停法令》预示着法律的倒退,而1815年的《联邦条约》则将赫尔维蒂共和国时期的思想财富基本都丢弃了。《联邦条约》由15项条款构成,其中部分条款的表达并不清晰。瑞士当时由22个独立自主的自治州联合组成。也就是说,瑞士是由这些独立自主的国家组成的联邦。联邦的目标是在外部势力干涉时维护自由和独立,保障内部和平和秩序。因此,联邦主要是形成了一个保卫同盟。与《调停法令》相比,由《联邦条约》确认的自由权利受到更多的限制,保障的不过是不完全的手工业自由。自治州可以如1798年之前那样直接与外国谈判,但是禁止相互间组建特别同盟。议会作为联邦机构,其职权范围有限,最主要的职责是负责外交政治和军事。如1798年之前,不考虑自治州人数多寡,每个自治州仅拥有一个表决票,自治州代表在指示下行使表决权。在不召开议会的期间,自治州苏黎世、伯尔尼和卢塞恩每两年轮流作为领导地区,负责联邦的日常事务,而总督的机构被撤销了。

§ 256 自治州宪法

这个时期的复辟趋势,反映在自治州的宪法中。自治州的宪法与赫尔维蒂共和国时期前的宪法体系联系紧密。与《调停法令》一致,自治州分为城市自治州、乡村自治州和新自治州。也有例外的情况,无法归入这3种自治州的有格劳宾登州以及新成立的瓦利斯州、纳沙泰尔州和日内瓦州。所有的自治州宪法都如《联邦条约》那样,并不包含规定如何修改宪法的条款。因此,宪法很难适应形势的变化,这一缺点在以后日益清晰。司法权的有关规定保留了赫尔维蒂共和国法律的一些元素,行政区法院、自治州法院以及和平法官被保存下来。赫尔维蒂共和国的长官衙署体系也在许多自治州继续实行。

在乡村地区，早在 1803 年调停时期，就已经再次引入了旧的宪法秩序，因此，宪法修改之处很少。例如，这些地区规定在公民大会享有选举权的法定年龄为 18 岁、16 岁、14 岁甚至以下。反之，城市自治州深受复辟运动的影响。在有些地区，如同法国大革命时期，城市在政治上相对乡村占据优势地位。为了得到宪法确认，城市自治州，尤其是那些城市贵族自治州并不遵循权力分立，小议会被给予更多的职能。卢塞恩的小议会同时享有执行权、行政权和司法权，并且是拥有立法权的唯一机构。在调停时期，新设立的自治州阿尔高、圣加仑、提挈诺、图尔高和沃州起初力图采用他们到目前为止使用的宪法，但是这遭到了反法同盟势力的拒绝，因为反法同盟竭力摒弃法国大革命时期的思想财富。在这种情况下，这些自治州的宪法与其他城市自治州宪法相似。就如其他城市自治州，虽然参与议会选举的人数普遍增加，但是权力分立的基本原则却无法付诸实施。但是这些自治州与其他城市自治州依然存在一定的差别，如权利平等的意义在这些自治州的差别更显著。

四、这个时期的进步

在复辟时期，宪政的某些方面依然取得了进步。如赫尔维蒂共和国时期废除隶属地区以及成文宪法原则存续下来了。另外，新闻界的职能也被部分保留下来，新闻界在之后的宪法政治发展中意义重大。瑞士联邦战争银行的设立，这也符合联邦的主要职责，它成了瑞士军队的坚实后盾，可以有力地资助联邦的军事行动。其他进步还体现在教育事业的发展，如成立了自治州学校。相对而言，大多数自治州在复辟时期处于政治和平阶段，在稳定的基础上，经济也有所发展。

自 1820 年起，机械化的纺织工业繁荣发展。纺织工业发展所需机器也在瑞士大量生产，这为瑞士的机器工业奠定了基础。许多自治州，如提挈诺、圣加仑、图尔高、伯尔尼和卢塞恩的自治州宪法中，承认了手工业和行业自由。相反，自治州苏黎世、沙夫豪森、巴塞尔和索洛图恩的行会则要求取得旧的权力与地位。但在这个时期，在废除封建捐税以及统一度量衡和货币方面的努力，毫无进步可言。在自治州层面上，许多自治州最终公布了不同的民法典和刑法典（参见下文 § 331 和 § 339）。

第四节 革 新

一、19 世纪 20 年代的自由思潮

§ 257 自由运动和策划者

拿破仑政治结束后的复辟运动,并没有完全压制自由的、以保存革命政治要求为目的的政治趋势。自 19 世纪 20 年代以来,自由主义的同情者在以公共福利为祉的团体、射击协会及其他场所聚会,讨论法国大革命和赫尔维蒂共和国的思想理念。他们公开批评《联邦条约》,并且要求加强联邦权力。当时比较有名的公共团体,有始于 1819 年的赫尔维蒂协会以及成立于 1824 年的瑞士联邦射击协会。在每年的瑞士联邦射击比赛中,自由主义的政治家们有机会在众多听众前面宣扬如何实现他们的理念。赫尔维蒂共和国时期重要的政治家如保罗·乌斯太里(Paul Usteri, 1768 ~ 1831 年)和阿尔布雷希特·雷格纳(Albrecht Rengger, 1764 ~ 1835 年)也一直在极力主张革命的思想。

这些公开的讨论,并没有在自治州的宪法权利中得以实现。只有自治州索洛图恩、提挈诺、日内瓦和卢塞恩在宪法中引入了权力分立的原则,日内瓦的宪法很早之前便已承认出版自由,1829 年格拉鲁斯、苏黎世、卢塞恩和阿尔高的宪法也承认了出版自由。

§ 258 提挈诺的"改革"

自由浪潮最开始出现在自治州提挈诺。1830 年法国七月革命爆发的前夕,提挈诺颁布了新的宪法,这部宪法满足了提挈诺公民自由思潮运动的主要要求。这些主张主要由教师、教育改革者以及之后的联邦委员会委员斯蒂法诺·弗兰奇尼(Stefano Franscini, 1796 ~ 1857 年)提出。1830 年的《提挈诺宪法》是 1814 年自治州宪法的继续发展,这部宪法补充了民主和自由的元素。宪法规定了如权力分立、官方任期由 6 年减少为 4 年,以及宪法修改必须得到公民同意。该宪法也引入了一系列的自由权利:个人自由、住所不被侵犯、手工业和行业自由、申请权利以及出版自由。因为这部宪法实现了很多改革要求,这部宪法因此被称为"改革"宪法,这是瑞士第一部革新宪法。

二、1830 年法国七月革命和在瑞士的影响

自由的浪潮在没有外界推动的因素下影响了瑞士的宪法权利,而 1830 年在

法国爆发的七月革命则加速与增强了自由思潮的影响。

§259　法国七月革命

法国国王查理十世意图复辟帝国，在1830年7月废除多部法令，限制出版自由，并且解散前不久选举产生的、自由主义者占多数的议会。法国人民掀起了反抗的革命，因为这些违背了法国宪法的精神。在短暂的巷战之后，查理十世逃亡。他的后任，也就是他的外甥——"公民国王"路易·菲利普必须宣誓效忠以自由思想为理念修订的《1814年宪章》。这样的宣誓意味着君主身份合法原则的破裂，以及对公民主权的直接承认。法国七月革命后，法国自由的资产阶级替换贵族阶级取得了统治权力。

§260　民众聚会

法国革命的成果给瑞士带来了恐惧和希望：在复辟时期和赫尔维蒂共和国时期前享有政治势力的社会阶层感到了恐惧，他们害怕失去其权势地位；而自由的势力看到了希望，他们在等待机会，夺取政权。自由主义者在1830年冬天和1831年开始在小城市举行大规模的民众聚会，向当权者强调他们的政治要求。乡村居民希望他们可以在自治州的政治机构里更好地表达自己的意愿，而当时城市居民在政治机构中占据优势地位。在民众聚会的压力下，政府成员不得不作出让步，或者是辞去官职。只有巴塞尔州是例外，那里爆发了武装冲突，在并不严重的暴力冲突下彻底推翻了统治，最后巴塞尔分裂为两个自治州。武装行动并没有带来严重的后果。新闻界在这些活动中扮演了重要的角色，新闻界在现有秩序下进行新闻自由评论，并有效地动员了乡村的农民和居民。

§261　新的自治州宪法

在1831年上半叶，提挈诺颁布宪法之后，另外10个自治州也颁布了新宪法：图尔高、阿尔高、卢塞恩、苏黎世、圣加仑、弗莱堡、沃州、索洛图恩、伯尔尼和沙夫豪森。自由浪潮的运动并没有在其他的自治州扎下根。

在这些革新的自治州，旧的权力关系走向灭亡，宣告了公民主权以及代议民主制。在这场自由的革命运动中，自由主义者如卡西米尔·普菲费尔（Kasimir Pfyffer）影响巨大。如其他人一样，他不仅竭力主张制定新的自治州宪法，也努力建立新的联邦机构以取代自1815年《联邦条约》以来建立的旧联邦机构。

三、革新宪法的自由思想

§262　自由权利的扩展

在革新宪法中，自由权利的范围更为扩大，保障出版自由、申请自由和财产自由。对于手工业发展至关重要的居住自由,原来只在那些1819年加入了《居住条约》的自治州方被认可:苏黎世、伯尔尼、卢塞恩、格拉鲁斯、弗莱堡、索洛图恩、阿尔高、图尔高、提挈诺、沃州、纳沙泰尔、日内瓦和沙夫豪森。继续发展之后,苏黎世和索洛图恩的宪法也对居住自由予以认可。革新宪法也引入了权利平等,并且废除了旧的阶级和地方特权。但是只是有所保留地保障宗教自由,大多数居民的宗教信仰仍受到限制。

§263 公民主权

重要的创新体现在民主权利的领域。在革新的自治州建立了公民主权,对此立法也作出了重要修改。新的宪法和宪法修改必须承认公民的表决权。自治州议会也竭力让乡村居民可以更好地提出主张。关于议会选举的人口调查规定被废除了,不再需要提供最低收入和最低财产证明。在这种情况下,就如之前的赫尔维蒂共和国时期,农民和小资产者再次享有参与政治的机会,尽管在有些地区城市居民还是在出席议会上具有优势。

§264 自治州机构

另外,宪法规定自治州的立法机构为大议会和小议会。大议会由公民代表列席,它是国家的最高权力机构。因公开原则的实施,大议会的谈判必须公开。但是相对于赫尔维蒂共和国时期,公开原则的范围并不那么广泛。议会的权力也受到限制,因政治独立的权力分立,议会不再享有司法权,也不可干涉司法。自治州的司法机构由两个层级组成。行使司法权的第一层是行政区、地区或者初级法院,自治州的第二层是上级法院或者上诉法院,和平法官仍然保留下来。在伯尔尼和苏黎世还设立了特别的手工业法院,然而在调停期间的行政法院并没有贯彻。

四、联邦层面上的发展

§265 阻碍

不同于自治州层面,革新运动在联邦层面上并没有成功。因为仅仅只有一半的自治州通过了新的宪法,自由主义者只能寄希望于议会的决定会意外地由大多数通过。自由主义者也无法推动之前的政治要求,如货币统一。1830年自治州的政治力量对比再次发生了改变,格拉鲁斯、格劳宾登和日内瓦变换到自由阵营,而卢塞恩、施维茨和弗莱堡则重归保守阵营,苏黎世也曾短暂如此。自由主义请求实现的另一阻碍是自由运动在朝适度方向和激进方向两个方向发展的过程中,两者之间产生了裂缝。适度的自由运动竭力促成在联盟基础上形成统一国家经济圈,而激进的自由运动则致力于建立自由和民主的统一国家。

§266 宪法草案

1832年的议会上,由13个半自治州以微弱多数决定,起草一部新的联邦宪法。同年,设立了一个委员会负责起草宪法,委员会由日内瓦教授和政治家佩莱格里诺·罗西(Pellegrino Rossi, 1787～1848年)负责。他拟定了一个介于国家联盟和统一国家之间的中间方案:联邦权力需要加强,但是同时需要给予自治州更多的自由空间。作为立法机构,议会应该由44位自治州代表列席,需要设立一个永久存在的日常联邦议会作为行政机构。联邦法院是民事和刑事案件的最高审判机构,卢塞恩被建议作为瑞士的首府,联邦职能需要进一步扩大,以保障行业自由、居住自由和瑞士境内的交往自由。这部宪法草案包含了之后1848年宪法的许多元素,但是在当时并没有被很好地接纳。1833年的新宪法草案,在很多方面尽管更加保守,依然没有被施行。因此,1830年在联邦层面上并没有设立一个新的组织,就如1815年的维也纳议会,不同自治州的利益分歧不利于达成适用于整个瑞士的解决方案。

第五节 1848年《联邦宪法》

一、19世纪40年代宗教信仰冲突

在19世纪40年代,宗教信仰的矛盾导致了自由力量和保守力量之间的紧张冲突。在革新运动的早期,城市和乡村之间的差异是中心问题,而现在则是天主教保守派和亲近新教的自由主义派、激进主义派之间的冲突。保守派希望维持传统,他们力推联邦制度,并要求在社会上建立教堂。反之,激进主义派则希望推进瑞士的重新布局和整个国家的民主。他们力图建立一个民族国家,并发展商业自由。负责天主教自治州弗莱堡、施维茨和瓦利斯教育事业的教会会士,是激进主义派的"眼中钉"。激进主义派将他们视为"教皇的作战部队",以及自由主义和启蒙思潮的强劲反对势力。

§267 教会会士前往卢塞恩任职

在许多自治州,这种紧张关系已然凸显。卢塞恩在1841年由自由主义自治州转换为保守主义自治州,实际上成为瑞士天主教派的首府。对这次转换起决定作用的是宪法议会的选举,在这次选举上天主教保守派取得最终胜利。为了加强教会在国家的影响,1844年教会会士前往卢塞恩任职。他们负责在教士神学院

和神学学校授课,并履行宗教精神的指导。

§268 阿尔高的修道院争论

倾向自由主义并进行了宗教改革的自治州阿尔高在1841年修改了宪法,这部宪法调整了大议会席位的分配。之前,新教教徒和天主教教徒在大议会拥有同样的席位,而现在则根据教派势力来划分席位,这符合自由主义者的要求。尽管大多数居民都接受了这个草案,但是在乡村却引致了混乱。自由主义者认为,自治州领地内的8个天主教修道院应该为此负责。在自由主义者的推动下,废除了这些修道院在大议会的席位,由此引发了境内外的各种抗议。保守自治州乌里、施维茨、下瓦尔登、弗莱堡和楚格要求召开一次特别会议。多数自治州在这次会议上决定,废除修道院席位的做法违背了《联邦条约》,并要求阿尔高撤回之前的决定。阿尔高只是部分遵循了这一要求,允许4个女修道院继续列席大议会。

在瓦利斯,与1844年的卢塞恩相似,政治情形有所改变。天主教保守派在大议会上获得多数席位,大议会废除出版自由,并且禁止新教家庭礼拜。虽然激进主义派力图挽回局势,但最终仍以失败告终。

§269 志愿军队伍

宗教信仰的矛盾最终导致了流血冲突。因不满教会会士前往卢塞恩任职,武装的自由主义者志愿军队伍第一次是在1844年年末,第二次是在1845年3月,推翻了卢塞恩的保守政府,并驱逐了城市里的教会会士。虽然来自伯尔尼、索洛图恩、阿尔高和巴塞尔乡村地区的武装兵支援了志愿军队伍,但他们在两次冲突中所想要达到的计划都失败了。

二、特别同盟战争

§270 特别同盟

志愿军队伍的行为使天主教自治州大为震惊,联邦境内的7个天主教自治州,乌里、施维茨、下瓦尔登、卢塞恩、楚格、瓦利斯和弗莱堡在1845年12月组成了特别同盟,对抗自由主义的攻击。而在1846年的议会上,反对者则要求解散特别同盟,因为这违背了1815年的《联邦条约》。但是只有10个自治州同意解散特别同盟。于是,激进自由主义者首先在日内瓦和圣加仑执政,并形成了反对特别同盟的多数派。

§271 战役

借此,激进主义者势力日益强大。除了解散特别同盟,他们还要求修改《联邦条约》以加强联邦的权力,并将商业和手工业市场扩展到自治州境外。他们认为,

1815 年的《联邦条约》已经无法满足瑞士商业发展的需求，他们得到越来越多人的拥护。要求全面修改《联邦条约》的支持者不断增多，而曾经的特别同盟自治州则反对联邦改革，因为它们担心会削弱其政治力量。两派之间的分歧继续加深。1847 年议会再一次试图通过谈判的方式解决这一冲突。然而，频繁的谈判并没有带来预期的结果，特别同盟自治州代表在宣读完一份抗议后全体离开会议地点。议会宣布决定武装解散特别同盟，并将此任务授于将军纪尧姆·亨利·杜福尔（Guillaume-Henri Dufour, 1785～1875 年）。议会授权他领导由100,000名男子组成的联邦军队。特别同盟自治州的军队仅有 35,000 名男子，他们也不如联邦军队专业。在不到 1 周的远征和迈厄斯卡珀尔战役后，1847 年 11 月 24 日联邦军攻占了卢塞恩城。特别联盟的作战参谋议会从城市仓皇逃离，最后投降的自治州为瓦利斯。特别联盟的解散，是瑞士历史上最后一场国内战争的终结。自由主义势力在获取胜利后，立即着手修改 1815 年的《联邦条约》。

三、《联邦宪法》的产生

§272　1848 年革命

瑞士的历史事件引起了欧洲外方势力的关注。法国、普鲁士、奥地利和俄国的保守势力企图通过影响议会来阻止《联邦条约》的修改，并以武力干涉进行威胁，议会并没有让它们的计划得逞。1848 年年初巴黎爆发了革命动乱，并迅速蔓延到整个法国和其他保守势力执政的国家。由于这些国家的政府忙于应付国内政治问题，已无暇问津瑞士的政治，这场混乱迫使路易·菲利普和梅特涅退位。

§273　宪法委员会

1848 年 2 月起草新《联邦宪法》的委员会成立。除了保守势力执政的自治州纳沙泰尔和内阿彭策尔，所有的阶层都有代表参与这个委员会，大多数委员会成员是激进自由主义者和缓和自由主义者。1848 年 4 月委员会就呈交了一份草案，激进主义和自由主义势力希望尽快完成宪法草案的修改，并利用他们在特别同盟战争中，以及与保守势力决裂后在联邦层面上取得的优势地位。当然，他们也想在欧洲势力有机会干涉之前完成这项工作。宪法委员会在起草宪法过程中，借鉴了 1832 年和 1833 年的宪法草案，而在自由权利领域则参考了自治州的革新宪法，以及法国大革命时期的激进民主思想，当然他们并未声明借鉴了后者。

§274　宪法的施行

1848 年 6 月 13 个自治州的代表值议会之际宣告接纳这部宪法草案。在最后阶段的自治州公民公决，共有 15 个自治州和 1 个小自治州的公民表决通过这部宪法草案,他们总计为全体瑞士居民的7/8,这也使宪法草案以绝大多数赞成通过。投票反对新宪法的除了提挈诺州,还有天主教保守自治州乌里、施维茨、下瓦尔登、楚格、内阿彭策尔和瓦利斯。卢塞恩通过了这部宪法,这当然是因为将投票反对者计入了赞成者之列。而弗莱堡的大议会则决定跳过公民投票这一环节,直接"以公民的名义"接受了新宪法。1848年9月议会宣布一致通过宪法草案,虽然当时那些发起建立瑞士联邦的自治州和内阿彭策尔州仍持保留意见。之后,议会自行解散,新的国家机构建立。1848年11月6日在伯尔尼召集了第一次联邦会议,10天后会议选举产生了联邦委员会委员以及联邦法官,并定伯尔尼为联邦首府。

这是1798年之后,瑞士第一次在没有外方势力的干涉下成功地制定了宪法。自治州弗莱堡和瓦利斯以及瑞士中部自治州的那些信仰天主教的居民,自然将这部充满自由主义色彩的宪法视为难以忍受的失败。这些自治州在之后的10年里,退出了联邦政治舞台。保守的天主教教徒在1848年之后的10年内极少列席国会,直到1892年约瑟夫·赞普(Josef Zemp, 1834～1908年)成为第一位被选举为联邦委员会委员的天主教教徒。

四、《联邦宪法》的内容

§275 联邦制国家

1848年的《联邦宪法》已经呈现了瑞士现代宪法的基本轮廓,它的内容值得我们进一步深入讨论。通过这部宪法,瑞士联邦发展成为实行代议制民主的联邦制国家。如克莱所言,这是之前宪法不断发展的结果。1815年的《联邦条约》所确立的不仅只是纯粹的国家联盟。1815年之后,自治州之间的各种协定加深了这一理念,这些协定并不被视为自主国家之间的协定。并且,国家观念也在逐步发展,因此,1848年的联邦国家实乃之前历史发展进程的延续,而非突如其来的一次转变。

§276 任务和职能

根据1848年《联邦宪法》第2条的规定,联邦的宗旨是对外宣告独立,以及保持国内的秩序和和平。这与1815年《联邦条约》确立的联邦目标相一致。联邦的新目标还包括促进整体社会福利,保障公民的自由和权利,这些其实都包含在1832年的宪法草案中。联邦当然也有新的独享职能,如决定国家的对外政治,并且采取适当的措施保障国内和平。其他方面的职能还包括,决定关税和邮政制度,以及规定如何使用货币和火药。联邦可以设立对公众有益的工厂、大学和综合性科技学校，采取措施防御与抵抗瘟疫，统一货币和度量衡。与1815年的《联邦条约》相比，联邦的职能范围增加了，而且其职能的筹划与安排也更合理。尽管宪法委员会的工作带有自由主义倾向，委员会也认真考虑了保守联邦主义者的请求，并且保留了自治州在权利、学校和宗教方面的重要职能。在之后的时期，自治州强烈要求保持其立法自治（参见下文§351）。联邦保障自治州的边界以及它们的宪法，但是它们必须符合共和民主的基本原则这一前提。

§277 联邦会议

行政权、立法权、司法权三项职能确立后，联邦的权力分立制度化。在如何行使之后的立法权问题上，宪法委员会分为两个阵营：小自治州并不想放弃它们历史上获得的权利，派出与大自治州人数相等的代表；大自治州则要求，国会应该根据自治州居民的数量来确定自治州代表数额。大、小自治州互相冲突的要求是形成两个国会议会的原因，这也借鉴了美国1787年《联邦宪法》和赫尔维蒂共和国宪法，当时的医生和哲学家伊格纳茨·保罗·维塔尔·卓思乐（Ignaz Paul Vital Troxler，1780～1866年）也极力建议采取此种形式。国民议会是全体瑞士公民的代表机构。根据自治州的公民数量来选举代表列席参议会，每20,000公民可以派选一位代表，国民议会成员的选举遵循多数决定原则。瑞士联邦议会是原来议会的继承者，每个自治州派选两名代表列席议会，而小自治州派选一名代表。联邦议会用以平衡国民议会的势力，因为后者实际上是由人数众多的自治州所掌控的。两个议会的讨论分开进行，法律草案只有经两个议会同意方才有效。两院制的一个例外是，某些讨论，如选举行政机构和司法机构，两个议会一起开会，在联合的联邦会议上达成决议。两院制的理念主要是保障在政治上接受新的宪法，通过两院制方式可以保障语言和宗教信仰的少数派在联邦层面上的代表权与参与权。

§278 联邦议会

行政权的组织相对简单。1832年的宪法草案规定行政机构的设置，参照赫尔维蒂共和国时期的五人执政内阁，由联邦议会机构来行使，但是这个执政内阁由7位成员而非5位成员组成，这样会更有益地代表自治州。起初，联邦议会选举每3年一次，后改为每4年一次，成员任期满后可以再次被选任。联邦议会的选举遵循集体原则，而重要的决定需要取得联邦议会的全体同意。联邦议会由联邦总统领导，由议会成员中资格最老者担任。除负责主持联邦政府会议外，联邦总统在对内对外上代表国家。联邦会议根据任职年龄每年共同选举一次联邦总统。如联邦总统的势力过大，宪法委员会可通过论证方式进行阻止，这有效防止了寡头政治的倾向。

§279 联邦法院

在司法权方面,新设立的联邦法院是刑事权利和民事权利相关问题的最高司法机构,宪法审判权则归于联邦会议。联邦法院没有固定场所,只是偶尔开会,其职能较少。在刑法事务方面,联邦法院只负责叛国罪、骚乱以及攻击政府的暴乱。联邦法院的设立,也借鉴了赫尔维蒂共和国时期三层的法院机构设置:首先最低层是初级法院和地区法院,其次是自治州法院以及上级法院,最高层是联邦法院。

§280 自由权利

《联邦宪法》认可自治州革新宪法所保障的自由权利,但是受保障的权利通常都会有所限制,如权利平等虽然受到保障,但是只有“基督信仰的瑞士居民”才受到保护。准许居留权的适用亦是如此,并且可拒绝给予贫困居民居留权。准许居留的人与自治州居民地位平等,享有“行业自由”,但是无法投票表决公共事务,也无法分享公所和机构财产的盈利。由于一些自治州的反对,完全的行业自由和手工业自由并没有得以实现。但是,《联邦宪法》保障了在自治州边境自由进口、出口或是转运财产,并规定自治州有义务确保非本自治州居民在获得准许居留后,从事行业工作时享有与本自治州居民同等的待遇。实际上,联邦层面上承认完全的手工业自由和行业自由并不那么重要,因为这些已被大部分自治州的宪法所确认。《联邦宪法》虽承认宗教信仰自由,但也有所限制。宪法保障文化自由,但是只承认基督宗教信仰。此外,宪法还包含了一条有关宗教信仰的特别条款,即禁止耶稣教会会士参与联邦国会的选举。这是因为多年来,因宗教信仰问题产生了多番冲突。而女性的政治权利则被完全否定(参见下文§374 和§383)。虽被部分限制但是仍予以保障的权利还包括普遍选举权、出版自由、结社自由和请愿自由。

§281 商业政治职能

宪法规定联邦的任务还有,建立框架条件,以消除手工业发展的阻碍,并促进商业的自由发展。联邦负责关税制度,有权废除自治州设置的关税,并且确定瑞士的进口关税、出口关税和转运关税。这在 1848 年之后才有可能轻松实现。但是实现自赫尔维蒂共和国时期起便力图促成的度量衡和货币统一,仍然是困难重重,1835 年只有 12 个自治州就此达成一项协议,其他自治州并不愿意参与此协议。建立国家的私法权利,以及确立商业自由发展的框架条件,在激烈的反抗后得以实现(参见下文§351)。

第六节　1874年的宪法修改

一、年轻的联邦国家修改宪法的第一次努力

§282　1848年之后

1848年建立的国家制度在最开始那几年主要是贯彻实施宪法,并宣布必要的宪法实施细则。1849年的关税法,规定了统一的关税税率。在货币方面也有所进步,法国的硬币法定纯分在瑞士执行,1850年瑞士法郎作为国家货币投入使用。反之,度量衡统一则一直没有实现。1851年的一项法律规定,所有自治州必须使用米来制作为长度单位,但是在实施过程中却遭到了瑞士西部和南部的反对。1868年另外一项法律认可,同时使用法国和英国的度量衡系统。

修建铁路对当时年轻的联邦国家来说,具有重大的国内政治意义。但是有所争议的是,应该由私有企业负责修建铁路,还是在国家的领导下修建铁路,在1852年私有铁路的代办中得以贯彻实施(参见下文§400)。

§283　1866年的修改草案

1864年开始了第一次修改宪法的准备工作。诱因是当时瑞士与法国签订了贸易协议,保障所有法国人在瑞士的自由居留许可权和从事行业工作的权利。而瑞士的犹太人,根据《联邦宪法》既不享有平等权利,也没有居留许可的保障,与法国人相比待遇更糟糕。宪法修改草案中,废除了此类歧视性的限制,并包含了统一度量衡和增加联邦职能的相关内容。总而言之,瑞士公民和各个阶层都表达了修改宪法的愿望。但是1866年的公民公决只是确认了瑞士的犹太人在居留许可方面享有平等地位。

二、1872年和1874年修改宪法

§284　民主运动

尽管在1866年的宪法修改中,只修改了一小部分内容。但是宪法需要一次全面修改的情况已然明显。首先,《联邦宪法》给予公民的权利过少,因此有权势的人物可以借机积聚政治势力。在自治州也存在这种情况,如在苏黎世,政治家和企业家阿尔弗雷德·埃舍尔(Alfred Escher)同时担任了几个要职。其次,埃舍尔势力的对手在苏黎世掀起了一次反对运动,以加强自己的势力。1869年苏黎世颁布了一部民主宪法。在其他自治州也存在具有民主主义倾向的反对派。民

主运动促使自治州引入了新的政治权利,如非硬性规定的全民公决、法律草案的表决、由公民直接选举自治州政府和联邦院议员。不久之后,民主运动进一步扩展到联邦层面,要求在联邦层面上确立更多的公民权利。

§285　文化冲突

新的宗教冲突也是宪法全面修改的另外一个原因,在特别同盟战争后,信仰天主教的瑞士居民与由多数激进自由主义者所引导的联邦国家关系紧张。从19世纪60年代开始,摩擦增多,19世纪70年代初期激烈的争辩,让文化冲突发展到了新的高潮,其直接起因是宗教布告。1864年教皇庇护九世在他的谕告中附加了一份列表,列举了80项当时政治、商业和社会的错误,如个人的信仰自由、新教教义、国家和宗教的分离、民事婚姻以及离婚。此外,1870年的梵蒂冈宗教会议通过了教会的不可争议性原则:教皇在确定的形势下发表的学术观点是不容置疑的。自由主义者、新教教徒,以及自称为天主教教徒是不可信的。天主教教徒对国家的忠诚遭到质疑。而在当时的宗教方面,扩张联邦职能以及实现国家全面世俗化的呼声高涨。因此,在自由主义者执政的自治州,天主教教会出现分裂,建立了独立的教会公所,而原来的天主教教会公所与基督天主教教会于1876年已经联合。大多数自治州的罗马天主教教会与国家之间产生了激烈的争辩,在这种情势下,瑞士联邦委员会断绝了与圣座的外交关系。

§286　瑞士法学家协会

1861年瑞士法学家协会成立,并要求修改宪法。1868年法学家协会通过请愿,要求改革联邦法院机构设置,以及在整个瑞士层面上统一法律(参见下文§352)。满足这些要求当然需要有相应的宪法权限作为前提。1872年一份全面修订后的宪法呈交给民众。这部宪法草案想要修改原来宪法共114条条款中的40条规定,废除14条规定,并引入21条新规定,并规定由联邦负责整个民法和刑法以及程序法的立法。但是各阶层和公民拒绝了这一草案。只有9个自治州支持这部宪法草案。在拒绝草案的13个州中,还包括了新教以及激进主义派执政的自治州日内瓦、纳沙泰尔和沃州。

同年,宪法修改工作再次开展。为了避免再次失败,自由主义力量组织并成立了公民协会(瑞士自由民主党的前身)。这部新的宪法草案建立在1872年的草案基础上,但是减少了中央集权的相关规定,这是对有联邦主义思想倾向的圈子所作出的妥协。反之,鉴于文化冲突的混乱,这部宪法草案包含了更多的规定,来处理国家和宗教之间的关系。尽管所有的天主教保守自治州都拒绝这些修改,联邦宪法的第二次全面修改还是成功了。1874年5月联邦会议上宣告,全面修改后的宪法正式施行。

§ 287　革新

修改后的宪法在许多方面都有所改变和革新。

首先,体现在商业方面,居留许可自由的范围扩大。而且自赫尔维蒂共和国时期便讨论的手工业和行业自由现在也得到了更全面的保障。在防止童工用工和优化工厂工作条件方面,联邦也获得了相应的立法权能,并在1877年制定了关于工厂工作的法律(参见下文§390)。

其次,体现在教会方面,新的宪法保障所有教派的文化自由、居民的信仰和凭良心行动的权利。《联邦宪法》也规定了许多宗教信仰方面的例外条款,如对罗马天主教教会的新限制:除强化教会会士禁令外,还禁止设立新的修会和修道院,新建主管教区必须得到联邦的同意。公共生活的重要领域都世俗化了,因此,教会只好大幅度减少它们的权力:如宣告婚姻法的权力(参见下文§399),原由教会负责的民众教育、市民身份和葬礼都转由国家管理。

最后,联邦和自治州也发生了一些改变。为了弥补自治州职能范围的缩小,规定联邦立法和具有普遍约束力的联邦决定都需要通过公民投票才能生效。联邦有权颁布国家的债法,联邦暂时不具有统一其他法律的职权,这在1872年之后才有所改变。新宪法涉及的刑法权利为:禁止因拖欠债务而被拘留、严禁体罚和废除死刑。另外,联邦法院的机构也得以重新设置,联邦法院成为常设机构,设在洛桑。因联邦法院的职权范围明显扩大,联邦法官的数量也随之增多。此外,也引入了国家法的抗诉,民众因此有机会在与自治州当局发生冲突时,向联邦法院申诉。总之而言,1874年《联邦宪法》修改后,强化了联邦的地位。

第七节　1874～1999年的发展

一、联邦职权的扩张

直到1999年,《联邦宪法》并没有全面修改过;反之,宪法的部分修改多达140次。联邦获得越来越多的职权,联邦权利进一步深化和扩张,联邦权利的数目也有所增加。

§ 288　法律修改议程的改变

直到1890年,以改变1874年形成的法律修改议程为目的的政治努力是宪法历史的特色。然而,瑞士西部天主教和联邦主义力量反对相应的法律草案。这些势力采取措施,采纳新的非硬性规定的法律全民公决。在他们的反对下,其他法律草案也被否决,如引入军事义务代替税(1876 年)、纸币专营(1880 年)和设立一位瑞士联邦的教育秘书(1882 年)。并且,在联邦主义者的压力下,1879 年再次恢复死刑。

§289 社会法、环境法、无形财产法和私法

其他的一些法律草案则获得了成功,如 1877 年通过了工厂法法律草案,1890 年联邦获得了制定医疗保险和事故保险法律的权力。因瑞士工业化程度加深,而自治州的规定已经不能满足其需要,急需制定瑞士联邦劳动法和社会保障法。这些法律也是瑞士社会法的开端(参见第十一章第二节)。这些法律在制定与修改的过程中,都伴随反对与犹豫。比如,医疗保险和事故保险法律在 1900 年第一次表决中并未通过。1874 年修改后的宪法规定,联邦有权监督高山脉地区的水利工程和林业警察。在此基础上,1876 年制定的《林业警察法》是瑞士第一部以环境保护为目的法律,它象征着瑞士联邦环境保护法的开端(参见下文 §412)。在 1874 年宪法给予联邦新的职权基础上,联邦在 1883 年公布了一部著作权法,在 1888 年公布了一部专利法和一部关于工商业货样和模型的联邦法律。这些都是联邦在无形财产保护上的进步(参见下文 §408)。在私法领域,联邦在多番艰辛努力之后,只是获得了部分的立法权。1872 年之后,联邦并没有获得制定全部私法的立法权,1874 年的法律规定联邦只有《证券法》《手工业法》《票据法》的立法权,《票据法》于 1883 年生效。但是在 1889 年,联邦成功地获得了制定适用全国的民法典和刑法典的立法权(参见第十章)。这些国家法典是联邦权力的象征,也意味着联邦声望的显著提高。随着劳动法和铁路法的公布,联邦已经建立了一个统一的、范围广阔的国有法律体系基础。1872 年联邦还在没有宪法授权的前提下,自行颁布了两部铁路法。20 世纪的技术革命要求联邦增强其职权以有效制定各种法律,制定科技领域内的法律被视为联邦的应有职责(参见下文 §401)。

§290 商业和经济政治趋势

联邦商业和经济政策方面的职权也在不断扩展。1874 年《联邦宪法》第 31 条规定了保障在整个瑞士境内商业自由主义、手工业和行业自由的原有援助;但是与 1848 年《联邦宪法》相同,也规定了许多限制。在第一次世界大战时期和 20 世纪 30 年代的经济危机中,联邦委员会当然需要干预经济。当时的经济部门,如旅店业、手表行业、农业、手工业和零售业均陷入了困境:一方面,产品价格下滑;另一方面,又必须应对外国同行的竞争。1929 ~ 1936 年瑞士的出口额下降了

65%；农业产品价格下滑，导致许多企业被迫停业。工资收入普遍下降，而失业率则不断上升。民众和政治都转而信赖对自由商业进行经济和社会干预。人们普遍认为，国家在维护公共秩序和保护社会公众利益方面的权利不应受到限制，而且要求在受到强有力竞争威胁的情况下，国家保护私人利益。因此，这促成了联邦委员会结构性的经济干预。国家以经济资助的方式支持农业发展，并阻止开立新的旅店。

在联邦委员会全权执政期间（参见下文 § 295），手工业和行业自由暂时失效。因宪法缺乏相应立法，联邦委员会在 1939 年向国会呈交了新的商业条款草案。因战争原因，这部法律起初没有被通过。直到 1943 年，在自由联盟和社会民主党推动下的新运动中，此项计划再次被启动。社会民主党人士要求确立劳动权利和由国家引导的计划经济。咨询商业协会后，联邦委员会反对再次修订 1939 年的商业条款。《联邦宪法》第 31 条、第 32 条和第 34 条重新措辞，在保留国家宏观调控的前提下，保障手工业和行业自由。1848 年旧《联邦宪法》第 31 条第 2 款规定了如何采取措施以维护重要的商业部门和职业，保护"健康的农民生活水平和有效率的农业"；也规定了如何采取措施保护受商业威胁的农村地区、卡特尔危害的国民经济和社会，但是在原则上并不禁止卡特尔。第 34 条规定了由雇主和劳动企业协会制定的普遍劳动合同是具有普遍约束力的。这也体现了旧宪法所采纳的集体元素。1947 年民众通过了这几条商业法律条款的修改。因此，宪法确认联邦国家的商业政治，对手工业和行业不再放任自由。民主合法的国家经济干预将有利于民众更广泛地参与国家经济。1978 年《联邦宪法》第 31 条第 5 款明确规定联邦负有责任，保持经济平衡发展，1981《联邦宪法》第 31 条第 6 款增加了联邦的消费者保护义务，1986 年该法第 34 条第 6 款规定了联邦对承租人的保护。

§ 291　支付控制和竞争权

为了承担起以上和其他新的职责与任务，联邦的债务与日俱增。这导致联邦支出超出控制，联邦财务多年赤字。为了控制财务赤字，1995 年《联邦宪法》第 88 条规定联邦政府有义务保持财务平衡，2001 年《联邦宪法》第 126 条又加入了债务控制。

20 世纪 90 年代，国际经济法迅速发展，瑞士加入了世界贸易组织，联邦力图促进瑞士商业在竞争机制下加速发展。就如其他国家，瑞士联邦保留了对某些领域的国家资助措施，如商业领域的农业供应和农业发展。在价格支持和出口资助上，联邦采取直接支付的方式。1995 年修改了《卡特尔法》，加强了对卡特尔权利的相应规定。限制商业竞争的协定原则上应该受到阻止；另外，市场上占主导地位的企业之间达成的商业协议必须登记备案,依据它们的市场占有份额,协议还需得到许可。2004 年修改后的《卡特尔法》引入了竞争委员会的批准权,通过证人规定促进企业脱离卡特尔,并与竞争管理机构合作。

二、政治权利的增加

§292 公民提案

在采纳非硬性规定的全民公决后,瑞士宪法权利的政治权利领域也历经了改变。在 1874 年就实现了宪法修改,但是只能通过联邦立法和全面修改的方式。1884 年3 位颇有声望的保守主义的国家议员提起一项议案,要求以修改部分宪法的方式应对各类政治主张。直到 1890 年,联邦委员会才将这份议案的要求,即宪法部分修改的提案权,递交国会审议。联邦委员会在议案中说明大多数自治州的宪法规定了由公民提案要求修改部分宪法。国会的多数派激进自由主义者,保持了应有的清醒,他们知道,国会政治力量与民众的政治力量此消彼长。实际上,政治上的少数派利用了 1891 年所通过的这项权利,设法让他们的政治诉求获得关注。尽管之后,大多数的启动议案都失败了,但是有些政治诉求以国会的反建议形式得以考虑。

§293 比例选举权利

尽管 1848 年宪法和 1874 年宪法都确立了国民院选举的大多数原则,但是自 19 世纪 60 年代自治州开始讨论采用比例选举制度,并在有些自治州开始实施。1900 年代表天主教保守派和社会民主党的联盟,呈交了一份相应的民众启动议案。这份议案的目的是,改变大多数选举制度下国会自由主义派和激进派取得的全权执政地位。这项议案遭到否决,1910 年类似的第二份议案也失败了。第三份议案最终获得通过,在这期间更多的自治州也改变了原有的选举模式。1918 年开始采用比例选举,结果是,在 1919 年国民院的选举中,自由主义派失去了原有 101 个席位中的 46 个席位,而社会民主党人士则获得了 21 个席位,首次参加会议的农民、手工业和市民党(Bauern-,Generbe-und Bürgerpartei,BGB,瑞士人民党的前身)立马获得 28 个席位,而天主教保守派的席位保持不变。采纳比例选举制度也影响了联邦法院法官的设置以及联邦委员会的机构。现在各个党派应该根据其在国民院的力量要求获得其相应的席位。1919 年天主教保守派获得了第二个联邦委员会席位,1929 年农民、手工业和市民党的代表被选举为联邦委员,1934 年社会民主党人士代表获选为联邦委员。从 1959 ~ 2003 年联邦委员会的选举一直保持此种状态:瑞士基督教民主人民党占 2 位、瑞士自由民主党占 2 位、瑞士社会民主党占 2 位、瑞士人民党占 1 位。2003 年瑞士基督教民主人民党失去了 1 个席位，由瑞士人民党获得。

§294　国家条约全民公决

1921 年另外一项公民政治权力，即国家条约的全民公决得以确认。其实这一权利在有些自治州宪法的引言部分就有所规定。瑞士联邦与外国达成不确定期限的或是至少 15 年的国家条约，如果 30,000 名有权表决者和 8 个自治州提出要求，那么这部国家条约就需要呈交给公民表决。由联邦委员会和联邦议会与国外签订的国家条约，一直是民主人士和联邦主义者的“眼中钉”。早在 1909 年，当联邦委员会与德国、意大利签订了一个不利于瑞士的第二个国家条约之时，来自沃州的一个委员会就启动了这样的议案。但是新的宪法措辞严谨，1921 年之后，只有极少数的并不重要的国家条约需要通过全民公决。其他重要的国家协定，如 1972 年与欧洲经济共同体达成的自由贸易协定，联邦委员会没有通过全民公决就通过了。1977 年《联邦宪法》第 89 条第 3 ~ 5 款明确规定，何种国家条约需要全民公决通过。

首先在 1971 年，宪法认可了女性的选举权，1981 年《联邦宪法》第 4 条第 2 款规定女性和男性地位平等（参见下文 §383）。

三、两次世界大战期间的全权政权

§295　1914 年的全权决议

1914 年 7 月 31 日在德国对俄国宣战的前一天，瑞士联邦委员会动员了军队。1914 年 8 月 3 日联邦会议选举了时任军队司令的乌尔里希·维勒（Ulrich Wille，1848 ~ 1925 年）为将军，并通过了由联邦委员会呈交的联邦决议中的措施，以保护瑞士并维持其中立地位。回顾可知，这份全权决议在当时影响甚远，宪法以及其确立的民主在之后的那些年中失效。全权决议表明了瑞士坚定的意志，在即将来临的战争中保持中立地位，而联邦委员负有责任让战争参与国获知瑞士的中立。决议的第 3 条给予联邦委员会全权采取不受限制的任何措施，以保护瑞士的安全、完整和中立，维护国家商业利益。为了达到此目的，根据决议第 4 条的规定，联邦委员会的负债不受限制。联邦委员会的唯一义务是，在下一次召开的联邦会议上对全权的使用作出解释。给予联邦委员会特别全权并非新的创举，1848 年之后在面临国内政治混乱和邻国战争时，联邦会委员曾多次暂获全权。为了消除战争的影响，如同其他国家那样，这样的做法是必需的，暂时废除正式的立法程序，给予政府广泛的立法权和行政权。瑞士政府如此长时间、大范围全权执政，这当然还是从未有过的。和其他欧洲国家一样,在1914年战争爆发的时候,瑞士也认为战争并不会长时间持续。然而,战争和瑞士因此而形成的全权执政时间持续了很多年。

§296 影响

全权决议给予了瑞士联邦委员会从未有过的政治权力,尤其集中在行政管理领域。这些并没有宪法基础,全权决议可以说是一种形式的紧急情况条款。在没有国会和民众的参与下,联邦委员会和行政机构可以颁布紧急命令,并采用相应的措施。这也干涉了自治州的自主权和公民享有的宪法权利,如手工业和行业自由被大范围废除。联邦委员会频繁使用其全权。起初,鉴于战争情况和当时普遍存在的政治和社会权威信仰,联邦委员会的全权执政并未遭到强烈反对。瑞士各地区同情的是不同的参战方,如瑞士德语区居民同情同盟国,而瑞士法语区同情协约国,这导致1916年瑞士的全权政权在瑞士西部地区开始破裂。瑞士西部地区和瑞士德语区之间的分歧不断扩大,直到1917年部分瑞士德语新闻界与同盟国保持了距离。

不断强化的反对,当然没有阻止联邦委员会的全权执政,仅仅在1919年年初,联邦委员会就颁布了1000项紧急命令,不只涉及国内安全,也涉及外交事务,有些还严重干预了国民经济和法律体系。行政机构也使用了其权力:有些命令直接由政府的各部门颁布,而有些甚至是由各部的机构颁布;有时还放弃了公开宣布命令,这样的措施并不被人所知。然而,机构的权威行政并没有阻止经济和社会的危机,手工业和国内贸易颓败。民众不得不面对价格上涨、生产集约化和失业的威胁,许多人陷入了经济困境,只好指望公共救济。服役的国防军军饷无法发放,以至于许多家庭在没有父亲的收入下勉强度日。工人阶级和资产阶级之间的社会矛盾不断加剧,在1918年爆发了全国性罢工,在这次罢工中动用了大量军队来控制罢工者(参见下文§396)。在各方努力下,一场潜发的国内战争被阻止了。

§297 两次世界大战之间的危急法

在第一次世界大战结束后,尽管联邦委员会反对,1919年国会决定停止全权执政。但是并不是所有的紧急命令都失效。两次世界大战之间的时期,因《联邦宪法》第89条紧急情况条款的使用,直到1939年颁布的大多数法律都没有经过全民公决。鉴于世界经济危机、失业和法西斯军队的增加,瑞士境内的政治情况无法正常化,颁布了众多危急情况下的法律。

§298 1939年的全权决议

1939年8月30日在德国军队进攻波兰前夕,瑞士联邦会议宣布了第二次全权决议,决议内容与1914年的全权决议大部分相同。联邦委员会依然有义务,每年在 6 月和 12 月向国会作报告，而在其他时期，联邦委员会在宣告重要措施前应该向国会委员会递交以获得评估。国会在持续的战争中一直处于全权执政时期。直到 1945 年，国会颁布了百余部全权决议，因这些决议，公民权利的限制不断扩大，而自治州的立法权也转归联邦，自治州成为联邦权力的执行机构。

§ 299　难民政治

根据瑞士第二次世界大战独立专家委员会的研究，联邦委员会并没有使用它的全权，让 1931 年颁布的关于外国人居留和安家的联邦法律失效。这部法律允许因政治原因被追捕的外国人在瑞士避难。根据 1942 年 8 月一份联邦委员会的通报，尽管联邦委员会在当时明知针对犹太人的驱逐政策，因种族原因被迫害的难民，尤其是犹太人，并不属于政治难民，他们被推到瑞士边境。据估计，大概有 20,000 名犹太人被驱逐到边境。1944 年 7 月匈牙利的犹太人遭到屠杀后，瑞士首次承认犹太人为政治难民。一直到战争结束，大约有 60,000 名被纳粹政府和法西斯意大利追捕的平民受到保护，还有 104,000 名外国军人，因陆战条约的要求而得到保护。

§ 300　与轴心国国家的商业关系

在全权执政框架内，《瑞士民法典》第 934 条的归还请求条款并没有改变，这是为了防止在瑞士出售德国从犹太人那抢掠的艺术品。在 1941 年年末，美国加入第二次世界大战以后，瑞士法郎是当时可以自由交换的少数货币之一，德国当局通过掠夺黄金和艺术品获取瑞士法郎，用来在其他中立国家购买原料。瑞士是德国重要的黄金、艺术品和外汇中转地，瑞士银行发放给德国企业贷款，并提供金融服务。瑞士也允许德国和其盟友通过阿尔卑斯关口用铁路方式运输货物和武器；1940 年和 1944 年，瑞士 84% 的武器和弹药都出口到了德国。瑞士当局依据的是中立地位，根据政治理论和实践，中立国家没有义务，与发动战争的国家中止商业关系。瑞士联邦委员会对纳粹德国的妥协，就如全权执政，广泛地被公众接受了。人们害怕德国占领瑞士，并希望缓解因难民带来的经济压力。

§ 301　法学和法庭实践

法学家们并没有大范围批评全权执政，少数例外中的一个是当时的瑞士公法教授扎卡利亚·贾科梅蒂（Zaccaria Giacometti, 1893～1970 年），他公开痛斥联邦委员会的行为。从国家社会主义的思想财富来看，瑞士的法学家们与政治如此保持距离，是很少见的。法学家如弗里茨·弗莱纳（Fritz Fleiner, 1867～1937 年）、奥古斯都·艾格尔（August Egger, 1875～1954 年）和迪特里希·辛德勒（Dietrich Schindler, 1890～1948 年）在公开演讲、文章和书评中批判了德国的宪法发展以及与之相应的国家社会主义法学理论。与德国不同,瑞士年轻的学者们也对构建国家社会主义不公正国家的理论有很大贡献。此外,自治州法院和联邦法院拒绝为纳粹政府执行剥夺财产和掠夺政治提供帮助。根据瑞士的秩序,公众拒绝执行带有国家社会主义和种族歧视的德国判决。从1935年开始,联邦法院在许多判决中坚持,纳粹的种族法律违背了瑞士的公共秩序,不予执行。

1945年年末,联邦会议通过决议结束了全权执政。但是许多全权执政时期的决定依然有效,直到1952年最后的一些决定也被废除了。

四、扩大基本权利保护

§302 承认未成文的基本权利

1874年的《联邦宪法》明确保障10项基本权利。第二次世界大战之后,扩大和保障个人自由的呼声日益高涨,而现有的基本权利保护不够充分。20世纪50年代,由于修改宪法在政治上依然存在问题,因此选择了另外一种方式,即以法院的方式扩大基本权利保护。1959年联邦法院承认了财产保障是不成文的基本权利;1961年言论表达自由;1963年个人自由以及生存权利;1965年选择语言自由;1970年集会自由和1995年的生活保险权利。并在1992年采纳了拒绝服兵役者的替代性服役;在20世纪70年代,所有拒绝政治服役的人都会被军事司法机构严厉惩罚。

§303 加入《欧洲人权公约》

1974年瑞士加入了《欧洲人权公约》,该公约包含了一系列基本权利,这些是欧洲国家在第二次世界大战之后,于1953年所确立的。为了参与该公约,瑞士于1971年首次承认了女性公民的选举权(参见下文§383);于1973年撤销了教会会士和修道院列席议会的禁令。《欧洲人权公约》由国会批准,并在瑞士直接适用。瑞士宪法权利经历了一次实质的发展。个人从此可以对联邦法院作出的消极决定,援引《欧洲人权公约》提出国家抗诉,案件将交由欧洲人权委员会在斯特拉斯堡进一步审理。1998年欧洲人权委员会与欧洲人权法院合并。加入《欧洲人权宣言》后,瑞士加强了个人自由基本权利的保护,为了提高法院机构的独立性并保障公平审判,瑞士法院的机构设置也有所优化。

§304 其他条约

瑞士也通过了其他各种人权条约,如1965年的《消除一切形式种族歧视国际公约》,《联邦宪法》第261条第2款也引入了这项公约中的相应条例,1966年加入联合国组织的两项《人权公约》,1989年加入联合国组织的《禁止酷刑公约》和

《儿童权利公约》。

因为基本权利的规定分散，基本权利保护的体系并不清晰：除由宪法保障的旧的基本权利外，还有由联邦法院认可的"不成文的基本权利"，以及因加入国际公约而有义务保护的基本权利。1999年在宪法全面修改后，这些基本权利和保障一并列入了一个新的、具体的目录（参见《联邦宪法》第7～36条）。

五、与欧盟的紧密关系

§305 欧洲共同体与欧洲自由贸易联盟

除在基本权利保护方面外，瑞士的其他权利领域也融入了国际发展中。意义特别重大的是瑞士与欧洲共同体的关系，以及自1993年起与欧盟的关系。1957年在罗马签订了《建立欧洲经济共同体条约》，1967年欧洲共同体成立，1993年《马斯垂特条约》生效，欧盟成立。对瑞士来说，瑞士加入欧洲共同体或欧盟起初就存在问题，因瑞士拒绝统一的外交政策、农业政策和欧洲联邦国家的长期目标。反之，瑞士支持建立欧洲自由贸易联盟。欧洲自由贸易联盟于1960年成立，这个组织不如欧盟那样雄心勃勃，它旨在建立成员国内的自由贸易，但是成员国可以自行决定与第三方国家的经济政治关系，且没有持续发展的政治目标。之后，尽管存在内部危机，但欧洲共同体更具吸引力。除6个创立国外，越来越多的国家加入了欧洲共同体，其中许多是当时的欧洲自由贸易联盟国家。而瑞士则通过签订双边协议和区域协议，以进入不断扩大的欧洲共同体市场。

§306 欧洲经济区

欧洲共同体于1958年决定，成员国之间存在的所有商业和交往的阻碍最迟必须于1992年消除。对欧洲自由贸易联盟国家来说，则提出了一个问题，如何消除被势力日益扩张的、统一的欧洲共同体孤立的威胁。为此，与欧洲共同体成员国共同成立的欧洲经济区形成。欧洲经济区致力于实现自由的商品、服务、资本和人才交流，并且建立在研究和发展领域，以及在环境保护、社会政治和教育政策方面的共同合作基础。欧洲经济区于1994年生效，当然也没有瑞士的参与，原因是：在激烈的争辩后，瑞士公民于1992年12月在全民公决中拒绝加入欧洲经济区。这个结果是多方面造成的，其中一个原因是，联邦委员会在投票之前的几个月内曾申请加入欧洲共同体，公众对此感到不安。鉴于可能存在的瑞士被孤立的风险，联邦委员会决定，部分欧盟的立法将会在瑞士自动生效，如果这些立法对欧洲经济区成员国同样具有约束力。此外，1994年联邦委员会接纳了欧盟的谈判，以限制瑞士作为非欧盟成员国在欧洲市场内的经济不利影响。

§ 307 双边协议

第一组双边协议于1999年签署,然后在2000年的全民公决中得以通过。这些协议涉及陆运、空运和客运,研究,公开收购,科技许可程序和农业。第二组双边协议于2004年签署,在2005年通过。通过这些协议,瑞士加入了欧盟的避难、申根国家和犯罪制裁等领域。签署这些双边协议后,意味着瑞士在协议涉及的法律领域失去了国内的立法和行为自治。1999年签订了一系列有关人员自由交流的扩充条约后,由欧盟国家迁入瑞士的移民不断增多。2014年2月"反对大量移民"的公民提案被接纳,这份提案表达了民众对众多移民的不满,这也是对与欧盟签订的自由迁移协定提出的怀疑。

第八节 1999年的宪法修改

§ 308 修宪的第一次努力

1999年的宪法修改历经了长达几十年的努力。在国会的推进下,瑞士联邦司法与警政部于1967年成立了一个由原联邦议员弗里德里希·瓦伦(Friedrich Wahlen, 1899~1985年)领导的工作组,职责在于形成全面修改宪法的想法,并收集相应的建议,1973年工作组公布了总结报告。在第二阶段,瑞士联邦司法与警政部成立了一个专家委员会,职责是为起草宪法全面修改的草案做准备工作,这个委员会由联邦议会库尔特·富尔格勒领导。这个委员会在1977年提交了一份宪法草案,但是这份草案在表决时被拒绝了,因为它意图重新分配联邦国家的职权。

§ 309 修改程序的简化

因为实体修改宪法在政治上无法实现,于是决定让正式修改宪法引起普遍重视。1978年联邦会议决定修改联邦宪法,并授权联邦委员会,更新适用的成文的和非成文的宪法权利,精练、统一律文,以形成体系。联邦议员阿诺德·科勒尔(Arnold Koller)的策略在于,将实体修改宪法的计划与修改程序相分离,并建立宪法改革的标准体系。因此,宪法修改程序不会因政治方面是否实体改革的争议受到危害。1995年联邦委员会呈交了一份新的宪法草案,这份草案致力于政治上的可行性。这份草案在1998年,也就是联邦委员会成立150年后,由联邦会议通过,并在1999年被公众接受。这部修改后的宪法,于2000年生效。

§ 310　形式上的修改

根据策略，新宪法的序文部分只有形式上的修改。新的宪法应该整体概述成文的和非成文的宪法权利。有些律文重新措辞、补充法律漏洞，并且解释了悬而未决的问题。原《联邦宪法》中的许多条款，如涉及隶属关系、移民代办处和新娘迁入费用的条款，因陈腐过时被废除了。而有些条款规定，如只有有投票表决权的"世俗阶层"才可被选为国家议员，已不合时宜。当然还有实体内容上的改变。国会对其他一些明显的、毫无争议的问题进行了咨询，并对已存在的宪法权利进行了内容上的修改。

§ 311　新的国家目标

除之前的国家目标(原《联邦宪法》第 2 条)外，2000 年的《联邦宪法》还提出了新的国家目标。联邦和自治州应该致力于，让每个公民都享有社会安全，为他们提供必需的健康护理，每个公民都可以找到工作和住宅，并且接受教育。家庭、孩子和青少年应该被支持和资助(《联邦宪法》第 11 条、第 41 条和第 67 条)。其他的新目标诸如保护可持续的发展和可持续的自然生活基础(前言，《联邦宪法》第 2 条和第 73 条及以下)。

§ 312　基本权利的确认

新的宪法明确确认了未成文的基本权利，也就是 1874 年后由联邦法院认可或者是由国际条约规定的未成文权利(参见上文 § 302)。新宪法明确了自由的竞争秩序(参见《联邦宪法》第 26 条及以下，第 94 条及以下)。新宪法也包括了公民的政治权利，提议权和全民公决权利虽未改变，但其表述更清晰(《联邦宪法》第 136 ~ 142 条)。

§ 313　与自治州的关系

《联邦宪法》第 3 条、第 42 ~ 29 条和第 55 条明确了自治州与联邦的关系，以及它们之间的权利和义务。双方有义务互相理解、共同合作。联邦需要注意维护自治州的独立性，而自治州需要协作支持联邦的决策和外交决定。宪法也提及了联邦与基层行政机构间的关系。《联邦宪法》第 50 条提到，应该根据自治州的权利保障基层机构的自治。应该关注联邦贸易可能带给基层机构的影响。因此，联邦尤其需要照顾到城市、人口密集区和山区的情况。

最后，新宪法还列举了联邦和自治州的职权范围(《联邦宪法》第 54 条及以下)。

§ 314　1999 年后的修改

根据实体法律修改的计划，2000 年推进了司法改革，2003 年则是公民权利改革。其他还包括2002年瑞士加入联合国,2004年的金融平衡,2006年的教育领域的职权。1999年之后,公民提案更为频繁地使用,这有利于民众提出诉求,也是党派和其他利益团体表达政治才能的方式。在外国人的问题上,公民提案多次获得成功,如2009年禁止建立伊斯兰教寺院尖塔,2010年将犯罪外国人驱逐出境,2014年"反对大量移民"(参见上文§307);而在经济分配方面的提案诉求较少,如2013年的"反对诈骗"。就如"禁止建立伊斯兰教寺院的尖塔","反对诈骗"和2011年的"反对两处房产"的提案表明,与以往不同,公民提案即使在没有获得广泛政治支持的前提下,只要公民提案在合适时机提出,也可以获得成功。然而,成功的公民提案也有一个负面影响,即其决定与国际法律不一致的情况不断增多。

第九章　19世纪赫尔维蒂共和国和自治州的立法

第一节　赫尔维蒂共和国的民事和刑事立法

一、民事立法

“人人生而自由平等”，是启蒙运动和法国大革命中深入人心的口号。它要求承认所有人，无论其社会地位、宗教信仰或者是国籍如何，都享有平等的权利能力和行为能力。在那个时代，哲学家和法学家所指的“人”仍指男性，男女平等极少被关注。法国大革命权利所涉及改善女性地位的法律规定，在大革命不久之后也开始生效。

启蒙运动的要求还包括财产自由，这不仅针对对财产的限制和征税，还包括自由使用和支配财产。这些要求是在18世纪下半叶的法国和瑞士提出的，其背景是当时存在各种法律上和事实上的不平等：部分农民阶层、外来人、外国人、犹太人、非婚生子和所有妇女的权利在法国大革命时期都受到了不公平待遇。

§315　宪法要求

1798年的《赫尔维蒂宪法》包含了一系列规范私人权利的法律，如人们天生的自由是不可转让的，它以不损害他人的权利为界（参见该法第5条）；国家只有在紧迫的情况下，在给予合理补偿的前提下没收私人财产（参见该法第 9 条);不允许在土地和耕地上附加债务、利息和奴役关系,不允许因以上关系而使人无法赎回土地(参见该法第 13 条)。根据《赫尔维蒂宪法》第 6 条的规定,凭良心不被迫行动的权利是不受限制的,遵守这个前提的礼拜仪式都是被允许的,只要礼拜不打扰公众秩序。1789 年法国《人权宣言》是《赫尔维蒂宪法》的典范,但不同的是,《赫尔维蒂宪法》并没有提到普遍的权利平等。《赫尔维蒂宪法》第 47 条,承认了在整个赫尔维蒂共和国领域内适用统一的私有权利。赫尔维蒂意图在权利地位存在明显差异的城市和乡村使用一部统一的民法典。

§316 私有权利统一

与法国相同的是,在瑞士联邦的一些地区:伯尔尼、苏黎世和巴塞尔,在法国大革命时期便已经致力于统一私有权利。但是这只在部分地区得以实现,城市地区的隶属地区仍然广泛享有法律的自治权。乡村隶属地区的立法必须得到首府城市议会的同意。首府的这项权利在 18 世纪在下列要求下不复存在,即在当地的法律外,首府城市的法律在整个统治地区辅助适用。赫尔维蒂大议会宣布的民事法律应该在整个统一国家内实现,并在实体法律中体现宪法里法律权利的诉求。赫尔维蒂民事法律应该成为新成立的赫尔维蒂最高法院判决的基础,但是如下级机构一样,最高法院也需要面对法律不统一的现实。1798 年年末,在五人执政内阁的建议下,赫尔维蒂大议会任命了立法委员会。第一次的工作计划并未按照预期完成,因为立法委员会的成员必须处理众多其他紧急的任务。因联邦主义的影响不断增强,1801 年委员会再次投入工作,但是统一国家的权利在政治上已不合时宜。

法典化的努力失败后,赫尔维蒂共和国在 1798 年颁布了不同的单行法。如法国那样,针对急需改革的法律领域,率先制定了暂时的法律规定。

§317 废除封建捐税

第一个法律领域是废除封建捐税。乡村居民不再负有徭役义务,也不再需要交付钱或者是实物。封建捐税始于中世纪的封建领主土地所有制和领主统治(参见上文 §23)以及教会的什一税。虽然封建捐税并没有在中世纪晚期和近代早期废除,18 世纪时它已经失去意义。赫尔维蒂共和国早期,农奴制度实际上只存在于一些公共领地,特别是图尔高地区。在启蒙运动和法国大革命的影响下,索洛图恩在 1785 年、巴塞尔在 1790 年、修道院圣加仑在 1795 年以及沙夫豪森在 1798 年,解放了它们所属隶属地区的非自由民,而其他地方的非自由民早已解放。但是,那些非自由民当时依然负有交付义务。封建捐税是由对领主给予的土地租赁或者是人身保护的对等报酬,是封建领主土地所有制和领主统治下的陈旧观念,在当时早已过时。

物质上的负担是宗教和世俗当局的什一税,因为只有农村居民需要交纳什一税,这显然是不合理的。有农民作为部分成员的赫尔维蒂大议会,迅速颁布了一部什一税法律,这部法律宣布小的什一税和新开垦土地的什一税在没有补偿下即可废除,并且可以付清大的什一税。已交纳长达20年捐税的农民,可以将自己赎回。然而,由于经济和政治原因,这部法律直到赫尔维蒂共和国末期也未完全施行。废除什一税,成为自治州1803年之后的任务。自治州的宪法、私法法典和单行法,规定了从封建土地捐税和什一税中赎回的原则和具体方法。直到1850年,许多地方成功废除了封建捐税,但结果是,农民因赎回需要支付大笔费用而负债累累。在19世纪后半期,各地通过降低赎回支付比例或者是解除赔偿义务的方式,加快清除了历史上遗留的封建权利。

§318 非婚生子女权利

第二个法律领域是,改善非婚生子女的待遇。为了保护婚姻,阻止非婚性行为,从宗教改革开始,非婚生子女就受到法律歧视。他们不享有完全的市民权利,既不享有消极的继承权,亦不享有积极的继承权。有时,在这个重要的私人权利原则外,当局也会作出例外的规定,许多法律承认非婚生子女至少享有母亲一方的积极继承权,或者是承认婚生子女优先继承顺序下的消极继承权。大议会在处理众多要求承认非婚生子女合法权利的诉求后,于1798年颁布了《关于消除市民权利中非婚生子女平等受限制的法律》。这部法律确认了非婚生子女完全的政治权利,以及积极和消极的遗嘱权利。因顾及婚亲关于继承方面的法律要求,法律不承认非婚生子女为无遗嘱法定继承人。

§319 外来人权利

在瑞士联邦的许多地区,一直到赫尔维蒂共和国时期,外来人,也就是不具有市民身份的人,是被排除在行会和社会之外的。因此,他们不可以自由从事手工业和行业。他们也无法获取地产,因为地产只能由市民获得。当时,只有市民和集体才享有迁移到别处的权利,以阻止他们将地产出售给外来人。赫尔维蒂共和国不仅由统一的不可分割的国家领土组成(参见上文§235),也是由所有瑞士人统一的公民权利构成。据此,要求废除对居留许可自由的限制,并且保障手工业和行业自由。大议会在许多法律中都给予外来人和本地人平等地位。1798年的《关于外国人口居留和权利的法律》规定,外国人,只要他们不是来自法国或者赫尔维蒂共和国的敌对国家,就享有居留权利,并且可以获得地产,自由从事手工业、艺术和科研。

§ 320　改善犹太人的待遇

另外,赫尔维蒂共和国也尽力在其他方面改善犹太人的法律待遇。近代早期,瑞士联邦的许多地区都曾驱逐犹太人,1774 年的议会决定只允许犹太人在恩丁根和仑高(在楚尔察赫附近)两个地方居留。通过缴纳所谓的犹太人关税,犹太人可以获得保护信,这封信让他们有机会自由从事贸易,但是不允许从事手工业或者是获得地产。1798 年大议会决定禁止在未来向犹太人征收人头税,不久之后,五人执政内阁同等对待犹太人和外国人。但是,因瑞士大议会大部分成员为农民,他们排斥犹太人,犹太人并没有获得与瑞士人平等的地位。

§ 321　结婚权利

与 1791 年法国宪法不同,《赫尔维蒂宪法》并没有作出结婚作为自然权利的陈述。与法国宪法相同,赫尔维蒂议会的法律里,婚姻不再只视为宗教教会行为,也视为市民之间的合同。法律规定,婚姻司法权归地区法院管辖,这实际上废除了天主教主管教区法院和新教婚姻法院的婚姻管辖权(参见上文 § 171 及以下和 § 175)。瑞士的天主教地区对此强烈反对,在这种情况下,提出了婚姻是否有神圣地位的问题,1791 年在瑞士东部恢复了教会的婚姻管辖权。因实体的、国家的婚姻法草案并未付诸实施,到目前为止,天主教地区天主教法规下的婚姻法继续有效,仍由牧师见证婚姻的缔结。反之,在有些地区采取了市民身份登记制度,是否已婚也在登记范围内。许多地区废除了禁止不同信仰者之间婚姻的法律,也废除了男子娶外地女子需要缴纳迁入费用的规定。

随着赫尔维蒂共和国的瓦解,由议会宣布的法律都失效了。在之后的调停时期,自治州法律并没有保留赫尔维蒂法律的进步成果。外国人和犹太人的权利再次被限制,许多地区恢复了迁移权和结婚迁入费用。赫尔维蒂共和国自由平等的理念在那个灰暗的政治年代并不合时机,联邦国家的民事权利是逐步实现的。

二、刑事立法

赫尔维蒂共和国并不受到所有瑞士人的欢迎。赫尔维蒂共和国当局的宪法政敌、煽动者和叛变者众多,地方民众的反叛、政变频发,强制征募军队的骚乱和逃跑亦是棘手的问题。如法国大革命时期,赫尔维蒂共和国初期的五人执政内阁享有全部的警察特别全权,这可用来获取政治人质。1798 年赫尔维蒂共和国颁布了第一部刑法法律,规定对反革命行为、拒绝服兵役和叛乱判处死刑,由当局任命的战争法庭也频繁对各种犯罪处以死刑。

§322　1799年法典

1799年赫尔维蒂共和国废除了战争法庭，这并不是因为当时政治局势已经安宁，而是因为1799年5月4日颁布的《严密的赫尔维蒂共和国法典》包括了政治犯罪的相关法律。这部法典基本上逐字逐句翻译了1791年法国《刑法典》，但实乃一份糟糕的复制。严密的法典就如它的模本，是深受启蒙运动影响的现代刑法典，是瑞士联邦境内从未有过的创新。这部法典分为普通部分和特别部分，普通部分规定了犯罪与刑罚处罚，比如，1799年《严密的赫尔维蒂共和国法典》禁止残暴的死刑执行方式，以不会造成痛苦折磨的斩首方式执行死刑（参见上文§199）。法典规定了监禁刑的3种执行方式：在监狱执行，更严重的处以戴镣铐的监禁，最严重的处以带囚架的监禁。在刑罚执行前，罪犯脖子上会戴上囚架在公众场合示众多个小时。该法典的特别部分规定了国家安全犯罪，许多该类犯罪都被处以死刑，年轻的共和国希望通过这种方式保证政权安全。

§323　不被接受

1799年《严密的赫尔维蒂共和国法典》在它的时代就不被理解，实际上，法官在判刑时不习惯使用这部《严密的赫尔维蒂共和国法典》，被认为是不实用的。法律没有明确规定不同形式的监禁刑罚在何种机构执行，17世纪就存在的瑞士城市里的监狱只适于执行轻微刑事罪犯的刑罚。由法典规定的处罚政治犯罪的各种不同刑罚方式引起了国家恐怖。这部《严密的赫尔维蒂共和国法典》不被接受，赫尔维蒂共和国只好在不久后再次修改法典。不同于法国的《人权宣言》，《赫尔维蒂宪法》不包含关于刑事程序的法律，因此，人们把广泛的国家权力看作一种损害。1799年赫尔维蒂参议院建议出台公民刑事诉讼权利保护的法律。实际上，1798年赫尔维蒂共和国就在整个境内废除了刑讯，在1800年明确规定，不允许通过任何形式的精神和肉体折磨以获取供词。

就如民事法律，随着赫尔维蒂共和国的瓦解，刑事法律也失效了。在调停时期，由自治州订立刑事立法。但是这并不意味着赫尔维蒂刑法的思想财富全部消亡了。在一些自治州，1799年法典直接生效，或者以它为模本制定自己的刑事法律。在或多或少的迟疑后，自治州的法律最终还是采纳了人道主义的刑罚执行方式。

第二节　自治州制定法典

一、宪法政治情况

§324　自治州制定法典的“流血时代”

1803 年的《调停法令》再次恢复了法国大革命时期的宪法政治局面，立法权，特别是颁布实体法和程序法的私法和刑法的权力，都归于自治州。因此，只要自治州同意，赫尔维蒂适用的法律便可再次施行。年轻的联邦国家在 1848 年后的 10 年，自治州依然保留其法律管辖权。一直到 1874～1898 年，情况才开始改变，宪法给予国家立法权，以颁布国家的民事法典和刑事法典(参见下文第十章)。最开始是在复辟时期，自治州颁布了民法典和刑法典，这不仅推动了自治州的宪法发展，也带来了革新(参见上文 §262)。从 1830 年开始，许多自治州的政治生活充满了进步的理念，制定法典被视为有效的措施以建立平等，并促进地区的经济和福利。

到 19 世纪中期为止，自治州的立法都以国外的法律为典范，当然瑞士联邦的国家法律也就无法统一。那时，自治州法典一般只是影响其相邻自治州。在瑞士，那时还没有独立的法学教师，但他们是制定法典必不可少的。1835～1855 年苏黎世颁布了一部民法典，这极大影响了其他地区。

§325　公民大会自治州

自治州制定法典过程的“流血时代”，一直持续到 1870 年。到 1870 年，大部分自治州都制定了民法典和刑法典，以及众多的规划和单行法。在公民大会自治州，如乌里、施维茨、下瓦尔登、格拉鲁斯、楚格和阿彭策尔，相对于城市地区，立法当然不那么完善。可以说，这些地方根本上只有简略的法律，直到瑞士联邦的法律颁布前，有些地区的法律判决还主要依据传统的习惯法。这并不是由经济原因导致的，实际上阿彭策尔和格拉鲁斯在 19 世纪上叶纺织业已繁荣发展。原因在于，制定法典远比直接的民主复杂：在乡村，多数并不支持制定法典。在 19 世纪 80 年代，自治州的立法活动减少，而瑞士联邦立法相应增多。之后，自治州只是保留了权限来颁布过渡的法律和具有保留性条款的民法和刑法。

图9－1　位于弗莱堡和沃州边境上的海关旧址

二、经济情况

§326　工业化

19世纪，自治州制定宪法并不只是因为政治自觉，以采取措施达成社会政治目标，这也是19世纪20年代以来迅速发展的经济转变的结果。这个世纪初期形成了资产阶级和工商业经营者，如店主、屠户和磨坊主，他们要求参与政治和确保财产自由，私有权利的现代化是工业化的必然要求。法国大革命时期，纺纱和织布仍主要以家庭式手工作坊为主，机器化带动了工厂纺织行业的发展，而这又促进了机器工业的发展。机器工业在短时间内发展成为了瑞士的重要出口工业，并具有国际意义。工业化要求在立法上解决自治州内部的地方分治主义问题，保障法律安全以及至少在自治州内形成法律统一。1817～1849年瑞士的进口和转运量翻了两倍。

当时，瑞士大约有400个地方性的、自治州的和私有的国内税（见图9－1），这些被商人看作贸易壁垒，1848年的《联邦宪法》废除了这些国内关税。通过废除关税，并建立统一的货币、邮政和电报制度，《联邦宪法》为第二次工业化浪潮创造了条件。在工业、机器工业和手表业以外,形成了食品工业和化学工业,之后又发展了银行业和保险业。1847 年从苏黎世开往巴登的铁路开通,瑞士掀起了修建铁路的热潮;1870 年在瑞士中部已初步形成密集的铁路网。通过修建铁路,便利的交通促进了工业,也支持了进口和出口的发展。随着经济的发展,必须制定统一和现代化的债法和商业法(参见下文第十章第一节)。制定交通法、赔偿责任法和无形财产法极为紧迫,全新的法律马上得以制定(参见下文第十一章第三节)。因工业和服务行业领域的发达,形成了工厂工人和职员阶层,农业人口减少,而从事工业的人口迅速增长。土地解放使小农可以从乡村迁移去往工厂工作,生活用品的进口也促进了人口的向城市迁移。

三、学术情况

§ 327 在德国大学的法学学习

从 16 世纪早期到 18 世纪中期,由瑞士联邦前往外国大学学习的学生很少。随着瑞士在政治上逐渐脱离于罗马神圣帝国而独立(参见上文 § 85),学术领域的交流日渐广泛。在许多地区,也设立了本地法律学校的课程(参见下文第七章第四节)。从 18 世纪下半期开始,在国外大学学习的瑞士学生数量增长。受启蒙运动精神的鼓舞,学生在毕业后也尝试在外国大学工作并从事科学研究。在 19 世纪的转折点,成长期的法学学生在国内法律学校获得专业知识后,去往国外有声望的大学法学系深入学习一个或者多个学期,已是常态。在复辟时期,也一直流行去国外学习。学生在选择学习地点时,不仅考虑大学法学系的声望,也注重个别法学教师的威望。大量的瑞士学生前往波恩或者柏林,是为了听历史法学派创始人弗里德里希·卡尔·冯·萨维尼(Friedrich Carl von Savigny, 1779 ~ 1861 年)的课程。也有很多学生前往海德堡学习,萨维尼的学术“对手”安东·弗里德里希·尤斯图斯·蒂博(Anton Friedrich Justus Thibaut, 1772 ~ 1840 年)在那里争辩法典制定是否必要。图宾根和哥廷根,还有如斯特拉斯堡和维也纳,也深受学生们喜爱。尽管在大学学习过程中,有些青春澎湃的学生们也会虚度时光,然而学术泰斗们的罗马法课程,还是影响了部分学生之后的法官或者律师职业生涯。在 19 世纪下半期,颇富声望和吸引力的是潘德克顿学派。来自瑞士西部的大学生在德国大学学习已是常事,有一些也在法国学习,如悲桑松和尚贝里。

§ 328 德国法学的影响

对外国法学,尤其是德国法学的强烈兴趣对制定自治州民法典的意义重大。大部分自治州民法典的法律编纂者都曾在德国大学法学系学习,因此,德国的学术课程和教师讲课影响了他们。这也可以解释,为什么他们一方面对罗马法态度坦诚,另一方面也会在自治州制定法典时考虑当地的法律传统。这两个方面是萨维尼的学生和其他历史法学派代表们所强调的。彼特·康拉丁·冯·普兰塔(Peter Conradin von Planta, 1815~1902年)是1862年格劳宾登民法典的编纂者,他在制定法律时也曾直接采用了蒂博(Thibaut)《学说汇纂》教材中并不合理的内容,普兰塔曾经是蒂博年轻时的大学生听众。

§329　苏黎世和伯尔尼的大学

成立大学是复辟时期的政治计划内容之一。直到那时为止,大学仍然主要是城市"新贵"受教育的场所,新的民主当权者希望大学和学校服务民众教育。权利的新分配需要改革教育,也需要培养未来政治运动的领袖。1833年在苏黎世成立一所大学,之后在1834年,伯尔尼成立了一所大学。而之前的法学学校转变为大学的法学系,当时的大学多效仿德国大学安排学校教学。因缺乏本地教师,大学聘请了许多讲授罗马法的德国年青教师担任教授,讲授《学说汇纂》,如苏黎世的特奥多尔·蒙森(Theodor Mommsen, 1817~1903年)、海因里希·邓恩伯格(Heinrich Dernburg, 1829~1907年)、费迪南德·雷格利施伯格尔(Ferdinand Regelsperger, 1831~1911年)、伯尔尼的尤里乌斯·巴龙(Julius Baron, 1834~1898年)和菲利普·洛特玛尔(Philipp Lothmar, 1850~1922年),以及巴塞尔的鲁道夫·冯·耶林(Rudolf v. Jhering, 1818~1892年)和伯恩哈特·温沙伊特(Bernhard Windscheid, 1817~1892年)。虽然,他们中间的有些人只是短暂地在瑞士大学工作,之后马上便回到德国大学,但他们的讲课让学生们有机会直接学习到罗马法,深深影响了自治州的民事立法实践。

§330　法学家阶层

在19世纪,瑞士已经形成了学养深厚的法学家阶层。不再如法国大革命时期,司法是没有受过教育的实践家们鉴于其政治思想而形成的领域;相反,司法已经交由大学受过专业教育的法学专家之手,这推动了司法的专业化和职业化。19世纪的法学家们不仅作为律师、法官和法律编纂者而发挥作用,他们也影响了其他公共生活领域,如担任自治州立法机构和行政机构的代表,从1848年起,有些还成为了联邦议员。在19世纪下半期,法学家们在经济或者军事领域担任要职也并不少见。

四、制定民法典

§331 划分

根据由阿洛伊斯·冯·奥雷利(Aloys von Orelli)提出,被欧根·胡贝尔(Eugen Huber)和其他人采用的划分方式,19世纪瑞士自治州的民法典可以分为以下3种:

·在瑞士西部和南部借鉴1804年《法国民法典》;

·在自治州伯尔尼、卢塞恩和阿尔高借鉴1811年《奥地利普通民法典》;

·受到历史法学派影响的1853~1855年《苏黎世民法典》,在瑞士东部和中部借鉴这部法典。

这样的划分有益初步了解自治州制定民法典的情况,但是就如卡洛尼所言,划分并不是精确的。因为,归于一类的法典存在共同之处,并不只是因为它们借鉴了同一法律范本,如果追溯,更重要的是,制定法典的地区邻近、语言相同,而且自古就有相似的法律发展史。然而,使用同种法律范本的自治州的法律之间其实也有不同之处。有些自治州制定法典之时,并不只是借鉴了一个法律范本,也会参考其他法律范本。最后,有些自治州因为各自不同的原因,并没有制定民法典。在之后的讨论中,读者需要注意这些情况。

(一)瑞士西部分组

§332 瑞士西部

在1804年《法国民法典》颁布之时,旧的城市共和国日内瓦在政治上属于法国。拿破仑统治瓦解后,1815年日内瓦加入瑞士联邦,日内瓦依然保留了《法国民法典》。日内瓦制定民法典的计划因此逐渐搁置,这部法典一直到1912年都有效。日内瓦所修改的单行法只涉及家庭、继承和地产方面。伯尔尼朱辣地区和以前的侯爵主管教区巴塞尔,从1799年开始也成为法国的一部分,直接适用《法国民法典》。1815年的维也纳议会宣布这块区域归于瑞士联邦,直到《瑞士民法典》生效之前,在那里一直适用《法国民法典》。自治州沃州在1803年成立以后,就开始着手准备制定自己的法典。1821年在沃州生效的民法典是瑞士第一部现代意义的民法典。这部法典的基本理念、结构和主要内容都效仿了《法国民法典》,而在婚姻、家庭、继承和地产部分则保留了大量沃州的习惯法。1854年和1855年的《纳沙泰尔民法典》主要借鉴了《法国民法典》。而由伯纳德·埃蒂安·克罗普特(Bernard Etienne Cropt, 1798~1896年)主持编纂的1855年《瓦利斯民法典》则更为独立;如其他天主教自治州那样,婚姻缔结权利也同样适用天主教规范。直到

1874 年,离婚仍然不被允许。如沃州,提挈诺州也成立于调停时期,获得自主后,自治州便开始着手制定法典的计划。1838 年生效的《提挈诺民法典》,除深受《法国民法典》影响外,也受到了《普通民法典》和《帕尔马民法典》的影响。这一分组中最具本地色彩的民法典当属由穆尔藤市长塞缪尔·查洛特(Samuel Chaillet, 1775～1843 年)主持编纂的 1850 年《弗莱堡民法典》。查洛特在编纂民法典时,最初以沃州的当地法律作为法律范本,但是在编撰过程中,逐渐偏离了这个范本。他编纂法典时,采用了《普通民法典》和荷兰同时期法律民法典草案的编纂方法。

因语言关系,瑞士西部自治州更容易接受法国民事法典,欧洲的学术界极为认可这部出色的民法典。拿破仑本人也曾精力充沛地协作参与了这部著作的编辑工作,它结合了流传下来的习惯法、罗马法和自然法原则。理性主义自然法和法国大革命的政治理念,如平等、个人自由和财产自由,在这部法典里堪称典范地实现。

(二)伯尔尼分组

§333　伯尔尼

伯尔尼州的城市"新贵"曾在复辟时期再次执政,而一部个人的法律作品毫无疑问成了自治州伯尔尼法典的法律范本。这个人就是塞缪尔·路德维希·施内尔(Samuel Ludwig Schnell, 1775～1848 年),他在 1798 年曾任赫尔维蒂最高法院的法官,1805 年起开始担任伯尔尼学院教授,自 1817 年成为法典编纂委员会的成员,将前不久呈交的《普通民法典》作为编纂工作的起点。伊曼努尔·康德(Immanuel Kant)认为,这部法典让自然权利得以实现。但是很快也出现了反对者,即弗兰茨·冯·蔡勒(Franz von Zeiller, 1751～1828 年),从图宾根学生时代起,他就如《普通民法典》的编纂者一样,是康德深信不疑的追随者。在法典编纂过程中,施内尔也参考了为伯尔尼民众所喜爱的 1761 年的法院立法、1787 年的婚姻法院立法、上诉法院的判例,以及符合潘德克现代运用的罗马法。1761 年的法院立法是 1539 年法院立法和 1614 年法院立法的增改,由 4 部分构成:家庭法、继承法、物权法和债法。继承法内容全面而完善,法律漏洞和体系不完善的情况出现在其他 3 部分,尤其是在债法中,这部法律中没有人法。缺少的法律规定都采用《普通民法典》的规定,它也把《普通民法典》的结构作为法律草案的基础。这部法律是学术的法律和传统的本地法律的结合,特别是本地法采用了 1614 年经由大卫·冯·费伦贝格(David von Fellenberg, 1587～1628 年)修订的版本,修订中增补了罗马法的内容。

这部从 1826～1831 年逐步生效的法典,内容简洁,在语言上明确而简练,有意识地放弃采用学术的术语。虽然法律含有自然法和自由主义的元素,但也包括了如对非婚生子女的歧视规定、禁止与非婚生子女结婚的规定。赫尔维蒂共和国法律这方面的成果并没有保留下来。

§334 卢塞恩、索洛图恩和阿尔高

《伯尔尼民法典》,是瑞士德语区的第一部现代民法典。卡西米尔·普菲费尔(Kasimir Pfyffer, 1794~1875年)将《伯尔尼民法典》作为他编纂《卢塞恩州民法典》的法律范本。普菲费尔在海德堡大学读书时,听过蒂博的课程,很快也成了康德的追随者。1832~1839年逐步生效的法典,除了采用《普通民法典》和《伯尔尼民法典》的法律,也包含了卢塞恩的旧法律财富,特别是在婚姻的财产法、继承法和抵押法方面。

由约翰·巴普蒂斯特·赖讷特(Johann Baptist Reinert,1790~1853年)编撰的1841~1847年《索洛图恩州民法典》结合了索洛图恩旧的法律和《普通民法典》的法律,采用了《伯尔尼民法典》和《法国民法典》的结构。

1828年和1856年的阿尔高州民法典在前部分,受到了德国《普通民法典》和沃州地区民法典的影响,在后部分又受到了《苏黎世民法典》的影响。伯尔尼组的民法典,可以说是融合了自治州旧的法律财富和新的现代自然法法典元素。

(三)苏黎世分组

§335 苏黎世

瑞士西部的民法典以及伯尔尼分组的民法典,在不同程度上,都借鉴了国外的法典。而苏黎世州1854~1856年生效的民法典首次选择了一条独立的道路,这与法典编纂者弗里德里希·路德维希·克勒尔(Friedrich Ludwig Keller, 1799~1860年)和约翰·卡斯帕·布隆奇利(Johann Caspar Bluntschi, 1808~1881年)的学术经历有关。他们首先在苏黎世政治学院学习,之后在波恩学习,并在柏林跟随萨维尼学习了历史法学派理论。但是与萨维尼不同,他们并不否定制定法典,但是却吸收了萨维尼的理论,现代法律应该从流传下来、被保护的法律中发展而来。克勒尔和布隆奇利没有以其他法典为起点,而是从已经存在的苏黎世法律着手,大部分法律源于1798年之前。

在苏黎世,从调停时期开始,就一直在修改私法,复辟时期的自由主义政府将制定法典作为紧迫的政治任务。制定法典也受到了出版界和民众情愿的鼓励,他们希望将已有的自治州民法现代化和简洁化。鉴于手工业和工业的繁荣发展,之前的苏黎世法律已经不再适应商业生活的要求。但是制定法典的工作还是耽搁了很久,克勒尔首先被任命为法律编纂者,但是因为政治原因,在1839年不得不辞去职务。他的后任——布隆奇利所起草的法律草案,也因为个人和政治原因,在长达 8 年时间内,遭到阿尔费雷德·埃舍尔(Alfred Escher, 1819～1882 年)的阻挠,他在 19 世纪中期控制了苏黎世的政治。

§ 336　欧根·胡贝尔的典范

法律编纂者布隆奇利采取的方法,在很多方面都成为欧根·胡贝尔起草《瑞士民法典》的典范(参见下文 § 358)。布隆奇利通过他的学习,以及他在苏黎世大学的讲课和科研工作,他所信赖的是历史上的苏黎世法律和同时代的潘德克学派研究的罗马法。

隆奇利在他 1838 年和 1839 年出版的《苏黎世城市和乡村的国家和法律历史》一书中,叙述了旧的苏黎世法律,以及它的特色和关系。由于社会和经济需要,在他起草的法律草案中,包含了旧的苏黎世法律和罗马法元素。在人法、家庭法和继承法部分,他以本地的民法作为基础,因为这些法律已经成熟,而且部分法律在法国大革命时期已经统一。这些法律题材涉及所有公民,因此,民众的接受是至关重要的。在物权法部分,他也从苏黎世法律入手,但是也考虑了当时的商业和交通的需求;在债法、商法和社会法部分,他主要借鉴了博大精深的罗马法和现代商业法,当时现代商业法在其他欧洲国家已经有所发展;在劳动法部分,他规定了保护劳工的法律。

《苏黎世民法典》融合了流传下来的苏黎世法律、磅礴精深的罗马法和现代商法,它适应了时代和地区的要求,语言的复杂程度也符合世俗的司法要求。因此,《苏黎世民法典》成为后来《瑞士民法典》的前身和典范。

§ 337　瑞士东部和中部

《苏黎世民法典》在很大程度上影响了瑞士东部和中部的法典。这部法典的颁布推进了这些地区的法典制定工作,也成了它们的典范。沙夫豪森州 1864 年和 1865 年的私法典基本上逐字逐句地照搬了《苏黎世民法典》。楚格州 1862 年的人法和家庭法是苏黎世法律的改编,图尔高州 1860 年的人法和家庭法也借鉴了苏黎世法律。

由克勒尔和布隆奇利的学生卡尔·冯·德施瓦登(Karl von Deschwanden, 1823～1889 年)起草的 1859 年《下瓦尔登州继承法》主要吸收了流传下来的本地法律财富,而 1853 年的人法和家庭法借鉴了《卢塞恩民法典》。

1869 年和 1874 年的格拉鲁斯州民法典由约翰·雅各布·布鲁姆(Johann Jakob Blumer, 1819～1875 年)负责,他也是萨维尼和布隆奇利的学生,他起草法律时除了参考流传下来的格拉鲁斯法律,也参照了《苏黎世民法典》的措辞和结构。

1862 年格劳宾登州的民法典更独立,它的编纂者彼特·康拉丁·冯·普兰塔(Peter Conradin von Planta, 1815 ~ 1902 年)参考了保留下来的自治州法律和私法典,也借鉴了普鲁士的《普通全国通用法》《普通民法典》《法国民法典》。他的考虑主要是出于政治的接受程度,而不是基于法律学术考虑。普兰塔与苏黎世、格拉鲁斯、伯尔尼和索洛图恩的法律编纂者相同,编撰法律时注重法律语言的简洁、明了,这也是欧根·胡贝尔所倡导的。

(四)没有制定法典的自治州

§ 338 不同的动机

在制定法典的政治浪潮中,属于苏黎世分组中的许多自治州只是制定了单行的民事法律。在自治州乌里、施维茨、上瓦尔登、巴塞尔和内阿彭策尔,人们认为19 世纪并不需要制定法典;相反,他们觉得将起源于近代早期的国家法律汇编在一起即可。在巴塞尔城、圣加仑和外阿彭策尔,尽管曾经着手制定法典,法典的草案也部分完成了,但是因为各种原因草案并未通过生效。由巴塞尔法学教授安德烈·霍伊斯勒(Andreas Heusler, 1834 ~ 1921 年)起草的巴塞尔民法典草案曾在1865 年呈交给公众。但是鉴于已经存在的《瑞士联邦债法法典》已经生效,1870 年经由大议会的法律委员会讨论后,决定不使用这部法律草案。

五、制定刑事法典

在 19 世纪,多数自治州除制定私法典和刑法典外,还制定了民事诉讼法和刑事诉讼法,特别是在瑞士西部还制定了独立的自治州商法典。法学家们编纂了自治州的民法后,也着手编纂其他法律,这是当时的常事。约翰·雅各布·布鲁姆(Johann Jakob Blumer)作为格拉鲁斯第一位学术法学家,编纂了他所属自治州的1860 年民事诉讼法、1867 年刑法和 1871 年刑事诉讼法。在他那个时代,具有进步意义的 1864 年《格拉鲁斯工厂法》也出自他的笔下。

§ 339 1803 ~ 1830 年

赫尔维蒂统一国家的瓦解给自治州提出了问题,它们的刑法应该建立在何种法律基础之上。伯尔尼、沃州、索洛图恩、图尔高、卢塞恩和巴塞尔首先决定,在它们的领域内施行 1799 年赫尔维蒂刑法典。弗莱堡采用的是加洛林纳刑法的修订版本(参见上文 § 189);纳沙泰尔和施维茨也在一段时期内使用了这部古老的帝国法律。

在调停时期成立的一些自治州则相反,颁布了自己独立的刑法典,以表明新自治州的自我意识,如阿尔高(1803 年)、圣加仑(1807 年)和提挈诺(1816 年)。之后是巴塞尔(1821 年)和卢塞恩(1827 年)。在第一阶段,自治州的刑法立法受到了 1791 年《法国刑法典》、1803 年《奥地利刑法典》和由安瑟伦·冯·费尔巴哈(Anselm v. Feuerbach, 1775～1833 年)起草的 1813 年《巴伐利亚刑法典》的影响。

与早期的城市和乡村法律不同,刑法明确规定了刑罚的执行方式,以排除任意的刑罚处罚。如赫尔维蒂法律所规定的那样,监禁刑的执行方式更为合理而缓和。死刑尽管也常用来威胁,但是实际上很少执行。由拿破仑参与编纂的严厉的 1810 年《法国刑法典》在自治州并不受欢迎。日内瓦是例外,在它 1815 年加入瑞士联邦后,法国的法律在形式上一直适用到 1874 年,当然,法律在许多地方都进行了修改,相对更为缓和和现代化。

§ 340　1830～1848 年

革新运动推动了自治州制定刑法典的第二次浪潮。不同自治州的新宪法要求颁布新的刑法、废除刑讯、限制死刑,实行无罪推论和在执行刑罚过程中保护被告的权利。为了满足宪法的要求,自治州除了在法典内规定实体法律,还颁布了刑事诉讼法,监禁刑成为主要的刑罚处罚方式。为了缓和刑法法律实践,犯罪构成的量刑范围宽缓了,政治犯罪的数目也变少了,而且不再处以死刑。瑞士德语区的法典在这个时期有部分是受到了同时代的巴登、符腾堡、巴伐利亚和汉诺威刑法草案的影响。

§ 341　1848～1870 年

1848～1870 年有 16 个自治州颁布了刑法典。瑞士中部的一些自治州,如上瓦尔登、施维茨和格拉鲁斯是在历史上第一次颁布刑法典,其他自治州如阿尔高、沙夫豪森和卢塞恩则是对之前的法律进行了修订。

同时代的瑞士刑法学者反对自治州的立法者不知反思地模仿德国和法国的立法,赞许简化和浅显易懂的立法。当时有重要意义的被作为法律范本的是 1851 年《普鲁士刑法典》,这部法典也受到了 1810 年《法国刑法典》的影响。

如制定私法那样,德语区自治州多是借鉴德国法律,而法语区自治州则更为靠近法国法律,这两个分组之间有自己的立法倾向。刑法的概念和犯罪构成方面,自治州的刑法也得益于德国刑法学说的发展,其中有些地区倾向借鉴德国刑法学所倡导的方式来起草法律。当时,自治州法典之间相互的影响也并不少见,尤其是 1846 年的《巴塞尔刑法典》和 1861 年的《卢塞恩刑法典》堪称典范。在 1848 年联邦宪法废除了对政治犯罪执行死刑;之后,有些自治州,最开始是 1849

年在弗莱堡,则彻底废除了死刑。有些地区仍然认可了体罚为刑罚方式,并规定了赫尔维蒂共和国时期出现的作为自由刑之一的镣铐刑罚。

§ 342　1870 年之后

1870 年之后颁布的自治州法典,大多是之前法律的修订版本。它们大多受到了 1871 年《德意志帝国刑法典》的影响。《德意志帝国刑法典》在北德联盟与南德城市统一的时候生效;就如这部法典的范本《普鲁士刑法典》,它有很强的犯罪惩罚色彩,但犯罪预防并不占主要地位。在这一方面,费尔巴哈在借鉴这部法典时保持了谨慎。自治州的刑法典通常给予法官比较大的自由裁量权,而且并没有采纳以保护君主体制为目的的政治犯罪和由此形成的官员犯罪方面的法律,因为它们明显与瑞士的情况并不符合。

联邦立法在 1848 年就刑事立法的特别领域作出了规定,并且之后的 60 年也一直为制定适合瑞士联邦的刑法典建立宪法基础,自治州还是陆续颁布了自己的刑法典。直到 1898 年,由公民投票表决通过,联邦享有制定刑法典的权力(参见下文 § 363),这预告了自治州制定刑法典的终结。最后一部颁布的自治州刑法典,是 1899 年的《内阿彭策尔刑法典》。乌里和下瓦尔登没有制定刑法法典,一直到瑞士联邦刑法典颁布前,它们的刑事司法都建立在地区法典、单行法和传统的司法实践之上。

第三节　自治州的诉讼法和法院组织法

在 19 世纪,大部分自治州都制定了民事诉讼法和刑事诉讼法。如制定实体法法典,首先在瑞士西部和南部掀起了立法热潮,其次是瑞士北部和东部。最紧迫需要制定法律的是那些在赫尔维蒂共和国之后新成立的自治州。相比实体法的制定,法律编纂者在立法时并没有广泛借鉴外国的法典,如法国和德国的法典。

§ 343　民事诉讼

瑞士西部的自治州以及提挈诺州采用了法国 1806 年《民事诉讼法典》中关于法院机构和程序的相关规定,如和平法庭机构和行业法官,如审判的公开原则、口头辩论原则、证据原则和自由论证原则。制定民事诉讼法典的序曲是 1819 年的日内瓦。《日内瓦民事诉讼法典》的编纂者是皮埃尔·弗朗索瓦·贝洛特(Pierre-François Bellot, 1776 ~ 1836 年),他受到杰里米·边沁(Jeremy Bentham, 1748 ~ 1832 年)思想的影响,力图制定一部简洁、快速和实用的诉讼法。

瑞士德语区的第一部程序法，是 1821 年《伯尔尼民事诉讼法典》。法律编纂者和立法委员会的主持者是塞缪尔·路德维希·施内尔，在几年之后他也起草了实体法。如其他自治州，同一位法学学者既负责编纂实体法，也负责程序法。与实体法（参见上文 § 333）相同，伯尔尼的审判法在 1761 年很快出台。这部法律在程序法领域深受普通民事程序学说的影响。普通民事诉讼程序是 17 世纪和 18 世纪在罗马—教会法律，以及帝国内阁法院的法院法基础上发展而来的。普通民事诉讼程序的特点是审判程序、辩论、证据认定的不公开和书面化，以及固定证据原则。其他瑞士德语区的自治州也颁布了倾向普通民事诉讼程序的程序法。因为许多自治州没有自己的程序法学说，某些地方为了补充当地程序法律，应用了普通民事程序的学术学说文献。自治州当然是根据自己的需要吸收和转化国外学说，因不赞同普通法的某些理念，许多地方还是坚持了审判的公开性和口头辩论，并放弃了固定证据原则。在 1877 年《德意志帝国民事诉讼法》颁布以后，作为这部法律的理论基础的德国民事诉讼法学说，也影响了自治州立法。

§ 344　法院组织法

法院组织法在革新时期有了重要发展，在乡村，判决有时还是由乡村长官掌握。死刑宣判审判权就如法国大革命时期一样，由城市的小议会负责。对于特殊的领域，如婚姻法，则由独自的法院机构处理（参见上文 § 166 及以下和 § 177 及以下）。以弗里德里希·路德维希·凯勒（Friedrich Ludwig Keller）为首的一群苏黎世法学家，被称为“年轻的法学家”，他们支持在权力分立的理念上构造法院组织法。法院在行政的监管和行政权的影响下应该受到保护。当时，法官被允许在国会占有议席，这与行政权和司法权的严格分立相抵触。后来，这些理念在革新运动的自治州通过修改宪法和组织法得以实现。为了在自治州的层面上建立两层法院机构，还成立了自治州上级法院。在上述机构之外，通常还有上诉法庭，负责下级行政区、地区或者是地方法院的民事和刑事案件。它们还负责监管和平法官、下级法院以及律师和公证人。

§ 345　改革后的刑事诉讼

自治州的刑事诉讼法从革新时期起，就受到了 1808 年《法国刑事程序法典》和关于改革刑事诉讼程序讨论的影响。国外的刑法学说从 18 世纪开始就致力于减少严刑审讯（参见上文 § 194）。调查法官在这一方面有太多权力，由他们所负责的案件预审程序当时是刑事诉讼的主要部分，并且唯一的任务在于用尽一切方法获得供词。在最后主要程序中的审判阶段，则是重复供词，以及确定刑罚处罚。由调查法官获得的证据并不会经过法庭验证。法官也不独立于行政权之外，行政权可以政治原因为借口在刑事诉讼的任何阶段进行干涉。

刑事诉讼改革的代表们要求确立严格的权利分立,并提高审判程序的重要性。审判程序应该以口头辩论的方式公开进行,也应该对反方证据重新认定,免除或者减轻罪责的证据也应该被验证。判决的独立性还应该通过没有受过法学训练的外行旁听来保障。也就是在严重的刑事案件和政治犯罪案件中,民众应该作为陪审员出席审判。刑事陪审法庭从18世纪的英国开始扩展。由拿破仑颁布的刑事程序法典采用了混合的体系,审问式的预审程序之后采用辩论式的审判程序。在审判程序中,国家检察机关代理原告,检察机关并不隶属于司法权,而是行政权。审判以公开的口头辩论方式进行,并直接认定证据。

首先引入刑事诉讼程序改革的是瑞士革新运动的自治州(参见上文§261),例如,苏黎世1831年关于刑事司法的法律,索洛图恩1832年关于刑事诉讼法的法律,以及1836年卢塞恩关于刑事诉讼的法律。其次是有些地区加强了被告的权利,如承认无罪推论原则和许可选择正直法官的要求。并且明确规定了在何种前提下以及多长时间内,被告因调查而被拘留。这种权利保护是公民个人自由意识增强的表现,自由主义在尝试限制国家权力的范围。

随着刑事诉讼程序改革的引入,废除了强迫供认和刑讯。并且禁止以使人遭受痛苦的方式强迫获得证词。1874年《联邦宪法》就废除了身体体罚。然而刑事诉讼程序的改革在瑞士地区并不是立竿见影的。一些自治州直到19世纪中期才废除身体刑罚。例如,伯尔尼州在1851年颁布了一部以法国法律为范本的刑事诉讼的法律。为了取代刑讯,有些地区规定了针对说谎和不顺从的刑罚,以使那些顽固的被告开口说话。

法学家为了达到"民主化",在自治州严重的刑事案件中引入了刑事陪审法庭。陪审法庭在1844年的日内瓦首次成立,之后是1648年的沃州。1849年联邦的刑事司法也成立了刑事陪审法庭。刑事陪审法庭的刑事诉讼保障以公开、口头辩论的方式进行,并且直接认定证据。

自治州的民事诉讼法和刑事诉讼法从19世纪中叶开始,经历了20~30年的修改。需要大幅度修改程序法是因为国家民法典和刑法典的制定。判决依然由集体法庭决定,如之前那样,下级机构陪审法官多为法律的外行。法院院长由自治州的大议会选举产生,而陪审法官则由民众选举产生。

§346 律师

多数自治州在19世纪早期,不再由法官律师(参见上文§178),而是由专门律师作为辩护方利益代理人,这些自治州早在调停时期就采用了委任状体制,通过这种方式,认可律师满足国家规定的条件。通过国家的培训和考试规定,保障律师职务的专业资质。法学教育必须通过在法学学校或者大学学习获得,或者是通过法律实践予以证明。因此,有过大学学习经历的律师的声望不断上升,而律师成了一项职业。

律师职务的专业化随着时间发展当然有所不同。有些小的自治州如沙夫豪森和内、外阿彭策尔在赫尔维蒂共和国之后颁布了"精深律师"的禁令,在灰暗的时期内保留了法官律师。在内阿彭策尔,这条禁令一直到 1874 年引入商业和行业自由后才废止。

瑞士的法学家协会在 1876 年和 1878 年竭力统一自治州的教育培训规定,但是这个诉求因为遭到联邦反对而失败了。在自治州法律之间存在分歧的背景下,人们认为瑞士联邦关于律师职业的规定是不必要的。反之,自治州的律师协会却先行建立了。这是因为人们认为,自治州的律师协会更能保护律师职业的利益。

直到 1898 年,瑞士第一个律师协会成立。协会的目标在于,提高律师阶层的声望,加强同行之间的情谊。联邦统一的律师执业许可在 20 世纪也没有形成,2002 年联邦法律对律师的迁移执业作出了规定,律师必须在满足专业和有关规定的前提下,在自治州的律师职业登记上注册,这是律师在不同自治州执业所需要满足的条件。

第十章 国家的法律统一

第一节 1883 年《瑞士债法》

§ 347 贸易壁垒

直至 1848 年,建立货币制度、邮政制度、关税制度、度量衡制度都属于瑞士各自治州和各城镇的任务。延续旧制度时期的方式,在瑞士这块拥挤的土地上有多种货币和不同的度量衡,大约存在 400 种私人的、城镇的和自治州的国内税,还有各种路费、过桥费和地方对不同产品征收的消费税。而在有些地区,邮政掌控在私人手上。在工业化的发展时代,这些无疑是国内外贸易的壁垒。有时对于一位从事运输业的商人来说,如将货物从圣加仑运往日内瓦,采取通过法国或者德国转运的方式,反而更加便宜。

1803 年之后,瑞士联邦代表会议一再磋商,通过何种方式实现国内交通运输的统一。当 1829 年与南德关税联盟,1834 年与德意志关税联盟进行外贸交易出现严重的阻碍时,瑞士内部促进国内商业发展就显得尤为紧迫。从复辟时期开始,瑞士各州间签订协定,意图在部分地区之内取消贸易壁垒。建立在早期的努力上,1848 年《联邦宪法》建立了废除国内关税的基础(第 23 条及以下),以及统一邮政、货币、度量衡的基础(第 33 条及以下)。然而,将这些清除贸易壁垒的政治要求付诸实践相当复杂,屡遭搁置。诸如自治州如何从失去的关税收入上获得补偿的问题是争议的焦点。鉴于当时国内外贸易紧密联系,这也提出了一个问题,是否有必要制定国家商法。

§348　自治州的商法

在当时,自治州适用不同的商法,在日内瓦和伯尔尼朱辣地区使用的是1807年的《法国商法典》。弗莱堡从1850年开始就制定了自己的商法,在结构和内容上严格效仿了《法国商法典》。在沃州、纳沙泰尔、瓦利斯和提挈诺,票据法也依《法国商法典》制定。在德语区自治州,也颁布了独立的票据法。除票据法外,这些州的商法和公司法包含在私法典之内。不同于法国影响下的瑞士西部自治州,瑞士德语区自治州认为商法并不独立于其他私法。因此,各个自治州法律规定的范围也就有所不同。例如,伯尔尼州的民法典只有少量公司法内容,反之,苏黎世州的私法法典包含了大量的商法规定。

§349　要求制定国家商法

自19世纪中期开始,要求制定国家商法的呼声高涨。当时,商业迅速发展,社会变迁加速(参见上文§326),而自治州的法律漏洞诸多、适用地域范围过小,更新缓慢。有轨交通网络建立后,跨越自治州边境的货物运输和贸易往来不息。然而,因自治州商法各异,法律专家们在处理日常工作时适用法律十分棘手。另外,也需要制定自治州法律来解决新的问题,如股票、有价证券、运输和赔偿责任等,这些法律在当时完全跟不上时代发展的需要。

索洛图恩法学家和政治家乌尔斯·维吉尔(Urs Vigier, 1814~1879年)在其1869年出版的著作中,形象地描述了瑞士法律分散的状况:“当我们从巴塞尔前往法国旅游,踏入法国这片土地开始,这片土地只适用拿破仑一世颁布的法典,称为《拿破仑法典》。我们去往巴黎、勒阿弗尔、波尔多、马赛、里昂,在这片广袤的土地上,适用相同的法律。然后,我们从里昂回到瑞士,再次踏入日内瓦,那里还是适用拿破仑的法律。我们离开了日内瓦州,抵达科佩,45分钟的短暂旅途之后,我们到达了沃州,在沃州适用的是沃州法典,这部法典只在沃州适用。继续我们的旅途,短短十几分钟之后,这部法律就失效了,因为我们又到达了日内瓦的境内,在几个小时之后我们又再次来到了沃州的土地。在沃马屈,我们来到了纳沙泰尔州,这里适用的是另外一部法律,这个居民不到10万的自治州也有自己单独的法律。之后,我们前往巴塞尔旅游,火车将我们带入了伯尔尼州的诺因施塔特,在这里又有变化,拿破仑法律盛行。从那里我们来到了索洛图恩州的格伦兴,这个自治州只有7万居民,他们也有自己特别的一部法典。在几个小时之后,我们到达了古老的自治州伯尔尼,在伯尔尼土地上适用两种不同的法律,一种适用于自治州的新地区,另一种适用于自治州的旧地区。就在我们刚刚了解了比尔地区的法律之后,我们不得不马上忘记这些法律。因为,在一小时之后,当人们呼喊'阿尔堡'之时,伯尔尼法律沉默了,在这片土地上适用的是阿尔高的立法。大约8分钟时间后,我们驶入了索洛图恩的小城市奥尔滕,从那里行驶10分钟之后,离开了豪恩斯泰因隧道,我们现在位于巴塞尔地区,那里坚持自己的自治权,当然也有自己的立法。它的法律与邻近的巴塞尔城市立法并不完全相同,我们在一个半钟头后便到达了巴塞尔城市。手里点着的香烟还没有完全熄灭,我已路过了适用四种不同法律的地区。早晨10点到下午1点的旅途,我们经过的这些地区,适用大概十种不同的法律。"

§350 商法草案

最开始尝试统一的是票据法。1854年13个自治州在伯尔尼的邀请下参会商议决定以自治州之间协定的方式制定票据法。巴塞尔议员和法学家埃曼努埃尔·布克哈特·富丝坦堡(Buckhardt-Fürstenberger, 1819~1867年)起草的票据法草案以1847年完成的《德国普通票据法》为范本,并呈交给自治州,但是只有6个自治州在之后颁布了与之相应的票据法。

1861年的《德国普通商法典》推动了瑞士商法的第二次发展。当时,在政治上提出了这样一个问题,是否需要像德国联邦一样,在瑞士也制定一部统一的法律,尤其在铁路建设和电报发展的背景下贸易联系更为紧密。1862年联邦议员委托伯尔尼法学教授瓦尔特·蒙青格尔(Walter Munzinger, 1830~1873年)起草一部国家商法,并将票据法纳入其中。尽管这部法律草案在1863年就呈交给国会,但是在国会议员讨论中备受争议,他们考虑是否有必要制定统一的债法法典。法国民商分立的原则在当时已然陈旧,而且《法国商法典》也未经得起考验,它早已被修改。同时代的民法学者支持统一法典,并赞成将商法并入债法。例如,苏黎世1854年和1856年的私法典就采取了这种立法方式。受到德国的立法启发,伯尔尼领导下的德语区自治州支持将商法并入债法,而瑞士西部自治州鉴于它们的民商分立传统予以拒绝。在漫长的讨论和迟疑之后,统一原则得以贯彻。1868年受瑞士法学家协会一项请求的鼓舞,联邦议会委托瓦尔特·蒙青格尔,将他的商法草案扩充为债法草案。

§351 抵制

之后,是否统一国家法律以及如何统一国家法律的问题引起了极大的争议。统一国家私法,首先是票据法、商法和债法,其次还有整个民法,在年轻的联邦国家不同政治力量长期而坚定的努力之后艰难完成。商界、从事商法日常实践的法律专家和瑞士法学家协会都致力于统一法律。

瑞士法学家协会在 1861 年由从事法学研究的法学家们在卢塞恩成立,协会工作的最高目标是促进法律的统一。因此,协会通过向联邦机构请愿的方式推进工作。但是工业化发展偏慢的瑞士中部和西部自治州对此反对日益增多。它们希望能够维护自治州的自主,并且不愿放弃颁布私法的权利。乡村自治州害怕失去立法权,乡村公民大会将沦为纯粹的选举机构。瑞士西部的自治州在 1848 年后的 10 年时间内,希望联邦只享有那些必要的绝不可少的职权。因此,它们想要阻止私法立法成为瑞士联邦商业政治的手段和方法,它们也害怕瑞士德语区的工业将会向西部扩张,并且带来更激烈的竞争。

此外,统一的全国法律还会压制自治州自有的私法法典,在自治州法典中明确规定的个人权利也将落空。法国法律个人主义理念影响下的瑞士法语区民法典(参见上文 § 332)应该受到保护,避免受到瑞士德语区自治州法律中社会理念的影响。瑞士西部自治州通过这些反抗来保护它们法律文化的基本结构和理念。因布克哈特 · 富丝坦堡和蒙青格尔的立法主要借鉴的是德国法律,瑞士西部的法学家担心,本占主导地位的法国民法学说将会衰落。

§ 352　瑞士法学家协会

受国家委托起草法律的法学家们想要缓和因各种不同因素而引致的反抗,只有在立法过程中照顾到各个地区不同的法律。即使是在瑞士法学家协会内部,以何种方式统一法律的意见也不一致。一派主要以年轻的律师为主,包括了瓦尔特 · 蒙青格尔和欧根 · 胡贝尔(见图 10 – 1),他们希望加快法律统一,以促进法律稳定,并强化国家自我意识。但是这遭到了声望显赫的老一辈自治州立法编纂者和法学家们的拒绝,如约翰内斯 · 施内尔(Johannes Schnell, 1812 ~ 1889 年)、安德烈 · 霍伊斯勒(Andreas Heusler, 1834 ~ 1912 年)和菲利普 · 安东 · 冯 · 塞格瑟(Philipp Anton von Segesser, 1817 ~ 1888 年)。他们是历史法学派中保守好古的代表,他们致力于研究和保护不断发展的自治州法律。他们对法学家协会政治的积极精神持怀疑态度,1868 年法学家代表大会召开后,因大部分法学家主张向联邦议会呈交提案要求统一法律,一些法学家从中退出。由法学家协会主办的《瑞士法律杂志》也深陷危机。

1874 年瑞士联邦采纳选择性的全民公决,致使法学家协会的内部矛盾趋于缓和。于是法学家协会在 19 世纪 60 年代民主运动的框架内,在自治州权利方面首先找到了途径,即通过公民投票来监督联邦法律或者是拒绝联邦法律。因此,反对法律统一的一方意见渐趋缓和,最终法律统一得以同意,因为这不仅扩大了联邦权利,也扩大了公民权利。瑞士的国家法律统一与其他欧洲国家有所不同,因为根据君主制国家的宪法,法律是“由上而下”颁布的,而在瑞士国家法律首先需要在政治上获得多数认可。

图 10-1 欧根·胡贝尔(Eugen Huber, 1849~1923 年)

§353 债法草案

1869 年由蒙青格尔呈交了一部债法草案,这部债法草案以布克哈特·富丝坦堡起草的票据法草案、债法草案和蒙青格尔自己起草的 1864 年商法草案为范本,也借鉴了 1866 年为德国联邦起草的《德里斯顿债法草案》《法国民法典》《苏黎世民法典》,《苏黎世民法典》也是《德里斯顿法律草案》的范本。德国和瑞士民法学交流密切,加之两国邻近,它们在这一时期的立法过程中互相影响。

与联邦议会的计划相应,商法是债法内容的一部分。但是顾及瑞士西部商法分立的立法原则,商法的多数法律条文不只是对商人适用,也对公民适用。因此,私法权利“被商业化了”,并遵从商业的逻辑和商法规律。

§354 宪法基础

在 19 世纪 60 年代初期,联邦机构希望以自治州协定的方式来颁布统一的商法,而现在联邦机构则致力于为颁布瑞士联邦债法而设立宪法基础。因这项修改计划与其他请求也相联系,反对者人数当然会有所增加,1872 年的宪法修改就被公民投票否决了(参见上文§286)。原因之一在于联邦提出在编纂私法体系的同时,一并制定国家刑法。在1874年的第二次尝试中,法律草案内容有所删减,这获得了多数同意。《联邦宪法》第64条规定,联邦有权制定“涉及贸易和动产的所有法律(债法包括商法和票据法)”。这已经涵盖了1/3的私法内容,其他的私法立法权暂归自治州。

1873年瓦尔特·蒙青格尔意外地英年早逝,法律草案交由苏黎世法学家海因里希·菲克(Heinrich Fick, 1822～1895年)修订。他的法律草案修改后呈交一个专家委员会讨论并校勘。这部《瑞士债法》在1881年由联邦会议通过,于1883年年初生效。这部债法影响了《德国民法典》的立法工作以及意大利和土耳其的民法典制定(参见下文§360)。

第二节　1912年《瑞士民法典》

§355　“体系和历史”

在1874年之后,瑞士致力于统一其他领域的法律。尤其是瑞士法学家协会继续推进制定法典的工作,并通过论证指出,国家债法、商法和自治州“遗留的”民法一起并不实用。法学家协会理事会被委任,对各个自治州的民法进行比较汇编。

1884年这项以制定国家民法典为目的的学术性准备工作被委任给协会负责人欧根·胡贝尔(1849～1923年)。胡贝尔在1886～1893年连续发表了他的各种著作,并收入《瑞士私法的体系和历史》之中。这部代表作分为四卷,共计3157页,他根据所有自治州适用的法律介绍了民法的几个体系。这部作品是他杰出的代表作,他因此而成为了声名显赫的法学家。1892年在最后一卷完成之前,联邦议会委托胡贝尔起草民法典;尽管当时联邦还没有权力制定民法典。在这7年的时间里,胡贝尔担任伯尔尼大学的教授,因他与联邦政治联系紧密的地理优势,让他的工作颇为受益。

§356　草案

直至1898年,胡贝尔递交了三部分法律草案:婚姻效力、继承权和抵押。在同时,联邦议会也竭力获得必要的联邦权力来统一法律。在颇具风险的双重策略下,联邦不仅想获得民法立法权,还想取得刑法立法权。公民和各个阶层以压倒性多数投票通过了《联邦宪法》第64条补充条款和更新的《联邦宪法》(《联邦宪法》第64条第2款)。在1872年绝大多数公民还反对统一法律,而这次顺利通过,可以说是出乎意料的结果。联邦也作出让步,宪法必须确认,法院机构、司法程序和判决仍然由自治州管辖。

这一部分法律草案经由小型专家委员会讨论,欧根·胡贝尔对讨论后的草案又进行了修改。1900 年被并入《瑞士联邦司法部和警政部法律草案》,胡贝尔为这部法律草案撰写了 3 册解释。“所有地区和职业领域”都可以对这部法律草案提出建议,1901～1903 年法律草案交由一个大的专家委员会商讨。为了使法律草案的工作在政治上切实可行,人们注意到,不同的地区、法律区域和利益阶层都应该派代表出席这个委员会。各阶层议会和国家议会的委员会在 1904～1907 年讨论了这部法律草案。在 1907 年年末,这部法律在瑞士联邦议会获得同意。因并不需要全民公决,这部《瑞士民法典》在 1912 年开始生效。

§357　合并债法

在《瑞士民法典》的准备工作中,出现了一个问题,那就是债法与民法典的关系如何处理。在大多数欧洲的法典中,债法并入统一的私法法典,是私法法典的部分内容。1901 年由瑞士联邦司法部和警政部任命的委员会建议,将债法合并入民法典,债法的商法内容则由特别法规定。略微修改后的债法第 1 章到第 23 章与民法典同时生效。反之,对债法第 24 章到 33 章是否适用的问题则迟疑不决,直到 1937 年才生效。所有的债法都位于《瑞士民法典》的第五部分,在形式上债法依然保持了它颁布时的结构和条款。

§358　欧根·胡贝尔的措施

可以说,欧根·胡贝尔对瑞士民法的统一起到了极大的作用,多年内他都坚持不懈地以此为目标而孜孜不倦地工作。在立法的决定阶段,他又努力与当时的司法部和警政部部长,以及与国会成员直接联系,希望民法的法典化可以提前到刑法编撰之前。特别是他与从 1897 年担任联邦议员和司法部长的埃恩斯特·布伦讷(1856～1911 年)的联系,以及他与伯尔尼民法教授和自 1896 年起担任国家议员的维吉尔·罗塞尔(1858～1912 年)的联系,为他在联邦的最高机构中赢得了两个可以信赖的支持者和战友。胡贝尔与其他法学家也有紧密联系,这些法学家也是专家委员会的成员,并且列席国会。在大量的撰写和演讲中,他尝试赢得更多民众和不同利益集团对法律方案的支持。

在他的草案中,他也竭力满足民法“保守的”和“激进的”需要。为了赢得联邦主义的力量,当时他们想要保留自治州的法律,他也采用了自治州的部分法律,并且运用到《瑞士民法典》中。《苏黎世民法典》是胡贝尔借鉴的重要法典。尤其是在个人婚姻权利、遗嘱继承权利、商业领域的私人权利方面,为了满足商业和工业的需求,在立法中创建了新的法律概念。鉴于工业化带来的社会贫富分化现象,胡贝尔也力图改善社会弱者的待遇。《瑞士民法典》应该建立在社会基础模式上,而不是片面考虑某一阶层的成员或者是某一社会团体的利益。然而,他关于保护社会弱者的许多建议,在法律草案的讨论中并未通过。

为了赢得广大民众以及多数外行工作的初级法院的支持,胡贝尔采用了简洁易懂的立法语言。《瑞士民法典》应该是一部"大众的"法典,没有法学知识的民众也可以理解它。为了达到这个目的,他放弃了深奥的法学术语,也放弃了民法的总则部分和严格的体系化的法律条款。他也接受了法律用语的不准确性和法律漏洞。在这一点上,胡贝尔采用的方法不同于同时代的《德国民法典》,《德国民法典》力求完善、避免漏洞,但是只有经过专业训练的法学家才能读懂这部法典。

§ 359 典范和来源

《苏黎世民法典》和这部民法典所影响的其他自治州法典,以及伯尔尼分组中的旧民法法典(参见上文 § 333)是《瑞士民法典》的法律范本。在婚姻财产继承和监护权的法律领域,胡贝尔也吸收了中部瑞士自治州的未成文私法。其他法律领域,如婚姻缔结方面的法律,则主要借鉴了联邦法律。胡贝尔的工作方式是非常务实的。在他那个时代,一个饱受争议的问题是,应该借鉴古老深奥的罗马法还是日益发展的德国法律,这对于他来说并不是起决定作用的。他更多的是考虑他的建议是否会得到采纳。相应地,他也参考了深奥的《学说汇纂》,以及《法国民法典》影响下的瑞士西部民法典和《德国民法典》草案。在专家委员会,他也经常运用法学理论旁征博引,为他所建议的解决方案赢得支持。

§ 360 影响

当《瑞士民法典》生效的时候,在它的时代被认为是最现代的私法典。《瑞士民法典》引起了广泛关注,第一次世界大战后在宪法权利彻底变革的基础上重新形成的国家在制定民法典时也借鉴了它。奥匈帝国、沙皇统治下的俄国和奥特曼帝国瓦解后,新的欧洲政治版图形成了。国家如奥地利、匈牙利、希腊、南斯拉夫、捷克斯洛伐克、罗马尼亚和波兰必须改革它们旧的法律,或者是颁布新的法律。它们在修改和制定法典的过程中,除了《德国民法典》,它们也借鉴了《瑞士民法典》。《瑞士民法典》和《瑞士债法》也影响了 1929 年《中华民国民法典》的编纂,这部法典尤其借鉴了瑞士的婚姻财产法和债法。

列支敦士登公国在 1922 年决定直接采用《瑞士民法典》中的物权法内容,1926 年直接采用《瑞士民法典》中的人法和公司法条款。列支敦士登的侯爵们在整个19世纪一直居住在维也纳。1812年列支敦士登以侯爵命令的方式决定采纳《奥地利普通民法典》和《奥地利刑法》。随着哈布斯堡家族的倒台,列支敦士登不再直接适用奥地利法律。从1919年起列支敦士登开始追随瑞士政治和法律的方向,并且部分采纳了瑞士私法法律。

土耳其在1926年整体采纳了《瑞士民法典》和《瑞士债法》。在1923年土耳其在奥特曼帝国的废墟中建立而成。穆斯塔法·凯末尔·阿塔图尔克(Mustaf Kemel Atartürk, 1881 ~ 1938年)以西欧世俗国家为典范,建立了土耳其共和国。因对第一次世界大战后的战胜国负有义务,他必须重新构架仍然适用的伊斯兰法律体系和司法体系。当时《法国民法典》已然过时,而《德国民法典》又晦涩难懂,土耳其的司法部长马穆特·伊萨特·博兹库尔特(Mahmut Esat Bozkurt, 1892 ~ 1943年)建议借鉴《瑞士民法典》。博兹库尔特颇受当局信任,因为他从大学时代起就在弗莱堡大学学习,并于1919年获得弗莱堡大学博士学位。1926年之后伊斯坦布尔和安卡拉的法学学校都以瑞士的法学文献为基础教学。当然在人法、婚姻法和子女对父母关系的法律方面,土耳其民法典进行了大量的修改,以使伊斯兰传统下的家庭结构与引入的外来法律文化协调。

§361 修改

由于《瑞士民法典》和《瑞士债法》需要实现私法的国家统一,其法律规定也就广泛而全面。但是,在实现国内系统的私法法律统一时,在某些法律领域也存在例外情况。通常这些法律领域因各方经济情况不同而有所区别,如在劳动法和租赁法领域,只有在以合同签订的方式淡化了经济因素后,法律才可尽量实现平等。

在民法典和债法生效后起初的10年内,只有细微修改。但是在第二次世界大战之后这一情况开始改变,20世纪70年代民法典和债法修改加速。相比民法典,债法的修改更加迅速。最初只是在法典内对法律进行修改,之后则颁布了各种特别法。舍比指出这种改变的原因在于,这些法律对象多与公法密切联系,如1991年关于农村土地权利的联邦法律,1992年的《数据保护法》和1995年的《平等地位法律》;再者,制定某些法律还需要参考国外和国际法律,如1993年《关于旅行社组织旅行的联邦法律》、1993年的《生产赔偿责任法律》,以及2001年的《消费信贷法律》,这些都参照了欧盟法律。当然另外一个原因在于,在法典内解决具有社会政治争议的法律问题是不适宜的,如2004年的《同居法》、2004年的《消毒法》,以及2004年的《移植法》。当然,颁布特别法来修改法律,并不是唯一的方式。有些法律也还是在民法典内修改的,如1972年的《收养法》、1988年的《婚姻法》《婚姻财产法》《继承法》、1998年的《离婚法》,以及2013年的《监护法》。民法典包含了生活中心领域的法律规定,这些在之后也继续适用。

§362　非法典化

早在19世纪中期,因科学技术的发展,与之相关的特别法也随之制定(参见下文§406)。皮奥·卡罗尼和苏珊娜·根纳将民法经典领域制定单行法的现象理解为平行的非法典化。加速的社会和科技变化,提出了新的法律要求,而19世纪形成的私法法典并没有与之相关的联系点。相对于将新的法律材料并入法典内,颁布特别法的方式更简单易行。从法典中分离这方面的法律材料,也结束了那个时期努力促成的系统化的法律统一。越来越少的生活领域是通过民法典和债法,或者由它们确定的合同类型来进行规范。而社会的法律统一理念也开始衰退。农用用地的减少,以及向服务社会发展的转变影响了农业经济,并且消费作为法律的主题,其地位日益重要。在颁布特别法时,除雇员和房屋承租人外,在保护其他更多的私人团体时,也会运用法典中私法平等原则的例外。可以说,民法典和债法如历史发展中的重要纪念物,它们的发展可以说部分已然成为历史了。

第三节　1942年《瑞士刑法典》

§363　法律统一的第一番努力

就如私法,在19世纪中期,瑞士也开始了第一番尝试——在全国统一刑法。1848年在商谈《联邦宪法》时,索洛图恩州在联邦议会的咨询中就曾提出一份议案,请求将犯罪与刑罚,以及刑事程序的立法权转由联邦享有。当时,绝大多数反对这份议案,但是至少在1848年明确了部分刑法领域与政治犯罪在联邦法院的司法权管辖之下(参见上文§279)。1853年出台的一部关于联邦刑事法庭的法律将这些宪法内容予以明确化:联邦刑事法庭只管辖针对联邦的犯罪行为,如叛国罪等危害国家安全的犯罪,如动乱、伪造选举等危害国内安全的犯罪,针对外国的犯罪,以及联邦当局的犯罪或者针对联邦当局的犯罪。宪法还禁止对政治犯罪处以死刑、禁止体罚、禁止将瑞士公民驱逐出境。1851年还颁布了第一部军事刑法典。大部分刑法内容仍然由自治州负责规范。

1848年之后法律执业者和法学学者批评自治州之间刑法典明显的分歧,以及自治州刑法法律的现代化程度差异显著。这也让自治州颇感为难,如何促进刑罚执行的现代化。苏黎世法学教授海因里希·普菲尼格(Heinrich Pfenniger,1846~1896年)形象地表述了这一现象:"显而易见,在瑞士存在着20种不同的刑法典,带来了巨大的弊病。那些惯犯在不同自治州之间流窜作案,他们藐视法律的公正性,并且依照每次犯罪的不同目的,以及对不同监狱的评价和估计,来决定如何实施犯罪行为。因为在某些州视为违法的行为,在其他州可能会免于处罚;而在某些州被判处法定监禁刑中较重刑罚的犯罪行为,在其他州可能只是给以数月的拘役处罚。而自治州不同的刑罚执行方式又进一步造成了定罪或者处罚形式的不同。"

§364 之前的法律草案

瑞士监狱协会之后进一步发展为瑞士刑罚和监狱制度委员会与监督机构,瑞士监狱协会在一次年度会议上宣称自己致力于实现法律职业机构的统一。1871年瑞士监狱协会向联邦议会递交了相应的申请书,这份申请书也包括了瑞士法学家协会在内。1887年在伯尔尼刑法学者卡尔·施托斯(Carl Stooss, 1848~1934年)(见图10-2)的领导下,大多数成员向联邦议会呈交了一份决议。1890年国家议员路德维希·福雷尔(Ludwig Forrer, 1845~1921年)与其他国会议员一道,递交了一份议案,要求授予联邦刑法的立法权。联邦议会在1893年委托卡尔·施托斯起草刑法总则部分,1894年他便完成了这份草案。如欧根·胡贝尔,他之前就做好了充分的学术前期准备,在1890年发表了《瑞士刑法典的比较汇编》,在1892年和1893年完成了《瑞士刑法基础》,他在这两本著作中详细概述了瑞士自治州的刑法特点。

图10-2 卡尔·施托斯(Carl Stooss, 1848~1934年)

这部法律草案获得了国际上的认可。施托斯通过刑罚和措施所建立的双重制裁体系,有效平衡了19世纪互相争议的两派刑法学说:古典学派认为刑法的主要目的是制裁,而现代学派则主张以犯罪预防为方向的制裁。施托斯的双重制裁体系顾及了两派刑法学说的诉求。《瑞士刑法典》第63条规定,通过刑罚和刑事制裁条款,提到了刑法制裁的原则,但是也可以采取措施同时达到犯罪预防的目的。具有进步意义的还有,法律草案中的特别青少年刑法,以及短期自由刑的缓期执行。

§365 宪法基础

1893~1895年第一个专家委员会讨论了这部法律草案,专家们意见并不一致,很多问题都存在争议。1898年公民投票确立了刑法典的宪法基础。就如民法那样,虽然这部草案被绝大多数民众接受了,但是自治州乌里、施维茨、上瓦尔登、下瓦尔登、弗莱堡、内阿彭策尔和瓦利斯却拒绝这部草案。在这些受联邦主义影响的乡村和天主教自治州,反对法律统一最为强烈。换言之,刑法和民法的统一实际上由城市化的、工业化的新教自治州同意而通过的。

§366 优先权的问题

因联邦民法和刑法的立法权是同时获得的,也就提出了一个问题,到底是先颁布民法典还是刑法典?起初看来,颁布刑法典是优先的,但是在公民投票后不久,联邦当局关于优先选择权的调查结果发生了改变。这也归功于欧根·胡贝尔的成功游说。与他关系密切的联邦议员埃恩斯特·布雷纳,从1897年起担任瑞士司法部和警政部部长,他极力支持《瑞士民法典》的制定工作。同样,与胡贝尔交好的国家议员维吉尔·罗塞尔在1901年也向联邦议会呈交了一份提案,要求优先制定民法典。当然,这项请求提出的原因也在于,当时政治上反对刑法典比反对民法典更强烈。

在第一个专家委员会告知新闻界他们的意见与分歧后,刑法典立法项目就受到了新闻界的指责。反对刑法典法律草案的首先是联邦主义者和死刑的支持者。1874年的宪法修改中,废除了死刑;但是到1879年因为经济危机导致犯罪率大幅度上升,死刑再次废用。由于这部法律草案没有规定死刑,反对这部法律草案的呼声颇大。

因施托斯在1896年前往维也纳大学工作,刑法典的立法项目在前方也失去了精神领袖和推动者。施托斯只可以在异地跟进立法项目的发展。施托斯担任伯尔尼法学系主任时,曾经聘请欧根·胡贝尔前来任教,而后,胡贝尔却在法典制定的优先权问题上与他产生争议。此刻对施托斯来说,仿佛是命运苦涩的嘲讽。

§367 继续的迟疑

在苏黎世刑法学教授埃米尔·屈尔夏(Emil Zürcher, 1850~1926年)的推动下,联邦议会在1901年成立了第二个专家委员会,委员会应该继续推动刑法典的起草工作。与同时代的《瑞士民法典》专家委员的工作有所不同,刑法专家委员会的建议甚少有所回应。因为自治州忙于颁布民法典的实施细则法律,1903～1907年刑法典的起草工作搁置下来了。1908年由新的专家委员会起草的法律草案,联邦议会迟迟不见处理。直到1911年联邦议会又开始着手考虑,并将草案交由第三个专家委员会探讨,并形成了1916年的法律草案。

因第一次世界大战的原因,修改军事刑法典成为当务之急。极力推动刑法典工作的联邦议员爱德华·米勒(Eduard Müller, 1848～1919年)的去世,以及联邦主义者的激烈反对,使制定刑法典再次延迟。国会的讨论从1928年一直耽搁到1937年,因立法需要通过全民公决,1938年这项法律必须让民众投票来决定。最终,这部法律以微弱多数通过了,并于1942年生效。就如1898年那样,城市化的、工业化的新教自治州与乡村的、农业的天主教自治州之间的政治分歧在1938年再次激发。比如,苏黎世州有72%的民众投票赞同这部法律,而内阿彭策尔则有81%的民众反对这部法律。

相对于《瑞士民法典》的制定,《瑞士刑法典》制定的历史长达50年之久,这是瑞士法律统一的艰难之举。施托斯和屈尔夏可惜无法目睹"他们的"法律生效。

第四节 长期没有统一的程序法

§368 自治州自治的规定

如上文所述,瑞士法律核心领域民法和刑法的统一,在迟疑和继续中完成了。相比其他欧洲国家,瑞士法律统一的实现是较晚的。作为对实体法律统一反对者的让步,瑞士自治州在程序法上自治。在19世纪,其他联邦主义国家的民事程序法和刑事程序法的统一通常是法律统一的第一步,而瑞士这一方面的法律统一直到19世纪和20世纪都未实现。

在赫尔维蒂共和国,一度曾有起草民事程序法和普通法院组织法的项目,但是仅仅在起草研究阶段便止步了。在1848年《联邦宪法》生效之后,曾经设想在新建立联邦法院之前颁布一部程序法(1850年)。1874年根据新的法院组织法规定,联邦法院机构重新设置,并且也规定了联邦法院的更多职能(参见上文§287)。涉及下层法院程序的程序法则继续归自治州规定。1874年《联邦宪法》第64条规定,瑞士债法的法律规定仍由自治州掌管。1898年《联邦宪法》第64条第

2 款更明确地规定了制定《瑞士民法典》和《瑞士刑法典》的宪法依据："法院的组织、法院的程序以及法庭宣判都归由自治州管辖。"

瑞士法学家协会虽然一直以来都力推法律统一，然而对程序法统一并不那么热心。首先，尽管在 1862 年协会的第一次工作会议，程序法统一的计划就列入了协会的工作，但是程序法一直以来就与法院组织联系在一起，而自治州的立法则各具特色，法律统一实为困难。之后，人们也达成认识，自治州的民事程序法应该在法律比较的基础上制定。其次，《瑞士民法典》和《瑞士刑法典》的统一也并没有推动相应的程序法的法律统一。1969 年伯尔尼法学教授汉斯·梅尔茨（Han Merz, 1907～1995 年）写道，联邦主义的理念在制定法律程序规则这一方面简直是教条化了。此外，组织自治州协会的律师阶层对统一程序法也不感兴趣，这在于他们不想丧失其在自治州程序法方面的"知识垄断"。

§369　不满意的情况

直至 1961 年，瑞士法学家协会再次提出需要考虑这一问题。在协会理事会的委托下，联邦法官保罗·施瓦特茨（Paul Schwartz, 1905～1977 年）起草一部法律草案，以使自治州的民事程序适应联邦民法，而瑞士西部自治州和提挈诺州对此提出反对。因此，这项计划并没有继续执行。在 20 世纪最后的 10 年，程序法的问题在国家和国际层面上不断显现，在自治州程序法规定外，联邦颁布的关于程序方面的法律规定不断增多。在有些重要问题上，联邦法院的法律判决发展了"不成文"的民事诉讼程序和刑事诉讼程序。这些情况，导致了程序法的规定分散，层次并不明了，而有待解决的问题还包括：联邦法律的适用范围到底多大，在哪些领域应该使用自治州法。这些都造成了法律的不确定和法律的适用难题。

因为自治州程序法律各有特色，对自治州以外的律师来说，处理程序案件是十分棘手的。比如，在刑法领域，应付复杂的、跨州或者跨境的刑事案件时，自治州之间不同的刑事诉讼程序实际上已经成为有效追捕罪犯的阻碍。尤其是新的犯罪形式，如洗钱以及其他形式的商业犯罪、组织犯罪、计算机犯罪，这些又都是瑞士必须应对的。

§370　草案

1993 年和 1994 年，在国会多次推动下，联邦议会委任了一个专家委员会，负责起草相应的程序法草案。2000 年公民投票赞成了法律改革，联邦有权统一民事程序法（《联邦宪法》第 122 条第 1 款）和刑事程序法（《联邦宪法》第 123 条第 1 款）。

2011 年年初，《瑞士民事程序规章》《瑞士刑事程序规章》《瑞士青少年刑事程序规章》《刑罚执行机构组织法》生效。实际上,《瑞士民事程序规章》对瑞士的民事程序法并未有基本的修改。在“自治州法律”的理念下,到目前为止仍在适用的自治州程序法律中那些保留完好的规则需要更多地被接纳。庭外和庭内的冲突调解具有重要作用。民事程序规章生效后,争执的双方在进入法庭程序前,必须经过调解或者斡旋程序。社会上的私法小争端和事务应该适用简易诉讼程序。自治州法律感到陌生的,如美国法律中“集体诉讼”之类的诉讼方式也被放弃使用了。

《国家刑事程序规章》借鉴了检察官模式,这种模式在苏黎世一直都在使用。不仅是提出诉讼,包括审前调查,以后都由检察官和调查法庭负责。因此,在有些自治州,机构设置作出了相应的调整与改变。重要的创新是,罪犯与受害者之间的互相谅解机会(简化程序),以及被告与检察机关之间的协商。另外,被告也获得权利,在接受警察第一次审讯时便可请求辩护律师帮助。《青少年刑事诉讼程序规章》是《刑事诉讼程序规章》的特别规章,它只包括了专门适用于青少年的特别诉讼程序。

法院组织法律基本上一直都是由自治州自行规定,因此,自治州也有机会,一直设置商事法庭。

第十一章　法律政治和立法的新主题

在每个时代,不只是历史上已经有所成长的法律才会得到发展,此外,当然也会出现新的法律现象和法律领域。在最近200年的瑞士法律史发展历史中,新的法律现象和法律领域进步最大。从赫尔维蒂革命开始,法律的发展就历经着大变革。始于18世纪转折点的"宪法革命"紧接"工业革命",这两者都极大地改善了人们的生活条件和工作条件。即使在阿尔高封建世界,也有越来越多的人在城市生活并在工厂工作,也逐渐形成了民主结构。为了保障人们的物质生活,劳动法和社会法也有所发展。而工业化和技术的发展又继续促进了科技法和环境保护法的产生。

男女在法律上实现地位平等引起了轰动,意义同样重大。在下文中将介绍这些法律领域,通过阐述让读者了解瑞士法律史发展的几个新主题。

第一节　男女平等

在20世纪下半期,女性的法律地位有了意义重大的改变。之前,女性被安排在家庭中,隶属于家庭的家长,即她的父亲或者是丈夫。男女之间角色理解的转变,让女性从私人和公共生活领域都得以解放。明显的标志是1971年的《妇女投票和选举法》,以及1981年在《联邦宪法》中增加了平等条款(《联邦宪法》第4条第2款),以及

1988 年在《瑞士民法典》中修改了婚姻和继承法律。

现在男女法律平等当然是不言而喻的,然而在当时的历史背景下无疑是一场没有暴力的革命。在整个瑞士法律史发展的重要环节,妇女没有被当作法律主体对待,她们被禁止担任政治官员,在法律事务上也是被绝对歧视的。男女平等建立的过程,就如 19 世纪民主结构和法律平等发展的过程,是缓慢的,是明显滞后的。19 世纪宪法权利只是力图建立男性之间的平等地位,而没有致力于改变女性的法律地位。19 世纪的自由主义继续发展,但是却强调一直以来家长制度下的家族模式观点。1848 年的联邦国家是一个男性的国家,只承认男性的政治权利。女性与国家直接的国家法关系有所保留,她们与国家的关系在长时间都是间接的,借助于男性,因为她们在民法权利上依赖男性。瑞士保证"普遍的"投票权,实际上并非如此。瑞士男性享有投票权在整个国际上都是领先的,相反,瑞士女性的投票权在欧洲却是在最后才被认可的。

男女地位的变化在 20 世纪末期才开始有影响,因为那时才思考法国大革命时期以及 19 世纪以来女性法律地位改变的背景。

一、法国大革命时期女性的法律地位

§ 371 家庭控制和庇护支配下的女性

在法国大革命时期,女性依然处于她们的父亲和丈夫的家庭控制和庇护支配之下。中世纪的观念延续下来(参见上文 § 32),女性处于丈夫的监管下,就如孩子和家庭的仆役。丈夫可以决定妻子的社会关系,并且在妻子"犯过错"时,丈夫可以使用体罚权对妻子进行惩戒。女儿未经父亲同意,不得结婚。女子结婚时候带来的财产,由丈夫托管并使用,她处理自己的财产也需要得到丈夫的同意。女性的行为能力因此极为受限。但是就如孩子一样,女性可以通过参加庭审的方式要求从丈夫那获得生活费用。家长在一定范围内对妻子和其他家庭成员的债务、财产损害和犯罪行为提供保证。

§ 372 提高婚姻的价值

在中世纪盛期时,婚姻制度有所改善,婚姻制度受宗教法律和主教法庭的管辖(参见上文 § 172)。根据宗教法规和罗马法的"婚姻关系经双方合意而成",由婚姻双方的一致意志表示完成婚姻的缔结。这与之前的口头婚姻有所不同,只需要新娘同意,她的意志是起决定作用的。援引圣礼神学,教会从 13 世纪开始认为婚姻无法解除,限制了丈夫对妻子的专横,就这一点而言,丈夫不再可以通过简单的方式与他的妻子分开。为了对抗近亲婚姻、同族婚姻和通奸行为,教会设置了婚姻阻碍条件和婚姻禁止条件，违背这些规定的婚姻不能有效成立。主教管区法庭允许婚姻阻碍的适用，并用“夫妻不再共同生活的”制度来予以补偿，但是婚姻关系本身并未一笔勾销，这是对当时离婚不被允许情况下的妥协。

§ 373　结婚和离婚

宗教改革将个人的婚姻权利世俗化，宗教改革者否认婚姻的宗教性，并将婚姻的判决交由新成立的婚姻法庭管辖（参见上文 § 175）。因此，以至于每个地方都有不同的缔结婚姻和解除婚姻的法律。在宗教改革的瑞士联邦地区，渐渐地形成了离婚理由，如通奸行为、故意脱离婚姻关系、无法医治的精神疾病和阳痿。在 17 世纪和 18 世纪，还形成了普遍的离婚理由：地区同意如法官认为婚姻双方之间存在“无可挽救的互相厌恶”，允许离婚。婚姻法庭在大多数情况下对离婚都持保留谨慎态度。

如宗教改革的婚姻缔结法律规定相同，在近代早期的天主教教会缔结婚姻也需要由神父主持。为了对抗秘密缔结的婚姻，因这会导致严重的法律不安稳，特里安的高级神职人员大会在 1563 年决定采用强制的婚姻缔结方式。从那时起，由一位神职人员和两位见证人缔结的婚姻方才有效。在天主教地区，这个婚姻形式的规定一直适用到 16 世纪晚期，并且规定了违背该规定的刑罚以加强其效力。此外，还要求在结婚之前公开宣布婚姻，如果有婚姻阻碍的情况就可以适用，并要求婚姻登记入册。

§ 374　婚姻财产和继承法

瑞士乡村和城市法律，存在多种不同的婚姻财产和继承法体系。针对婚姻财产，是世俗的而非教会的法律起决定作用。第一种方式是，有些地方通过缔结财产协议，规定妻子可以保留结婚时带来的财产，但是丈夫除管理婚姻财产外，还可以从妻子带来的嫁妆那获得收益。第二种方式是，在其他地方占主流的是财产统一，妻子没有财产，她只能要求获得她所带来财产价值的赔偿。第三种方式是，家庭财产共有，夫妻婚后财产共有，离婚时财产的 2/3 归丈夫，而 1/3 归妻子。但是，实际上每个地方在婚姻财产法律方面都有自己的特别之处。

此外，婚姻双方还可以订立婚姻契约书，明确规定婚姻财产制度以符合他们的需要，富裕的夫妻有时会因此而订立财产分割制度。婚姻契约书的方式也逐渐流行，因为婚姻法规定，在世婚姻一方的继承权，仅限于获得去世一方财产的收益。这背后是陈旧的理念，财产应该与血亲严格联系。在 13 世纪和 14 世纪，订立遗嘱的法律现象被地方法律接受，财产继承方面的约束松开了。与婚前签订的婚姻契约书一起，遗嘱可以对婚姻双方都有利。逐渐形成的依据自己意志确定的继承顺序,也被要求与法定继承权相平衡。如在某些地方,由妻子订立遗嘱的财产范围受到限制,或者要求有一位公证人在场,或者获得监护人的同意。

儿女继承平等最初并不存在;儿子较女儿享有优先地位。女儿继承父母财产的比例少于儿子,儿子对地产享有优先继承权,占有农业财产。为了让农业财产在后代继承中保持完整,一个儿子会被指定继承,要不就是长子,但是经常也是幼子。其他的儿子就如女儿一样,作为平衡,在他们结婚的时候会获得少量财产。女儿们对母亲的首饰和衣服享有优先继承权,而儿子则对父亲的个人财产,如衣服、兵器和马,享有优先继承权。在习惯法的基础上,有个别地方的贵族阶级为了转交地产以及照管家庭成员,从16世纪开始,在卢塞恩和伯尔尼出现了不可分割、不可转让的托管财产权这一新的法律现象。儿女平等的继承权利最初是在中世纪末期的城市法律中实现的,而乡村法律中儿女不平等的继承却延续下来了。

§375 家庭监护

女性在城市和农村,可以在她父亲或者丈夫的工场合法受雇佣地工作。根据上文所提到的父亲和丈夫家庭管理的理念,由此形成了家庭监护,由家长监护在家庭中生活的女儿和妻子。为了可以经济独立地从事行业和职业,女性需要获得家长的同意。家庭监护最开始放松的是在城市法律的寡妇和从父亲家庭中解放的未婚女子。中世纪末期,纺织业对众多瑞士联邦城市意义重大,这些女性可以作为纺织工人、缝纫女工、制毛皮衣女工工作,并且自由支配自己的财产。但是行会在大多数情况下,并不接纳女性成员。寡妇的特权使妻子可以接管已去世丈夫的工场,当然这是有时间限制的,只能持续到她再婚或者他们的儿子接手这个工场。通过这种方式,她们可以将商人或者手工业者的工场作为遗留家庭的生存和生活支出的经济基础,并且职业和行会成员的位置也会得以安全保留。

§376 不具有政治权利

女性受民法限制的法定年龄,与她们在大革命时期被完全排除在政治体系外相一致。一个城市的女性居民尽管可以得到军事和警察的保护,这当然是公民权利,并且可以从城市权利中受益。但是她们没有任何政治权利,既不享有积极的投票权也不享有消极的投票权。因此,她们不能被选举为城市议员,也无法担任行政和法院职位(参见上文§108、§141和§178)。在乡村公民大会地区,法律也不允许她们参与公民大会的事务(参见上文§97)。女性也被排除在高等教育之外,没有女性在大学学院和法学学校学习。在司法和法学领域,就如政治和行政领域,都由男性主导和统治。上述情况,一直到19世纪也未发生改变。

二、19世纪民法平等地位的开端

§377　零星的要求

法国大革命消除了社会的不平等:一方面,贵族和教会会士的特权和封建权利被废除了;另一方面,引入了土地自由。但是消除男女不平等对大多数男性革命者来说并不重要。只有个别的启蒙运动哲学家和政治家,如孔多塞(Condorcet, 1743~1794年)、米拉波(Mirabeau, 1749~1791年)、特奥多尔·戈特利布·冯·希佩尔(Theodor Gottlieb von Hippel, 1741~1796年)在他们的文章中提出解放妇女。

如英国女性玛丽·沃斯通克拉夫特(Mary Wollstonecraft, 1759~1797年)那样,法国女政治家奥兰普·德·古热(Olympe de Gouges, 1748~1793年)也要求获得妇女权利。她依据1789年《人权和公民宣言》改编,以几乎完全相同的形式写出了《女权和女公民权利宣言》,但是几乎没有得到反响。1793年奥兰普·德·古热在公开审判后被送上了断头台。她在革命时代和后革命时代带给人们的思想财富首先是在19世纪的后半期被论及。从19世纪中期开始,瑞士首先在自治州的层面上,成立了非正式的女性组织。为了改善她们的民法权利地位,女性组织向自治州和瑞士联邦提出抗议,要求修改宪法和私法。

§378　资产阶级的家庭模式

但是这些努力影响甚小,这与19世纪占主导地位的资产阶级家庭模式相关。资产阶级的生活方式包括了在家庭和亲属中深受尊重,以及明显不同的两性角色划分。与之相应的是,他们的妻子和女儿不工作,通过这种方式与社会下层划清界限。而农民阶层和工人阶层的妻子,为了保障家庭的物质生活,必须从事农业工作、家庭手工劳动或者在工厂里工作,受教育的资产阶级女性则不参与职业和家务劳作。她们的主要任务是,教育孩子,照顾家庭,并且关注艺术、音乐和文学。反之,男人的职责是保障家庭的经济来源,担任职务,并且对国家、政治和军队负有责任义务。

在工作领域性别方面的分歧,并没有减轻女性的负担,反而降低了她们家庭工作的价值。这使要求承认女性尤其是已婚妇女的法定成年年龄持续不断,与反抗封建捐税和不可分割、不可转让的托管财产权的斗争一同持续到20世纪,备受压力的资产阶级在19世纪实现了土地和继承权的去封建化。为了获得物质地产和政治影响力,这些也打破了贵族的特权。在婚姻法领域,相反,则仍然明确规定男女地位上的不同。婚姻权利的“封建遗留”不仅是瑞士法律史的特征,在其他欧洲国家也如此。

§379 自治州的婚姻法和继承法

自治州民法典的继承法(参见上文§331)反映了上文描述的资产阶级和家长制的婚姻观念。法律中的这些原则基本上是用以下言语措辞的:

·丈夫是家庭的家长,为妻子和孩子提供安全和经济保障;妻子应该照顾家庭生活,并且她有义务,同孩子一样,顺从丈夫。

·丈夫决定家庭的居住地;妻子取得丈夫的姓,以及丈夫的市民权利。

·丈夫管理和利用妻子结婚时带来的财产。没有经丈夫和国家当局的同意,妻子在任何情况下都不得从事法律行为。妻子只允许自主支配由丈夫给予的家用零钱,以用于支付家庭生活费用。

19世纪,有些自治州的法典仍然在分配父母遗产时,相对女儿,更为优待儿子。父母在这方面是自由的,通过遗嘱的安排分配遗产,以避开法定的有差别的继承顺序。根据《卢塞恩民法典》第391条(参见上文§334),父亲的遗产可以在儿子和女儿之间分配,一个儿子获得5份,一个女儿只获得4份。而根据该法典第394条,母亲的遗产则是由儿子、女儿平等继承。儿子对地产和农业用地的继承,法律则进一步给予优待。比如,《卢塞恩民法典》第392条规定:“父亲遗留的地产,从属于地产的现存木头、草料和在地产上生长的秸秆,如果儿子们想要转让,必须以合理的不低于遗嘱中地产的总额的估价转让。儿子之间应该确定估价。如果他们不能达成一致,那么每方都可以委派一位评估者,和平法官任命一位陪审长……之后,儿子应该按照地产估值的四分之三转让地产。”因此,地产就按照市场价格归于受优待的那个儿子。

§380 部分废除家庭监护

家庭监护在19世纪渐渐被废除,但是只限于未婚女性。日内瓦在1714年、而苏黎世在1715年就废除了这种家庭监护。其他自治州的解放过程比较缓慢,单身女性的财产对当地机构来说是一种资本,因鉴于地区对穷人的资助义务,单身女性不得不放弃财产控制。在自治州议会中,公民大会的代表想要阻止这方面的改变。在19世纪20年代颁布的自治州民法典,保留了这一做法。第一部废除单身女性监护权的法律,是1834年的《弗莱堡民法典》,之后是1837年《提挈诺民法典》和1841年《索洛图恩民法典》。在伯尔尼州,转变发生在1839年的朱辣地区,而其他地区在1847年通过法律废除了单身女性的监护权。这是在138名妇女联名签署的请求下推动的,她们第一次利用了1831年伯尔尼改革宪法中确认的请求权,但是她们并不享有其他政治参与权利。在其他大多数自治州,在19世纪70年代也废除了单身女性的监护权,有些是通过特别法,而有些则是通过新颁布的自治州法典,这些法律没有提及女性处于监护人的监护下。

1881年关于个人行为能力的联邦法律,在整个瑞士废除了单身女性的监护权,在当时,单身女性的监护权在自治州圣加仑、阿彭策尔、乌里、格劳宾登和瓦利斯仍然适用。如果单身女性、寡妇、离婚后的女性被认为是挥霍者,或者因精神或者身体方面的原因有可能导致她们在未来陷入困境,她们获得的行为能力可以被撤销。

对结婚的女性,法律没有作出改变;1881年更新后的联邦法律也未作出相应规定。她们婚后仍然需要服从监护权,这主要是依据自治州婚姻法规定的。在瑞士德语区的有些州,法律只是给予已婚女性对分开财产制度的财产有管理权,而瑞士西部的法律则仿效《法国民法典》,确立了男性权威。

§381　婚姻缔结的世俗化

在大多数自治州,19世纪的婚姻仍然需要在神父的见证下缔结,通过这个婚姻仪式,国家认可婚姻的效力。在自治州日内瓦、纳沙泰尔、提挈诺和巴塞尔城市,反之,婚姻必须在国家的民政部门完成。

1874年的《联邦宪法》修改后,联邦获得了市民身份和婚姻缔结方面法律的立法权,并把婚姻置于联邦的保护之下(《联邦宪法》第53条和第54条)。《联邦宪法》第58条废除了宗教审判权。通过这样的规定,联邦当局希望解决长期以来悬而未决的问题。特别是天主教的自治州一直到1848年,都禁止不同宗教信仰的人结婚。因为《联邦宪法》保障宗教信仰者的居住自由,而宗教信仰不同的人结婚情况不断增长,1850年的一部联邦法律决定,不同宗教信仰的婚姻禁止不再被认可。自治州不得再禁止不同宗教信仰的人结婚,也不得规定不利于夫妇双方和孩子的规定来阻止他们结婚。1862年一部关于不同宗教信仰夫妇离婚的增补法律规定,允许不同宗教信仰的夫妇离婚。可以预见,自治州法院或者联邦法院会收到此类离婚诉讼。因为一些天主教自治州并不关注这一法律,联邦当局致力于婚姻缔结进一步的世俗化。在新宪法规定的基础上,1874年颁布了一部关于确认和证明公民身份和婚姻缔结的法律(市民身份法律)。这部法律规定在民政当局缔结的婚姻是唯一的由国家法律认可的结婚方式,并规定了离婚的条款。大部分天主教的自治州把这当作重大的秩序转变,因为之前个人的婚姻权利从属于宗教法,而婚姻的神圣特点将离婚排除在外。因此,天主教的自治州代表在国会上讨论反对这部民事身份法律,但是经过激烈的争辩后,他们失败了。

§382 婚姻禁止的废除

《联邦宪法》第54条第2款规定,婚姻的权利"不应该出于宗教或者经济的考虑,或者是因为目前的情况或者其他警方的原因而被限制"。这是为了废除社会上的婚姻禁止。地方管辖权在穷人救济领域尝试在地方和自治州内阻止穷人之间结婚,因为他们结婚,地方不得不负担一个家庭而不是一个人的生活开支。特别是乡村地方,对贫穷下层,如临时工和小农的资助是地方费用的主要负担。因此,获得婚姻许可通常需要提供最低收入证明。受公共救济者、破产者和声誉败坏之人无法获得婚姻许可。只要地方当局估计这样的婚姻会导致问题出现,就可拒绝他们结婚的请求。婚姻拒绝的结果是地方当局、受影响的农民与通常更倾向自由主义的自治州上级当局之间漫长的、法律的抗争。

直到1874年,贫苦人们的婚姻自由还是被广泛限制的。自治州的这种婚姻禁止导致了被迫无法结婚者的人数不断增长、结婚年龄变大,也有许多非婚子女出生。而自治州的法典在很多地方又规定了非婚子女的权利。瑞士公民身份法律规定了婚姻不受宗教、经济或者是警方的限制。为了执行《联邦宪法》第53条第1款,规定了强制要求到世俗当局登记注册,出生、婚姻和死亡的登记当然还是由自治州管辖。

三、20世纪的平等地位和妇女选举权的漫长道路

§383 进入大学学习

从19世纪40年代开始,女性可以去大学自由旁听讲课,最开始是1867年苏黎世大学允许女性进入大学常规学习。女性进入大学学习引起了很大的政治争辩,女性从属于"家庭"和"厨房"。作为瑞士第一位女大学生,玛丽·伏格特林(Marie Vögtlin, 1846~1916年)于1872年完成了医学学习。瑞士的第一位法学大学生是艾米丽·凯宾·施皮里(Emilie Kempin-Spyri, 1853~1901年),尽管她1887年的博士论文获得优秀,但她被拒绝授予律师证书。她的起诉被联邦法院拒绝,理由是:律师证书与自由市民团体相联系,而这个只授予男性。

通过新的教育机会,形成了受教育的女性阶层,她们活跃地探讨当代问题;比如说卖淫、工厂工人的贫困、酗酒、"妇女职业"缺少专业性以及私法和政治方面的不平等权利。这些诉求在那时引起了与之相联系的全国妇女组织的进一步关注。只有少数男性法学家关注20世纪转折之际妇女法律和政治的平等,特别值得一提的男性法学家包括:国家法官卡尔·希尔蒂(Carl Hilty, 1833~1903年)、马克思·胡贝尔(Max Huber, 1874~1966年)和维尔纳·凯吉(Werner Kägi,

1909～2005年)。

§384 《瑞士民法典》中家长制的婚姻权利

欧根·胡贝尔在编纂《瑞士民法典》的时候,关注到了妇女协会的要求。他在1893年的一份纲领文件中向联邦议会报告,他想如何继续推进起草《瑞士民法典》的工作。《瑞士民法典》规定:"丈夫和妻子的关系应该如此构成,丈夫作为家长的责任应该更加清楚地表达出来,而妇女在行业生活中应享有自由,她们在家庭中的应有影响应该被法律承认。"

《瑞士民法典》也从理解占主导地位的婚姻家长制出发。在婚姻法中,丈夫作为家庭的家长,他决定婚后居住地,并在经济上负担妻子和孩子的生活费用(《瑞士民法典》第160条)。妻子负责家政,通过建议和行为帮助丈夫;她取得丈夫的姓氏和丈夫的公民权利(《瑞士民法典》第161条)。《瑞士民法典》也承认19世纪自治州婚姻法的传统(参见上文§377)。婚姻的监护权尽管在法律概念上不再被使用,但是部分内容仍然继续存在。丈夫仍然是婚姻共同关系中的代表,而妻子在婚姻关系中只有"照顾家庭生活运行的需要"时才作为代表(《瑞士民法典》第163条)。当妻子滥用这一代表权限,丈夫可以剥夺她的代表权(《瑞士民法典》第164条)。妻子从事职业或者行业工作,必须获得丈夫的口头同意或者默认许可(《瑞士民法典》第167条)。

妇女协会以公告的方式,指责对妇女行为能力的限制。她们的批评包含在多份申请书中,批评的内容诸如,丈夫管理婚姻财产作为基本的夫妻财产关系的规定;即使在财产分立的情况下丈夫也对妻子结婚时带来的财产享有管理和使用权;在世一方在婚姻继承权利中无法处于令人满意的地位。尽管存在批评的声音,但是法律草案在这个方面并没有作出修改便生效了。

在《瑞士民法典》中消除了继承法中儿女的不公平待遇,根据该法典第457条第2款的规定,儿女从现在起"平均分配"遗产。在继承农业财产方面,受优待的平等条件也对女儿有效;未来不可分割、不可转让的托管财产权被废除(《瑞士民法典》第335条第2款)。

§385 妇女投票权

在20世纪的转折点,妇女协会竭力争取女性的投票和选举权,而且社会民主党也支持她们的诉求。在第一次世界大战期间和战争结束之后,更多的自治州递交了妇女投票权的议案,但是在国会上却失败了。1919年瑞士联邦国会将两项要求呈交给联邦议会,但是联邦议会十几年都未予处理。

20世纪二三十年代的经济和政治局势,对这些申请更有利。经济危机以及大力推进的保守和法西斯主义浪潮,使家庭主妇婚姻模式成为时尚。从 1945 年开始,国会不断向联邦议会提出动议,联邦议会在 1957 年向国会通告将引入妇女投票权。国会虽然接纳了这项提案,却希望这份提案无法获得多数通过。实际上,在 1959 年有 2/3 的男性公民投票反对。尽管经济繁荣发展,20 世纪 50 年代末期的时代精神并没有让多数女性参与政治。

在冷战时期,在天主教的和自由主义的圈子里,传统的妇女和家庭模式被高度评价,被认为是共产主义世界集体主义的代替。同意妇女投票权的只有自治州日内瓦、沃州和纳沙泰尔。在这些自治州,到 1960 年在自治州和地方的层面上引入了妇女投票权。这个决口以及 20 世纪 60 年代末期的青年抗议活动,激励国会和联邦议会迅速启动第二次投票的提议,这个提议在 1971 年得到 2/3 的多数同意。与其他欧洲国家相比,瑞士引入妇女投票权延迟很久,与瑞士直接的民主方式相关。而 1984 年列支敦士登也通过了妇女投票权,并给予妇女更多权利。大多数自治州在 1971 年前后就引入了妇女投票权,但是外阿彭策尔在 1989 年、内阿彭策尔直到 1990 年在《联邦宪法》的决定下被迫同意接受妇女投票权。

§386 平等条款

妇女在地方当局、自治州国会和联邦会议的人数随着时间推移不断增长。而妇女现在也可以被选举在法院、专家委员会、国会的委员会任职,她们因此也可以在立法和司法方面产生影响力。1976 年由妇女代表大会提交的公民提案“女性和男性的平等权利”在 1981 年被采纳,并列入《联邦宪法》第 4 条第 2 款“男女平等。法律保障她们的平等地位,尤其是在家庭、教育和工作方面。男性和女性从事同样的工作应该获得同样的报酬”的规定之后,出现了工作报酬方面的诉讼,在联邦和自治州也设立了平等机构。多番推迟之后,终于在 1996 年颁布了一部联邦法律以规定男女的平等地位,法律消除了在工作领域不同形式的性别歧视行为。

§387 婚姻法和继承法的修改

1988 年生效的《瑞士民法典》中修改后的婚姻法和继承法通过了家庭主妇婚姻模式,婚姻双方可以自主选择他们在婚姻和家庭中的角色。男性和女性在法律地位上的大多数不平等都被废除了。婚姻双方从此共同决定婚后住所,根据自己的力量共同承担家庭生活支出(《瑞士民法典》第 163 条)。对妇女行为能力的限制也被废除了。根据《瑞士民法典》第 199 条以及下文的规定,婚姻双方财产共享。婚姻双方的继承权显著提高。在近百年之后,1988 年的法律修改终于实现了妇女协会在 19 世纪末期就已经提出的要求。

修改后的 2000 年的《离婚法》和《儿童法》规定,在共同的要求下允许离婚

(《瑞士民法典》第 111 条)、夫妻退休金的分配(《瑞士民法典》第 122 条)以及婚后共同承担照顾孩子的职责(《瑞士民法典》133 条第 3 款)。这些是《瑞士民法典》家庭法方面的大修改,也是加快了的社会发展导致的结果。在 1972 年的《收养法》、1978 年的《儿童法》和 1978 年《无完全行为能力人监护法律》之后,还有联邦议会在 2006 年中期呈交的监护法草案。自 1912 年以来,《瑞士民法典》中有关儿童和成年人保护的法律经过修改后在 2013 年生效,修改后的法律增强了当事人的自主权利和负责机构的专业化程度。2007 年生效的同居关系法律给予同性同居者权利,在官方登记他们的同居关系。在此之后,他们与婚姻夫妇在社会保险法律、继承和税收问题方面享有平等地位。

第二节 社会立法的产生和发展

§388 自由主义国家到社会福利国家

根据占主导地位的自由主义国家理念,在 19 世纪中期,国家对公民的经济和社会的救济并不重视。1848 年《联邦宪法》第 2 条规定,国家的目标是“促进全民福利”,但这只是次要的。在瑞士被多个外国军事力量占据、1847 年的特别同盟战争之后,“对外保障国家的独立”以及“保持国内的和平和秩序”是国家的主要目标(参见上文 §270 及以下和 §276)。之后 150 年社会和经济的发展,使国家的目标和观念发生了显著变化。随着联邦国家的产生,同时工业化发展也不断加速,工厂成为新的、更为陌生的工作环境,而国家的干预也成为必要。随着国家职责的不断转换,自由主义国家发展成为了 20 世纪的社会福利国家。1999 年《联邦宪法》第 2 条规定,促进全民福利是国家 14 个目标中的第 2 个。

一、劳动法

(一)区域和自治州的先驱

社会法制定以劳动法为开端。1877 年联邦的《企业法》第一次制定了全国范围的劳动法律规定,之后,一些自治州也制定了自己的法律。就这一方面而言,法国大革命时期的法律是 19 世纪自治州劳动法的前身。

§389 大革命时期的前身

最初的劳动法规定可以追溯到中世纪末期。那时的城市劳动法律主要是手工业主、帮工和学徒之间关于工作方式的私法规定,如工作时间和薪水;而在乡村,则是农民、雇农和女仆之间的规定。城市的行会为它们的成员制定了框架规范。在近代早期,第一次制定了国家的相应规定(参见上文§157及以下),如1530年伯尔尼“仆人的规定”。劳动法方面的规定涉及缔结合同、工作内容和工作条件。城市议会颁布了手工业者和雇工的薪水和工资标准规定,如1568年劳芬堡关于临时工的法律,1571年埃斯塔瓦耶关于手工业者的法律。保护雇工的法律长期以来只限于保护雇工免受雇主的身体暴力;首先是在18世纪,法律开始规定雇主对雇员生病和事故负有救济义务。

工业化早期出现的手表行业和纺织行业,最早制定了官方的工资规定。1717年苏黎世的工厂规则规定了羊毛、丝织品、棉织品和袜子厂的工资税额,在1703年和1724年伯尔尼的袜子织布规则,以及1738年巴塞尔的“关于丝织业的工厂规则”。那时生产丝织业的半成品或者是成品的工厂,还不是19世纪那种配置了机器的工厂,在工厂里许多工人同时从事标准化的工作。根据经销制度,工厂主通常在城市设立销售商,家庭手工劳动则是使用生产设备,如织布机和纺织原材料,对加工制作支付报酬。

§390 第一部自治州法律

19世纪日内瓦的手表行业最初形成了现代意义的工厂,之后是瑞士东北部的纺织业。为了使用水力,工厂通常是沿水而建,因此分布并不集中。这阻碍了如曼切斯顿和鲁尔区那样的密集工业中心的形成,当然,那是工人的社会不幸。然而,工人在瑞士的工作状况也很糟糕。工厂主的利益目标、机器的快速使用和老化以及不断激烈的国际竞争,致使不同的生产部门延长了工作时间,同时薪水却少得可怜。因为男人们工作的收入无法负担家庭支出,妇女和孩子也被迫在工厂工作。

因政治结构规模小,瑞士很早就开始制定国家法律以阻止因工厂工作而导致不堪忍受的后果出现。第一部自治州的规定包括了儿童和妇女工作,以及工作时间的规定。随着童工的使用扩大,自治州当局引入和执行普遍义务教育落空。因此,苏黎世州1815年在苏黎世教育议员的建议下,颁布了一项关于在工厂工作青少年最低年龄限制的规定。这项规定禁止未满9岁的儿童工作,而青少年不允许在夜间工作,且最高工作时长必须限制在12~14小时。其他的自治州也接着颁布了相应的规定,大部分包括在自治州的学校法中。这项规定不仅遭到了工厂主的反对,这些童工的父母同样抵抗,因为这威胁了他们的家庭收入来源。这导致了大量孩子未请假而缺席学校学习。

§391 格拉鲁斯作为先驱

在格拉鲁斯乡村公民大会,1848年首次采用了《工厂法》,这部法律规定了工人的最高工作时长。法律限制棉纺织厂,这在当时是格拉鲁斯最重要的工业部门。格拉鲁斯在劳动法方面取得的进步,在当时整个欧洲都是先驱。这并非是直接民主制度的结果,但是当时工人可以在乡村公民大会提出他们自己的请求,并要求执行。这也有利于1864年关于工厂警察的法律的颁布,这部法律规定了对所有行业部门范围的工作保护。除了规定最高工作时长为1天12小时,也不允许夜间工作,并且要求工厂有义务采取安全预防措施。还规定了产妇的产期休假,女性在分娩前后总共6周时间内不允许工作。这些法律规定就如针对童工的规定,在刚开始并未执行。因经济困难,工作的女性通常在分娩之前都在工作,而分娩之后也立马投入工作,这导致了儿童死亡率的增加。

(二)联邦立法的阶段

其他历经了工业化的自治州,从19世纪中期开始也颁布了工厂法,如苏黎世、圣加仑、伯尔尼、巴塞尔乡村和巴塞尔城市、沙夫豪森、阿尔高、提挈诺和施维茨,但是大多数自治州都将保护措施限制在青少年工作方面。其他自治州虽然也有起草工厂法,但是都失败了。自治州的私法法典调节雇佣合同,因为罗马法以保护合同自由为出发点,它们没有规定法律保护。

§392 工厂法

在瑞士公共福利协会倡议下进行的一项研究表明,有在全国范围内采取行动的必要性。从1850年开始,竭力推进各州间签订条约来颁布法律的形式不断失败。因此,1874年在宪法修改的框架内,给予联邦这一宪法基础。《联邦宪法》第34条第1款规定:"联邦有权制定关于童工和成人工作时长的统一规定。联邦也有权规定如何保护工人不在危害健康和安全的工厂工作。"

1877年《联邦工厂法》颁布之后,又颁布了相应的执行细则法律。宪法规定的任务如此快速地实现,是因为当时工业化加速发展,以及自治州缺乏成人的保护法律。这部瑞士工厂法在很多方面,都是以1872年修改后的《格拉鲁斯工厂法》为典范。除工作的技术性保护外,也规定了成人的工作时长为1天11小时,在一般情况下禁止夜间工作和周日工作。并对妇女和儿童有特别的保护规定。

这部法律是第一部全国性涉及工作关系的法律,之前这些都由工厂自行规定。在公民投票过程中,这部法律引起的争议很大;不只是工厂主,很多工人也担心自己的收入会减少。就如其他法律领域,瑞士西部也竭力反对这方面的法律统一。如之前自治州的法律规定,这部法律的工作时长规定并没有得到遵守,这遭到了由这部法律设立的工厂监督员的斥责。

§393 工厂企业的赔偿责任

1881年关于工厂企业赔偿责任的联邦法律规定,在企业发生事故时,根据结果原则,企业负有损害赔偿责任。这一原则早在1875年就在铁路建设和运营中引入了(参见下文§404)。如果工人在工厂遭遇事故,工厂即使没有过错,也应该承担责任。这一制度在1918年,也就是生效的那年,通过强制事故保险予以废除了(参见下文§395)。

因为《瑞士企业法》只是就工厂工作进行了规范,因此自治州的私法典和自治州的工厂法继续有效。尽管1881年债法引入了全国统一的雇佣合同(参见上文第十章第一节),但是这只适用于私法领域。债法也规定了合同和合同之外的损害过错责任。企业并不由工厂法规定,只有当企业在运营过程中的错误被证实的情况下,才对工人的事故负有责任。为了使工厂工人相对其他工人并不享有特权,1887年的一部联邦法律生效,将赔偿责任义务扩大到其他企业。

§394 劳动法

自治州的立法将属于公法的劳动保护法律扩大到其他行业部门,但是首先仅仅限于妇女和青少年。直到第一次世界大战时期,一些自治州也规定了普遍适用于成人的劳动法,即包括男性工人。在那之后,公共的劳动法首先由自治州制定。即使有1908年《联邦宪法》第34条的规定,关于手工业和行业劳动的多部联邦法律草案都失败了。1964年第一部联邦劳动法由大多数通过。这部劳动法规定1周工作时长为46小时,并且引入带薪节假日,这部法律代替了自治州的劳动保护法。

因20世纪70年代经济衰退而引致的失业,划清了自愿购买的防失业保险的界限。1976年《联邦宪法》第34条第9款规定了雇主的义务,《失业保险法》在1982年生效。

§395 私人保险

1881年和1887年的赔偿责任法律,促使私人保险繁荣发展。工业化和铁路建设对资本和风险保障的要求很高。因此,从19世纪50年代开始,各个银行成立,如1856年瑞士信贷集团、1869年瑞士人民银行、1872年巴塞尔银行联盟,以及各个保险公司也相继成立,如1857年瑞士生活保险、1861年赫尔维蒂、1863年瑞士再保险公司、1864年巴塞尔保险、1872年苏黎世保险、1875年温特图尔保险。这些保险公司将工作事故保险和企业责任保险划分为单独的保险部门。除了之后成立的国家保险联盟,部分保障它们所覆盖的风险,私人保险一直在社会保险的形成和发展过程中扮演了重要的角色。

§396 德国社会保险体系

由奥托·冯·俾斯麦(1815~1898年)发展的德国社会保险体系的理念,深深影响了瑞士社会立法。在 1870 年和 1871 年普法战争之后，俾斯麦侯爵担任新成立的德意志帝国的首相，出于政治原因，他革新了德国的社会保险体系。因为社会民主党从 1873 年经济危机开始受到的政治威胁不断加深，根据 1878 年社会法，所有德意志帝国社会主义的组织都被禁止。为了宽慰工人阶级对寡头政治的不满，社会保障法立即出台。在 1883 年关于医疗保险的法律颁布后，紧接着是 1884 年《事故保险法》，1898 年则是《养老保险法》和《伤残保险法》。由俾斯麦选择的社会法基本理念整体上成为瑞士社会保障法的基础。

· 社会风险不应该只是由一种统一的保险覆盖，而应由更多种不同的单独的社会保险来承担。这些保险不需要全部融入国家行政体制，而应该分散运营。

· 社会保险应该由国家保险而非私人保险引导。社会保险不应该建立在自愿的基础上，而应该是一种义务，但是只限制工厂企业主。自由职业者对是否加入保险，可以自由选择。

· 社会保险的资助资金应该来自三个部分：雇主缴纳的保险费、雇员自行缴纳的保险费和国家补助费。

· 雇主和雇员缴纳的保险费应该根据薪水比例来确定。

§ 397　医疗保险和事故保险法律

因为在立法方面与德国和奥地利联系紧密，1889 年联邦议会拟订了一份公告。联邦议会决定通过《联邦宪法》第 34 条第 2 款的规定，首先实现医疗保险和事故保险的联邦宪法权能，但是认为当时伤残保险和养老保险政治上无法贯彻执行，为时过早。1890 年的这一新条款，被占优势的大多数公民投票通过。受联邦议会委托，国家议员路德维希 · 弗雷尔（Ludwig Forrer, 1845 ~ 1921 年）起草了法律草案（称为“弗雷尔法”），但是在 1900 年失败，原因是法律草案规定医疗保险和事故保险都是强制性的。反对这份法律草案的主要是自治州保险公司和私人保险公司，它们担心之后它们的成员地位会受到威胁。只有没有争议的军事保险法律在 1902 年生效。

由联邦议会起草的第二份法律草案，放弃了医疗保险的普遍强制义务。每个瑞士人都有权利，而不是负有义务，加入医疗保险。现有的医疗保险公司应该受到资助，只要它们在一定程度上保障最低保险金，并给予男女平等的保险框架条例。这部法律草案也限制了工业雇主的事故保险义务，当然事故保险也继续扩大，覆盖了非职业的事故。为了承担此类保险责任，设立了公共的瑞士事故保险公司。这样起草的法律草案在 1912 年被民众接受，作为联邦法律，医疗保险法律生效，事故保险法律也在 1918 年生效。

为了监管保险公司,并且设立保险资助,在1912年成立了联邦社会保险机构,1917年成立了瑞士联邦保险法庭来解决事故保险诉讼。保险法庭的主要职责是在之后将社会保障法扩展至整个联邦。通过引入国家事故保险,有些私人保险公司失去了重要的盈利部门。同时,废除了《工厂赔偿责任法》。

尽管曾经多番努力,医疗保险和事故保险法律的修改在20世纪不断失败。至少还是在1964年的部分修改中,改变了法定最低保险赔偿金的规定,并提高了联邦对保险的资助力度。1981年关于事故保险的联邦法律中,一项对所有雇主适用的强制性的事故保险实现了。雇主和自由职业者,可以享受与雇员同样的条件,加入社会保险。1996年的《医疗保险法》中,规定了强制的医疗基础保险。

§398 《养老金保险法》和《死者家属保险法》

第一次世界大战后,联邦竭力于制定瑞士联邦的养老和伤残保险法。在当时,只有在少数几个自治州才有相应的此类保险,加入养老和伤残保险大多数是自愿的或者只是限制于官员。在19世纪末期运营的养老金保险只限于经选择的雇员集体。所以,对大多数瑞士人来说,养老的预防措施仍然是私人的事情。在家庭的继承和社会结构瓦解后,人口流动性增加,人们对生活的期待也更高,这几乎是一个无法解决的问题。1899年格拉鲁斯乡村公民大会采纳了强制的、自治州的养老保险和伤残保险,并于1916年生效。外阿彭策尔和巴塞尔城市在1925年也紧随其后。

在第一次世界大战末期,瑞士物资短缺,导致物价增长和失业严峻,爆发了强烈的社会和政治动荡。1918年11月爆发了全国性罢工,经过努力才避免了一场内战(参见上文§296)。为了解决工人阶层和农民阶层之间的社会分歧,当局在政治上引入了每周48小时工作时长,并建立社会保险体系。1919年联邦议会向国会呈交了一份通告,要求获得制定养老保险、死者家属保险和伤残保险的宪法权能(《联邦宪法》第41条第3款)。这份提案于1925年在公民投票中以绝对多数通过。但是与之相应的法律草案在1931年被民众否决了。这部法律草案的统一保险费和过少的退休金不得人心。鉴于当时的世界经济危机,社会工作的经济资助能力也让人产生怀疑。

如医疗保险和事故保险,养老保险和死者家属保险法律在最初的尝试过程中也失败了。经济停滞后,法律计划最开始是在第二次世界大战之后才实现。在战争时期,当局和民众通过1939年为军人制定的薪水补偿条例首次积累了相应的立法经验。每家企业扣除所需支付薪水的2%,雇员也需要支付同样的金额。通过这笔费用,企业中履行兵役的士兵可以通过自治州的或者私人的补偿保险公司获得一笔损失赔偿。

由工会和政党设立的委员会在 1942 年提出了一项动议,目标是制定养老保险和死者家属保险法律。由联邦议会任命的专家委员会建议:保险金应该分层、是强制性的、退休年龄为 65 周岁,保险金的资助源于薪水的一定比例、分摊款项和国家机构的资助。这部法律草案在 1947 年尽管遭到了企业主的反对,瑞士法语区的联邦主义者和天主教的保守主义者以绝大多数赞同投票通过了这部法律草案,并在 1948 年生效。在这部法律之后,1959 年又制定了《伤残保险法》,这部法律规定除了退休之外,再次进入企业工作的方式。

直到 20 世纪末期,《养老金保险法》《死者家属保险法》《伤残保险法》有各种修改和提案,如修改退休年龄、退休金数额以及它们的目录索引,修改对保险的资助方式和补充保险金。联邦议员汉斯·彼特·楚迪(Hans Peter Tschudi, 1913～2002 年)在发展社会保障体系的工作中起到了很大的推进作用。

§399　三个支柱原则

1972 年《养老金保险法》和《死者家属保险法》第八次修改后,改善了已婚妇女的待遇,新修后的《联邦宪法》第 34 条第 4 款实际上新确定了三个支柱原则。这些原则建立在市民圈子反对左派做法的建议之上,左派想要效仿斯堪的纳维亚国家引入退休金。除《养老金保险法》和《死者家属保险法》外,养老和伤残的预防措施应该建立在职业的或者私人的预防措施之上。凭借《养老金保险法》《死者家属保险法》《伤残保险法》的支付金以及自己的积蓄,来实现退休者、伤残者和死者家属的职业救济,并继续他们的生活。根据《养老金保险法》和《死者家属保险法》以及第二个支柱原则,未婚者最后未扣税总收入的 60% 为其退休金,已婚者的比例则为 80% 。1985 年生效的职业救济联邦法律规定企业主的义务,并且规范了机构组织。与《养老金保险法》和《死者家属保险法》不同,在这部法律里资金覆盖操作方法得以使用。提高的保险费并不用来资助当前这代退休人员的退休金,而是考虑到未来退休人员的退休金要求。1994 年《养老金保险法》和《死者家属保险法》第十次修改,改善了保险金存在的差别,也保障了妇女的教育和照顾费用。个人的预防措施作为第三个支柱,从 1985 年起通过减少个人税额而受益。

社会保险的发展也为我们提供了另外一个实例,在瑞士全民公决的民主中,国家重大规划会有所推延。与其他欧洲国家对比,瑞士实现这些规划大多较晚。但是这并不只存在不利之处。漫长的构架过程,多种不同资助原则下的体系,以及一直延续到20世纪末期的经济繁荣,瑞士的社会情况有了显著改善,瑞士也没有像其他国家那样背负不可控制的国家债务。

第三节 技术发展在立法方面的影响

§400 对法律统一的影响

瑞士的工业化首先促进了自治州在私法核心领域法律统一的动力(参见上文§326),之后则发展到了全国范围(参见上文§349)。随着道路的修缮和铁路线的开拓,地区发展加速,并扩大了贸易联系。人员和物品交流便捷,也更加便宜。自治州法律中的分裂被当时的人们越发视为对贸易的阻碍。而地区的商法在空间不断扩大的贸易范围内实际上是无效的、不足的。要求统一国内商法的要求变得强烈。

§401 法律任务的增加

因工厂生产和铁路制度而带动的技术发展,在形式上和内容上都改变了传统的私法。联邦和自治州从19世纪中期开始,就逐渐意识到担负着更多新的立法任务,这也是国家权力扩大以及国家理念转变的结果。自由主义的法律国家在获得新的职能和任务后,发展成为社会福利国家和调控国家。一方面,国家通过制定劳动法和工厂法、构建社会福利来保护公民免受工业化和市场经济不良发展的影响;另一方面,也支持他们的生活保障(参见上文§390)。通过设立法律的框架结构,国家支持技术发展,并且防止由此带来的潜在危险。因修建铁路、道路和水利工程可能带来的风险要求制定新的刑法内容和保赔偿责任规则。此外,应该保护技术专利,未经授权不得使用。

第二次世界大战之后,人们生活的现代化,国家道路建设的机器化,空运的繁荣发展,原子能发电站的建设,电子数据加工的发展,因特网的迅速发展,加快了联邦的立法进度。为了避免违愿的并发现象,发展了环境保护法、空间规划法和数据保护法,刑法的制裁标准也得以补充。一直到20世纪末期,技术的发展与社会福利的建设促使联邦法律快速发展与扩充。因为这些法律的复杂性和社会影响力,制定新技术成就方面的法律在一开始就被视作联邦的任务。在联邦的法律体系中,包括了传统的私法,私法对法律完善作用显著;还有数百种特别法和官方规定,它们的内容只有少数专家知晓。法制不断面临法律中存在的矛盾与分歧的威胁,在法国大革命时期和19世纪也曾经尝试通过法律统一项目来解决这一问题。但是与当时不同,建立法律统一的浪潮不再是由多数立法者推动,而是由不断发展的技术化和现代生活的复杂化推动的。这些总是被要求出台新的法律。现有法律的修改加快,因为技术发展使法律的内容无法适应新的要求。下文中将会介绍技术发展法律领域的形成与发展。通过阐述,显而易见,对比之前的时代,现在立法的速度加快了。

一、铁路立法

特别同盟造成的混乱推迟了第一个铁路项目的实现;在民众抵触的情绪下,1847 年之后,在瑞士境内的不同地区开始了铁路线路的铺设。尤其是瑞士中央铁路和集中于瑞士东部的瑞士东北铁路之间的竞争,促进了铁路建设。到 1870 年,在瑞士高原和瑞士西部地区,铁路的主要线路已经铺设完。阿尔卑斯山的铁路轨道也开始铺设,1882 年开设了圣哥达铁路。到 1900 年为止,在 50 年内,瑞士铺设了约 3800 千米铁路轨道。

§ 402 私人铁路系统

铁路建设和铁路公司最开始是由私人资助而实现的,因此,有几条铁路线路并没有协调好,而是在互相竞争中计划与实施的。最开始,大多由外国投资者投资铁路建设。瑞士银行成立(参见上文 § 309)之初,19 世纪 50 年代以来,并没有成功做到不委托外国投资者建设的铁路。出于私人投资资金的利润考虑,最开始只是在人口密集的中心铺设铁路,而乡村和阿尔卑斯山地区并没有在考虑范围内。

在私人铁路体系发展的第一个阶段,立法便紧随其后。1852 年国会颁布了第一部关于瑞士联邦境内铁路建设和运营的联邦法律。由于缺乏宪法权能,联邦通过这部法律将铁路制度交由自治州和私人管理,但是联邦有基本的监管权。自治州在联邦的监管下,支付补偿后,可以将铁路建设和运营许可证颁发给私人。因此,当局对铁路的线路规划在一定的范围内可以施加影响。许可证是有期限的,在支付补偿后,在一定的期限后回购。许可证可以依法被剥夺收回,以给予需要建设铁路的地区。许可证获得者对国家履行义务,免费运输邮件和军事人员,并且允许沿铁路线路铺建电报线路。联邦也确定了铁路钢轨之间的轨距,以达到铁路线路的标准化。

在 1870 年和 1871 年的德法战争中,自治州拥有铁路主权所存在的缺点显露无遗:商业的国家救助与军队的快速转移无法得到保障,1872 年第二部铁路法规定颁发铁路许可证的权力由自治州转为联邦享有。联邦控制社会的铁路计划,并且规定铁路公司,包括私人和公众的交通运营者,都负有运输义务。通过这种方式,私法和公共权力之间的界限模糊不清。有意思的是,联邦是在没有获得相应宪法权能的情况下颁布了铁路制度的法律,1874 年的《联邦宪法》第 26 条对此出台了补充规定。

§403 铁路危机和回购法律

19 世纪 70 年代末期,瑞士的铁路制度面临重大危机。数量众多的铁路公司陷入了经济困境,不得不合并或者解散。因为修建圣哥达铁路对联邦具有政治策略利益,联邦希望这条线路可以尽快修建,因此给予了慷慨的后期资助。因为这一先例,自治州也必须资助瑞士西部和东部自治州的铁路建设,这些自治州想自行计划阿尔卑斯铁路线路在新普朗和施普吕根地区的铺设。

联邦利用了铁路危机,来扩大其在铁路制度方面的影响力。联邦首先尝试自由购买主要铁路线路,但是并没有成功,1897 年联邦议会递交了回购法律。在这部法律里面提出回购瑞士的 5 条主要铁路线路和它们的附属线路,铁轨共计长 2748 千米,执行国有化。在 1898 年公民投票通过后,到 1909 年为止联邦收购了 5 家铁路公司,将它们并入瑞士联邦铁路,1901 年成立了自己的企业。直到 1948 年,更多的铁路公司并入其中。

如普雷特所言,铁路危机以联邦回购和交通运输企业的国有化告终。从现在开始,当国家的交通利益受到威胁时,实际上需要联邦的干预和责任。随着私法法律统一的第一次成功(1881 年《瑞士债法》、1912 年《民法典》)和劳动法的颁布(1877 年《企业法》),联邦的立法基础更为坚固,20 世纪,联邦在更多的领域推动了统一和国有化。联邦通过资助不同地区的铁路公司,这使那些地区阻止中央集权的扩张。同时,联邦也一直维护它作为联邦体系中利益平衡的机构。

铁路法并不只是联邦新的、国家干预的国家理念的尝试和典范,它也促使了新法律领域的转变和发展。

§404 剥夺财产法律

为了使铁路线路可以尽快修建,运营公司必须有没收私人地产的可能性。之前的地形测量就已经介入了财产主权。从 19 世纪 30 年代开始,没收财产法律的许可和制定就在自治州经过了讨论,并颁布了第一部相应的法律规定。如哈斯塔指出的,这个问题最开始在修建道路时出现;苏黎世自治州 1832 年颁布的转让法律是当时修建道路的一个重要前提。1848 年《联邦宪法》第 21 条确立了联邦的权利,对保护瑞士联邦利益的公共事业的建立和组织予以支持。为了达到这个目的,联邦有权在支付全部补偿的基础上没收财产。因此,财产的保护并非保护其存在的状态,而是保护它的价值。宪法的规定在瑞士 1850 年没收财产法中更为具体地体现了，法律确认没收私人财产的合法性。这部法律最开始只是用于修建铁路，但是却马上排除了这方面的自治州的没收财产法。因此，在债法之前，没收财产法就实现了全国统一。

§405　许可证法

许可证法的实体法律内容和颁发程序，都是在修建铁路的过程中，联邦层面上作出的反应。1852 年的铁路法只规定了联邦对自治州颁布许可证的许可义务，而许可证权在 1872 年的第二部铁路法中转交联邦。许可证不只是运营公司一方面的利益，也是公众和国家利益的平衡。

§406　赔偿责任法

铁路的建设和运营在那时带有不可预测的风险。此外，铁路公司在当时实际上占据了运营垄断地位，谁想要乘坐铁路，都必须听它们的摆布。为了保护铁路乘坐者的人身安全，制定了赔偿责任法，这部法律以罗马法为基础，但是在主要方面则重新规范。深受 1871 年德意志帝国赔偿责任法影响的 1875 年瑞士赔偿责任法，不止是规定了对铁路公司职员的赔偿责任，也包括对以某种形式参与建设和运营铁路的人的赔偿责任。

在人员损伤和财产损害发生时，只有铁路公司证明这是因为受害者本人或者第三方的暴力或者共同过错导致的，方可免责。铁路公司的过错认定适用举证责任倒置。实际上通过危险责任代替了过错责任。之后，这也适用到其他领域，如公众面临技术危险时和在差不多同时期制定的 1877 年《工厂法》（参见上文§390）、1905 年邮政运营的《邮政法》、1948 年的《航空运输法》、1963 年设立管道以运输燃气和发动机燃料的《管道法》、1983 年的《原子能赔偿责任法》。从 19 世纪末期开始，赔偿责任法实际上是双轨发展的：民事法典实行过错责任原则（《瑞士债法》第 41 条），通过特别法引进了新的保障责任原则，以克服技术发展出现的危险。为了应对因赔偿责任相关的大量财政风险，越来越多的企业公司从第二次世界大战起就购买了赔偿责任保险，这样风险就转入了保险公司。

铁路法也让我们看到，在技术发展的背景下法律发展的特殊之处，这些在之后其他的技术法律中也必须予以考虑。

§407　法学的缺席

铁路法是在政治、经济和技术相互作用的情况下形成的。而法学在很长时间内并没有为之提供素材，因为法学主要还是关注传统的教条的学说，如公共权利和私有权利的分立，以及撤销过错责任。尽管铁路法与国家的私法法典同时制定，大学的法学家们基本没有参与铁路法的制定。法学学术界更倾向研究传统的、历史上不断发展的私法和刑法领域的内容,法学知识也依赖技术知识和国外典范。科技学术界的专家为法律提供了法学素材,而不是法学家提供了法学素材。这些法学素材成为实际上的立法来源。直到现今,法学的缺席也展现在法学的科技法律领域,法学仍然处于边缘地位。同样也表明,尽管法律史研究探讨国家法典立法的所有分支,但是同时代的铁路法历史的创新研究可说是寥寥无几。

§408 特别立法

对有些技术现象的法学理解以及与之相关的公开著作,也促进了法典之外特别法的发展。如铁路一样,之后在电力设备、道路交通和国家公路、航空运输,以及水利和核子能的利用等领域,都公布了单行法律。在缺乏法学相应的预先规定的情况下,技术现象的独特性、它们迅速的发展、它们技术方面的复杂性,以及法律的规定导致了这自发行为。有些技术成就,如原子能在当时的政治上争议激烈,但是它对国民经济发展意义重大。相应的规则因此必须加速制定,采取的方式是,急速接受国外的法律例子并颁布相应的法律。这些法律颁布的时间紧迫,使用了在传统法律体系中并不存在的法律解决措施,因此,与其他法律领域并不相容。为了统一法律基础,至少在 1988 年,瑞士对赔偿责任法进行了一次全面修改。

§409 国际标准

为了使铁路在跨境之后可以与其他铁路接轨,建立国际标准是至关重要的,如轨距和货运权利方面,这些在国际上的议会和会议上确定了。除了铁路会议,1850 年起还召开了关于著作者权利、专利权、邮政制度、电报制度和电力制度的各种会议,它们的决定在国家法律中执行。在技术法律领域,国家的法律深受国外法律的影响。随后也迅速出台了双边协定和国际协定。不仅在铁路领域,还有在无形财产和邮政、电话和电报制度的领域,瑞士也加入了国际协定,并且在国际组织中列席。

二、精神财产的保护

§410 特权制度

随着全世界的工业化和技术化,如何在法律上保护发明、品牌和模型的问题不断加强。在不断增长的经济竞争背景下,无形财产保护对维护竞争利益至关重要。明确的法律保护早在 19 世纪之前就已经存在,特权制度当时适用于文学和艺术作品领域。书籍的印刷者和出版商(不是作者本人)在地区的城市议会或者代表大会的决定中获得特权;禁止第三方再版发行书籍。如巴塞尔城市议会在

1531 年就下达了一项命令,禁止城市的书籍印刷者再版竞争者的书籍。

更多的议会规定也包含了此类特权,如禁止再版音乐、圣经诗篇书籍、词典等作品。政府的标记也受到保护,比如,纺织业的鉴定,当时用来证明商品符合生产规定,以保障其质量。圣加仑和阿彭策尔在 16 世纪中期一直在议会上争议不断,争议的内容是在产品上使用蟹和蝎作为来源地标志。产品的发明者或者生产者被保障享有一定期限的垄断生产权。要求分享特权并不成立,但是当局可以决定赐予这样的优待。

§411 赫尔维蒂共和国和自治州法律

1801 年赫尔维蒂共和国以英国和法国法律为典范颁布了专利法。为了改善疲弱的国家财政,当局急需吸引企业,并且支持新科技的发展,尤其是纺织工业当时面临英国的强烈竞争。在赫尔维蒂共和国之后,大多数自治州都恢复了之前的特权制度。只有少数自治州颁布了著作权和发明权的相关规定。1835 年提挈诺州颁布了关于保护著作者权利的一部法律,它的法律条款给予著作类似于专利授予的保护。《索洛图恩州民法典》(参见上文 §334)包括了一些关于"著作者权利"、专利权利和商标权利的简要规定。这些法律规定借鉴了布隆奇利起草的 1884 年苏黎世人法,但是这部法律在之后并没有被苏黎世接受。格劳宾登州和沙夫豪森州也有著作者权利的法律。

在这个年轻的联邦国家,自治州之间以及与自治州与国外的贸易关系不断紧密。这促使 1856 年形成了跨自治州的《关于保护文学和艺术作品的协定》,最开始只有为数一半的自治州参与。在其他方面,协定也不算成功:这次规定的保护程度比较低,而且法律规定并不清晰。1864 年与法国签订了一项贸易合同,这份合同也包括了著作者权合同。保护发明和模型在瑞士制造业的推动下也并没有拟定。在之后签署了关于著作者权的国家条约,如 1867 年与比利时、1868 年与意大利、1869 年与北德联盟和其他德意志国家。这一过程瑞士国内并不满意:1856 年没有参与签订协定的自治州居民的著作权一直无法得到保护;反之,在瑞士生活的与瑞士签订了国家条约的外国居民的著作权反而得到保护。

利益的代表者,工厂主、工程师、出版商要求颁布整个瑞士的无形财产法律,尤其是因为他们从 19 世纪 70 年代开始就面临了美国迅速增强的竞争。他们希望通过发明保护加强他们的竞争能力。这一要求不断强化,这不只是来自普通的联邦主义的力量,还有工业部门,它们希望生产方式不仅通过公共的专利予以保护,更希望通过工业秘密的方式保护。但是自由主义者提出了行业自由来反对专利保护,发明专利在他们看来是对自由的行业运营不必要的限制。

§412　第一部国家法律

在1866年和1872年两次失败、1874年宪法修改之后,确定了瑞士创作者权利的立法前提。1887年又奠定了保护模型和样式的宪法基础(《联邦宪法》第64条)。1873年瑞士深陷工业经济危机,这对公民投票起了决定作用,同时瑞士也竭力在国际层面上保护发明。

瑞士代表在1873年出席了维也纳的专利会议,这次会议传播了专利的国际保护。瑞士属于1884年《帕里泽条约》的第一批签约国,以保护工业财产。因为其他欧洲国家相应的法律已经颁布了,联邦当局不希望落后。在宪法修改后,联邦议会立即着手法律的起草工作。1879年关于保护工厂和贸易商标的联邦法律颁布了,规定了私法的商标保护。商标需要在当局登记注册并由政府认可,因此就有权独自排他使用商标权利。1883年根据德国法范本,颁布了关于保护文学和艺术作品著作者权利的联邦法律,与早期的特权制度不同,法律也保护作者和艺术家的著作者权利。书籍和艺术作品是他们的精神财产。1888年在专利法之后,联邦法律又规定了行业的模型和样式的保护。

1888年的专利法只保护那些以模型展示的发明。化学产品和制药产品,以及食物并不在专利保护范围之内,这是在相应的利益代表的压力下之所为。相反,国外企业的代表则抗议,因为他们的产品被瑞士企业随意仿制。1905年修改后的《联邦宪法》第64条规定,取消模型展示的要求。1907年的专利法也相应修改,化学方法也可以被专利保护。

§413　修改

在20世纪,专利法的内容不断扩张。1954年专利法扩展到保护食物生产和纺织品改良发明,1978年保护药品和化学物质。通过第二次修改,专利法也符合1963年的《专利协调协定》和1973年的《欧洲专利条约》。1978年瑞士加入了欧洲的专利局,其办公地位于慕尼黑。专利法的国家保护日渐重要。

在20世纪末期,基因技术发展引发了讨论,如种子和转基因的生物体是否也可以享受专利保护。为了保护基因技术不被滥用,2003年颁布了关于非人类领域内基因工程的联邦法律。2007年修改专利法的规定,人的身体不能作为专利对象。2010年《联邦宪法》第118条给予联邦权力,制定有关人类健康领域研究方面的法律,并且规定了重要的基本原则。2014年有关人类研究的联邦法律生效。

在20世纪和21世纪初期,无形财产的其他方面也被修改了,并且继续发展。1922年颁布了一部新的著作者法,在1992年全面修改,之后也在不断修改。商标法的发展主要是1992年关于保护商品和源产地标记的联邦法律,以及相应的国际协定,2001 年的设计法规定了设计的相关权利。保护限于一定期限之内,并且需要在相应的注册簿登记;法律还规定损害,除民法权和行政权的司法协助外,也规定了刑事制裁。

三、环境保护法

§414　自然的利用和负担

1848 年联邦宪法没有关于环境保护的法律,因为这在当时还没有成为一个问题。技术和铁路制度开启了这一问题的思考。因为缺乏交通运输方式,人们的工作地点和家庭住址基本不可分离。如在乡村一样,在城市也是用木头取暖,而非煤炭。地区的规定包括了邻居权利、消防警察、垃圾处理和污水处理制度。农业仍然以手工完成,没有机器协助或是饲料和肥料。铁路开始使硬煤输入和分配成为可能,到 19 世纪末期,煤炭已经成为私人取暖以及行业和手工业的主要能源,但是这污染了空气。此外,19 世纪 80 年代还开发了第一个水电站。随着机动车运输和航空运输的普及,20 世纪 30 年代石油成为更加重要的能源。从 1969 年开始,除了水电站,核子能也是重要的能源。

§415　第一部瑞士立法

1874 年的《联邦宪法》包括最先的、逐条逐项的自然保护法律。根据《联邦宪法》第 24 条第 1 款的规定,联邦对高山地区的水利建设和林业警察有监护权,但只是规定了如何保护人们不受自然灾害损害,这样规定是为了让树林保持它原有的状态。1876 年的实施细则法律规定林主有义务不减少林业面积,并且在林业损害或林业自然灾害出现的情况下,在原有位置或者其他位置建造与之前林业面积相等的树林。在 1897 年宪法修改后,取消了对于高山地区的限制。1902 年《林业警察法》中关于林业维护的规定适用于整个瑞士境内。《联邦宪法》第 25 条给予联邦权利,颁布关于保护渔业、野生动物和鸟类的法律。1866 年《关于竭力保护和获得祖国文物的联邦决定》是联邦文物保护工作领域的法律初步基础。19 世纪末,私有和国有公司扩建水利站,也需要制定相应的国家法律,1902 年联邦颁布了《电力法》,1903 年颁布了《水力商业法》。法律规定水利站的修建者有义务保护自然。

§416　水源保护

不断增长的工业化和城市化,导致在 20 世纪上半期用水压力加剧。工业用水和私人用水来自湖泊和河流,随着农业的密集化,农业首先出现污染,并且出现过度施肥现象。在自治州第一次的保护努力之后,《联邦宪法》第 24 条第 4 款规定联邦有权,制定水源保护的法律。《水源保护法》在1957年实施,但是这部法律规定的措施却未被执行,因为这些是自治州的管辖范围,而自治州通常缺乏相应的专业能力和经济资助。尤其是,污水净化设备的建设进度缓慢。为了使法律不是一纸空话,1971年《水源保护法》第一次修改,规定地方在10年内实现水净化的措施,并且提高了相应的国家补贴。20世纪70年代的经济繁荣,减轻了国家和自治州资助污水净化设备的压力。《水源保护法》第二次修改是在1991年,这部法律再次加强了这一领域环境保护的力度。

§417 不断增长的环境压力

从20世纪中期开始,在自治州和联邦层面上连续颁布了各种环境保护的规则。不断提高的生活水平一方面产生了环境问题,另一方面却让环境保护措施得以实现。在保护人们和自然免受危险的方面,开始采取全面的预防措施和整体规划。联邦和自治州需应对因工业以及私人和公共领域方面交流而不断加强的环境压力。人们生活的机器化,一段时期内强劲的经济发展,以及消费至上的社会生活方式和休闲方式,使地貌遭到破坏。因修建道路、生活建筑和工业建筑,土地和空气的压力增大,某些地方受噪音侵入。遗留下来的农业用地,农业利用高度集中。由于不同方式的环境破坏,如鱼类死亡、树林消失、臭氧压力,民众对环境保护更加关注与敏感。

§418 空间规划法律

不同的自治州早在19世纪后半期就制定了法律,规定道路建设,以及在城市建设居住区,这些包括了基本的规划规定。1918年巴塞尔城市的《土地建筑法》划分了中心城市区,并且将这之外的城市区域分为住宅区和工业区。在乡村,私人的建设很长时间没有公共规划。为了阻止因过渡建造房屋而破坏乡村的自然环境,自治州在20世纪60年代也颁布了《普通规划法》和《建筑法》。在这些法律里规定,地区有义务决定房屋建筑的特定区域,但是并没有严格规定对建筑用地和非建筑用地的划分。在建筑用地地区之外,有些地方允许建立一些非农业的建筑。

更多的自治州和瑞士联邦的公民提案,要求制定措施来防范土地投机行为。这些提案虽然被否决了,在联邦层面实际上加快了这方面的立法工作。首先是1958年通过的《国家道路条例》(《联邦宪法》第36条第2款)规定联邦和自治州有义务,在建设高速公路的时候保护土地的经济可利用性。其次是1962年的《自然保护条例》和《家乡保护条例》(《联邦宪法》第24条第6款)规定联邦"在建设国家的土地和地区时,应该保护有历史意义的土地,以及自然和艺术古迹,并且保护这些地方的完整,这是重于一般利益的"。此外,规定自然保护和家乡保护由自治州管辖。

1969 年采用的《土地法》条款(《联邦宪法》第 22 条第 3 款和第 22 条第 4 款)给予联邦权力,在宪法允许的权能范围框架内,规定财产使用限制以及自治州空间规划的基本条款。1972 年一项紧急下达的联邦决定规定自治州有义务,确定农业保护区和修养保护区。1979 年的《空间规划法》确认了 1971 年已经修改的《水源保护法》中关于划分建筑用地和非建筑用地的规定。在农业用地上,只能在土地上建设与农业开发利用相关的建筑,或者是为了满足农业人口的居住要求而建房。人们也组织建设草地,希望可以避免土地因过度建设而被损害。通过规定各种义务、线路规划,自治州对参与"地区空间日常工作"的各方,即联邦—自治州—地区予以协调,并且将自治州领地内关于空间发展的规划具体明确下来。自治州的利用计划,也应该确认土地得到可信任开发。

§ 419　《环境保护法》

就在《空间规划法》颁布不久,1971 年也颁布了《环境条例》(《联邦宪法》第 24 条第 6 款)。它授权联邦,制定颁布关于人类保护和对抗长久或者持续的影响的环境保护法律。此外,空气污染和噪音引起重视,还规定了对抗射线、气味和震动的措施。宪法条款确立了联邦颁布实施细则法律的权力。与空间规划不同,联邦没有被授予制定基础法的权力,只要是可以满足宪法要求的任务则可以规定细则,而措施的执行则根据情况由联邦或者自治州分管。

实施细则法律的颁布当然有所推延。1973 年的石油危机导致了经济困境;在之后的经济衰退中环境保护被抛之脑后。而且保护环境被看作是"概况权能",在迅速发展的法律和行政体系中执行起来并不容易。1983 年颁布的《环境保护法》包括了防止噪音、保护空气、射线保护、垃圾处理、土地保护和对影响环境的设施的环境可承受力测评。在这部《环境保护法》的基础上,1995 年予以修改和完善,颁布了一系列具体的规定,如 1985 年《空气保护条例》、1986 年《防止噪音条例》、1988 年《环境可承受力测评条例》、1994 年的《射线保护条例》。20 世纪 90 年代还有其他许多与环境保护相关的联邦法律也得到了修改。例如,1993 年的《林业法》是由 1902 年的《林业警察法》发展而来,并适应了现在的环境保护法律需要。同时,瑞士也加强了参与解决国际层面环境保护问题的工作。

四、《信息法》和《数据保护法》

§ 420　信息技术

计算机进入瑞士,最初是 20 世纪 60 年代初期在那些需要数据加工处理的企业,如银行、保险业、邮局和瑞士铁路公司。不久之后,计算机进入企业和公共行政领域,并且有效提高了工作效率。20 世纪 80 年代个人计算机取代了电动打字机。计算机最开始只是那些技术爱好者们的工具,之后普通民众也开始使用计算机。因特网在 1995 年进入瑞士。互联网和计算机,方便了私人的和工作的交流,并且可以简单、快速地获取各种信息。之后,移动电话使交流和获得信息不受地域限制。在机器、铁路和汽车之后,瑞士在 21 世纪的转折期再次历经了一次技术性的革命。这极大改变了人们的工作方式和业余活动安排,当然还有人们与国家的关系以及他们的消费者地位。

§421 信息法

随着信息技术的发展,也提出了一系列新的问题:如何在因特网上签订合同,并且支付相应的对价;对主页上的错误资讯,应负有何种保证责任;如何确保电子数据存档;在多大程度上保护因特网可供下载的文本、图片、电影和音乐的著作权;如何颁发商业软件的许可证;怎样保护免受因特网上的个人损害?类似于 19 世纪铁路法(参见上文 §415),回答这些法律问题也需要各种不同的技术知识。

信息法作为法学部门的新分支,是非常专业的领域,是法学教育框架内的边缘领域。同样与其他技术发展形成的法律领域相同,信息法也是一个综合的法律学科,涉及方方面面的法律知识。有些法律问题可以从已有的法律规则中,如私法和公法中得到解答。而解决其他有些问题,则必须通过增补已有的法律,如 2007 年修改后的著作权法律,1995 年在《瑞士刑法典》中增加了计算机犯罪行为的事实构成。在有些部门领域,需要制定新的法律,如 2003 年关于电子签名证书服务的联邦法律,以及 2011 年关于电子文件的规则。当然,国际法律对信息法也影响很大。具有重要意义的是欧盟的各种法律,但是也有如瑞士通过的 2001 年关于因特网犯罪的国际条约。

§422 私人领域和数据保护法律

信息数据的发展不仅给个人之间,也给企业和国家的交流和信息互换带来了便利,但同样带来了很大的风险。企业希望扩大市场,它们通过互联网来探知私人的消费习惯。2013 年的监听丑闻被曝光,美国、英国、德国和法国都肆无忌惮地监视其国民和外国人。这些国家以防范恐怖袭击以及其他犯罪,有时还包括税收为由,来为其监视行为的合法性辩护。因特网的使用不可避免地让私人成为了“透明的公民”。国家可以由此得到公民的各种信息,这是在历史上从未有过的。

由于联邦主义以及瑞士传统的私人领域受到重视,相比其他监视国民的国家,瑞士国家参与较少。1976 年私人领域的权利由联邦法院认可为未成文的人类自由基本权利。瑞士《联邦宪法》修改后的第 13 条,单独对此进行了规定,并且将其列为独立的基本权利。根据《联邦宪法》第 13 条第 3 款的规定,每个人都有保护自己的私人数据不被滥用的权利。此外,《瑞士民法典》第 27 条及以下也是民法权利方面私人保护的法律基础。1992 年颁布的关于数据保护的联邦法律将宪法权利与私法权利方面的私人保护规定得更具体。这部法律的起草自 1970 年代中期就已经着手。政治当局和民众当时因为私人数据信息丑闻而受到震惊,有颠覆意图的"狙击手"和时任苏黎世国家议员的恩斯特·钦切拉(1928～2004 年)通过左派政治家和私人编制了这些数据信息。1989 年公众得以知晓,在没有法律基础的前提下,瑞士国家保卫机构编制了大约 90 万人的信息索引卡片,这一丑闻是瑞士个人数据保护历史发展中具有里程碑意义的事件。

此外,瑞士数据保护法的内容受到了 1970 年德国黑森州数据保护法律的影响,这是世界上第一部数据保护的法律,之后也受到了 1981 年欧洲议会通过的数据保护条约的影响。数据保护法保护特定的或是可确定的私人信息,当私人和联邦机构需要处理数据时也适用。另外,所有的数据在问询后方得到答复,也需要通知涉及的私人。此外,州立机构也对数据加工作出相应的规定,以进一步完善自治州的数据保护法。另外,2008 年数据保护法律部分修改,而数据保护规定也与欧洲和国际层面相一致。

当然,如果公民不愿意重视法律保护,那么再好的法律保护也毫无用处。许多人上网时都有意无意地泄露了许多信息。电脑和智能手机,对年轻人可以说一直都是充满诱惑而无法抵抗的。

索 引[1]

① 在本索引中,德语词汇右上注以"*"为较一般、普通性概念,仅列明于本书中最初出现的5处页码,读者可重点关注下列细分概念以助益理解。——译者注

C

F

H

J

K

N

O

P

S

参考文献

基础参考文献

专著

Aubert, Jean François, Petite histoire constitutionelle de la Suisse, 3. Aufl. Bern 1979.

Beer Ellen J. u. a. (HG.), Berns grosse Zeit. Das 15. Jahrhundert neu entdeckt, Bern 1999.

Bischofberger, Hermann, Rechtsarchäologie und Rechtliche Volkskunde des eidgenössischen Standes Appenzell Innerrhoden, Bde. Ⅰ und Ⅱ, Appenzell 1999.

Blumer, Johann Jakob, Staats-und Rechtsgeschichte der schweizerischen Demokratien, Bde. Ⅰ und Ⅱ, St. Gallen 1850 – 1858.

Bluntschli, Johann Caspar, Staats-und Rechtsgeschichte der Stadt und Landschaft Zürich, 2. Aufl. Zürich 1856.

Carlen, Louis, Rechtsgeschichte der Schweiz. Eine Einführung, 3. Aufl. Bern 1988.

Caroni Pio, „Privatrecht“. Eine sozialhistorische Einführung, Basel/Frankfurt a. M. 1988.

Coing Helmut (Hg.), Handbuch der Quellen und Literatur der neueren europäischen Privatrechtsgeschichte, Bde. Ⅰ – Ⅲ/5, München 1973 – 1988.

Conrad, Hermann, Deutsche Rechtsgeschichte, Bde. Ⅰ und Ⅱ, 2. Aufl. Karlsruhe 1962 – 1966.

Elsener, Ferdinand, Die Schweizer Rechtsschulen vom 16. bis 19. Jh., Zürich 1975.

Feller, Richard, Geschichte Berns, Bde. Ⅰ – Ⅳ, Bern 1946 – 1960.

Gschwend Lukas/Kramer, Georg, Gerichtshoheit und Landesherrschaft. Die Entwicklung der Gerichtshoheit in Churrätien unter besonderer Berücksichtigung der Verhältnisse in der Grafschaft Werdenberg, in: Werdenberger Jahrbuch 19 (2006), S. 9 – 8.

Hagemann, Hans-Rudolf, Basler Rechtsleben im Mittelalter, Basel/Frankfurt a. M. 1981 – 1987.

Helbling, Hanno u. a. (Hg.), Handbuch der Schweizer Geschichte, Bde. Ⅰ und Ⅱ, 2. Aufl. Zuürich 1980.

Heusler, Andreas, Schweizerische Verfassungsgeschichte, Basel 1920.

His Eduard, Geschichte des neueren schweizerischen Staatsrechts, Bde. Ⅰ – Ⅲ, Basel 1920 – 1938.

Historischer Verein Der Fünf Orte (Hg.), Innerschweiz und frühe Eidgenossenschaft, Bde. Ⅰ und Ⅱ, Olten 1990.

Holenstein André (Hg.), Berns mächtige Zeit. Das 16. und 17. Jahrhundert neu entdeckt, Bern 2006.

Huber Eugen, System und Geschichte des schweizerischen Privatrechts, Bde. Ⅰ – Ⅳ, Basel 1886 – 1893.

IM Hof, Ulrich u. a. (Hg.), Geschichte der Schweiz und der Schweizer, 3. Aufl. Basel 2004.

Kley, Andreas, Verfassungsgeschichte der Neuzeit. Grossbritannien, die USA, Frankreich und die Schweiz, Bern 2004.

Kölz, Alfred, Neuere schweizerische Verfassungsgeschichte, Bde. Ⅰ und Ⅱ, Zuürich 1992 – 2004.

Quellenbuch zur neueren schweizerischen Verfassungsgeschichte, Bde. Ⅰ und Ⅱ, Zürich 1992 – 1996.

Kraus, Dieter, Schweizerisches Staatskirchenrecht, Tübingen 1993.

Landolt, Niklaus, Untertanenrevolten und Widerstand auf der Basler Landschaft im 16. und 17. Jahrhundert, Liestal 1996.

Meder, Stefan, Rechtsgeschichte. Eine Einfuührung, 2. Aufl. Köln/Weimar/ Wien 2005.

Pahud Mortanges, René/Prê, Tre, Alain, Anwaltsgeschichte der Schweiz, Zürich 1998.

Peyer, Hans Conrad, Verfassungsgeschichte der alten Schweiz, Zürich 1978.

Pfenniger, Heinrich, Das Strafrecht der Schweiz, Berlin 1890.

Pfister, Rudolf, Kirchengeschichte der Schweiz, Bde. Ⅰ - Ⅲ, Zürich 1964 - 1984.

Pieth, Friedrich, Bündnergeschichte, Chur 1945.

Poudret, Jean-François, Coutumes et coutumiers, Bde. Ⅰ - Ⅵ, Zürich 1998 - 2006.

Rappard, William E., Die Bundesverfassung der schweizerischen Eidgenossenschaft 1848 - 1948, Zürich 1948.

Rennefahrt, Hermann, Grundzuüge der bernischen Rechtsgeschichte; Bde. I - IV, Bern 1928 - 1936.

Schlosser, Hans, Grundzüge der Neueren Privatrechtsgeschichte, 10. Aufl. Heidelberg 2005.

Schmidt, Eberhardt, Einführung in die Geschichte der deutschen Strafrechtspflege,3. Aufl. Göttingen 1995.

Schott, Clausdieter, Trauung und Jawort. Von der Brautübergabe zur Ziviltrauung, 2. Aufl. Frankfurt a. M. 1992.

Schwinges, Rainer C. (Hg.), Berns mutige Zeit. Das 13. und 14. Jahrhundert neu entdeckt, Bern 2003.

Von Segesser, Philipp Anton, Rechtsgeschichte der Stadt und Republik Luzern, Bde. Ⅰ - Ⅳ, Luzern 1850 - 1858.

Senn, Marcel, Rechtsgeschichte-ein kulturhistorischer Grundriss, 3. Aufl. Zürich 2003.

Senn, Marcel/Gschwend, Lukas, Rechtsgeschichte Ⅱ - Juristische Zeitgeschichte, 2. Aufl. Zürich 2004.

Senn, Marcel/Gschwend Lukas/pahud de Mortanges René, Rechtsgeschichte auf kulturgeschichtlicher Grundlage, 2. Aufl. Zürich 2007.

Siffert, Rino, Verlobung und Trauung. Die geschichtliche Entwicklung des schweizerischen Eheschliessungsrechts, Zürich 2004.

Stettler, Bernhard, Die Eidgenossenschaft im 15. Jahrhundert, Zürich 2004.

Stooss, Carl, Die Grundzüge des schweizerischen Strafrechts im Auftrage des Bundesrates vergleichend dargestellt, Bde. Ⅰ und Ⅱ, Basel/Genf 1892 – 1893.

Thormann, Philipp/Von Overbeck, Alfred, Das schweizerische Strafgesetzbuch, Bde. Ⅰ – Ⅲ, Zuürich 1940 – 1943.

Vischer, Lukas/Schenker, Lukas/Dellsperger, Rudolf (Hg.), Ökumenische Kirchengeschichte der Schweiz, Freiburg/Basel 1994.

Wesel, Uwe, Geschichte des Rechts. Von den Frühformen bis zum Vertrag von Maastricht, 3. Aufl. München 2006.

Wieacker, Franz, Privatrechtsgeschichte der Neuzeit, 2. Aufl. Göttingen 1967.

参考书目

Stiftung Historisches Lexikon Der Schweiz (Hg.), Historisches Lexikon der Schweiz (HLS), Basel 2002 ff. (Zitierweise: HLS Art. „NN“1).

Erler Adalbert/Kaufmann Ekkehard (Hg.), Handw. rterbuch zur Deutschen Rechtsgeschichte (HRG), 5 Bde. Berlin 1971 – 1988 (Zitierweise: HRG Art. „NN“).

Cordes Albrecht/L. CK Heiner/Werkm. Ller Dieter (Hg.), Handw. rterbuch zur Deutschen Rechtsgeschichte (HRG), Bd. 1 ff., 2. Aufl. Berlin 2004 ff. (Zitierweise: HRG Art. „NN“).

图书在版编目(CIP)数据

瑞士法律史：第二版／（瑞士）彭瑞宁著；李婧嵘，冯引如译. -- 新1版. -- 北京：法律出版社，2020
(比较法文丛／何勤华主编)
ISBN 978-7-5197-3338-4

Ⅰ.①瑞… Ⅱ.①彭… ②李… ③冯… Ⅲ.①法制史—瑞士 Ⅳ.①D952.29

中国版本图书馆CIP数据核字(2019)第059200号

瑞士法律史(第二版)
RUISHI FALÜSHI (DI-ER BAN)

［瑞士］彭瑞宁(René Pahud de Mortanges) 著
李婧嵘 冯引如 译

策划编辑 沈小英
责任编辑 沈小英 毛镜澄
装帧设计 李 瞻

出版 法律出版社
总发行 中国法律图书有限公司
经销 新华书店
印刷 北京建宏印刷有限公司
责任校对 杨锦华
责任印制 吕亚莉

编辑统筹 法治与经济出版分社
开本 710毫米×1000毫米 1/16
印张 17
字数 314千
版本 2020年12月第1版
印次 2020年12月第1次印刷

法律出版社／北京市丰台区莲花池西里7号(100073)
网址／www.lawpress.com.cn
投稿邮箱／info@lawpress.com.cn
举报维权邮箱／jbwq@lawpress.com.cn
销售热线／400-660-8393
咨询电话／010-63939796

中国法律图书有限公司／北京市丰台区莲花池西里7号(100073)
全国各地中法图分、子公司销售电话：
统一销售客服／400-660-8393/6393
第一法律书店／010-83938432/8433　西安分公司／029-85330678　重庆分公司／023-67453036
上海分公司／021-62071639/1636　深圳分公司／0755-83072995

书号:ISBN 978-7-5197-3338-4　**定价**:98.00元
(如有缺页或倒装,中国法律图书有限公司负责退换)

比 较 法 文 丛

- ○ 现代西方的政党、民主与法治
- ○ 民国《合作社法》的孕育与影响
- ○ 拉丁美洲国家民法典的变迁
- ○ 唐代刑部研究
- ○ 澳大利亚行政裁量司法审查研究
- ○ 解读约因：英美合同之效力基石
- ○ 战后美国国家安全法律制度研究
- ○ 论英国警察权的变迁
- ○ 英国租借时期威海卫法律制度研究
- ○ 英国慈善信托制度研究
- ○ 罪刑法定原则在近代中国
- ○ 比较法视野下的民事公益诉讼
- ○ 律简身份法考论：秦汉初期国家秩序中的身份
- ○ 先秦诸子政治法思想萌芽研究
- ○ 中国法律文化对东南亚的影响
- ○ 1947年宪法体制下的中央立法权研究
- ○ 现代日本人的法律生活
- ○ 英国租借期间威海卫法令汇编
- ○ 韩国法专题研究
- ○ 中华民国宪法史
- ○ 俄罗斯国家与法的历史
- ○ 中国古代佛教法初探
- ○ 走近文明的橱窗：清末官绅对日监狱考察研究
- ○ 全球警务机制研究
- ○ 生命法学论纲
- ○ 华洋共处与法律多元
- ○ 教会法原理
- ○ 英国证据法史
- ○ 法律翻译与法律移植
- ○ 近代契约华工法律
- ○ 近代华侨法律研究
- ○ 苏联法学教育研究
- ○ 文教与政教
- ○ 西法东来的样式：西班牙殖民时期的菲律宾法研究
- ○ 董康法学文选
- ○ 美国食品安全法制与伦理耦合研究（1906～1938年）
- ○ 英国议会政治
- ○ 自贡盐业契约研究
- ○ 彝族习惯法及调解机制研究
- ○ 慈善捐赠的世界图景——以罗马法、英美法、伊斯兰法为中心
- ○ “《现行律》民事有效部分”集解四种
- ○ 20世纪以来英美国家的古希腊法律史研究
- ○ 国际法视野下非物质文化遗产保护问题研究
- ○ 清代仓库律例研究
- ● 瑞士法律史（第二版）
- ○ 近代华侨教育政策与法律研究
- ○ 英国家事审判制度研究——以2011年以来的改革为中心
- ○ 清朝广州十三行法制研究